扬州大学中国大运河研究院科研项目

扬州大学·大运河文库

中国大运河科技

姜师立 ◎ 编著

中国建材工业出版社
北京

图书在版编目（CIP）数据

中国大运河科技 / 姜师立编著 . -- 北京：中国建材工业出版社，2024.5
ISBN 978-7-5160-4135-2

Ⅰ. ①中… Ⅱ. ①姜… Ⅲ. ①大运河－文化研究－中国 Ⅳ. ① K928.42

中国国家版本馆 CIP 数据核字（2024）第 087700 号

中国大运河科技
ZHONGGUO DAYUNHE KEJI

姜师立　编著

出版发行：中国建材工业出版社
地　　址：北京市西城区白纸坊东街2号院6号楼
邮　　编：100054
经　　销：全国各地新华书店
印　　刷：北京天恒嘉业印刷有限公司
开　　本：787mm×1092mm　1/16
印　　张：18
字　　数：340千字
版　　次：2024年5月第1版
印　　次：2024年5月第1次
定　　价：128.00元

本社网址：www.jccbs.com，微信公众号：zgjcgycbs
请选用正版图书，采购、销售盗版图书属违法行为
版权专有，盗版必究。本社法律顾问：北京天驰君泰律师事务所，张杰律师
举报信箱：zhangjie@tiantailaw.com　　举报电话：（010）63567684
本书如有印装质量问题，由我社事业发展中心负责调换，联系电话：（010）63567692

序

天才的设想
——中国大运河科技

  2024年是大运河"申遗"（申报世界文化遗产）成功十周年，作为"申遗"人，总想为大运河做些什么；作为文化人，只能以一本书来纪念那段光辉的岁月。大运河"申遗"成功这10年来，我陆续出版了近20本书，但还没有一本是有关大运河科技的。我查阅了这些年出版的运河书籍，发现一直没有人系统地研究过中国大运河的科技成就，实际上，大运河集中了中国古代最重要的科技成就，被国外专家称为"天才的设想"。大运河显示了水路运输在国家和区域发展、环境变迁与文化交流方面产生的强大、深远的影响力。因此，我决定写一本有关中国大运河科技的图书献给千年运河。

  中国大运河符合世界文化遗产列入标准的第一条——代表人类创造精神的杰作。大运河是人类历史上规模最大水利工程的杰作之一。大运河以其世所罕见的时间与空间尺度，证明了人类的智慧、决心与勇气，是在农业文明技术体系之下难以想象的人类非凡创造力的杰出例证。中国大运河"申遗"文本中这样写道："大运河创造性地将零散分布的、不同历史时期的区间运河连通为一条统一建设、维护、管理的人工河流，这是人类最伟大的设想之一。它跨越五大流域与辽阔国土，克服巨大高差与复杂地形，穿越时空，今天仍生生不息。大运河的选线、定位、施工与维护在当时的历史时期和科技条件下，是难以想象的创举，它的历史功绩直至现在仍令人叹服不已。"

  中国大运河的科技价值是它的历史功绩之一。这一点首先表现在运河工程的线路规划设计上，无论是隋唐运河还是元明清运河，工程的设计都集中了当时最高的技术成就。大运河的科技成就表现在许多首创性的工程中。

  位于江南运河段的长安闸建于北宋熙宁元年（1068），由三座闸门和其间形成的两间闸室以及两座水澳组成，是建于宋代的具有代表性的复闸式船闸。长安闸具有完善的工程设施，达到引潮行运、蓄积潮水、水量循环利用的多重工程目的，具有保障程度较高的输水功能，是世界水利史上现存建筑年代最早的复闸实例，是当时中国水利技术领先世界的标志性工程。欧洲大约在300年后才出现类似工程。

开凿于1289年的会通河工程北起临清与南运河、卫河相接，南接黄河运口，是大运河全段的关键所在。它穿越大运河全线地势最高的一段——山东地垒，是地形高差最大的河段，南北端点与全段最高点南旺高差超过30m。通过水源工程、节制闸群，成功实现了多条河流的水源调配和水道水深的控制。会通河的开凿，构成了北京至杭州距离最短、南北走向的大运河。会通河的水道和水源工程规划，以及水资源调度管理，代表了在没有机械动力的水运时代大运河杰出的技术成就。

始建于明代的南旺分水枢纽工程是世界运河工程史上较早的一座大型综合性水源工程，比欧洲早期运河建造史上最有影响力的为法国米迪运河提供水源的黑山引水与分水工程早了约200年。南旺工程创造性地通过筑坝、引水、蓄水、分水等一系列互相配合的工程措施，利用地形地势等自然条件，完成了对大运河水源流量与流向的控制，解决了为大运河全线最高河段的长期供水问题，保障了大运河在之后300余年的顺利通航，代表着大运河蕴含的卓越的地理测量、水利设计、施工等工程技术。南旺工程是中国古人具有超凡创造力的见证，将中国大运河的水利工程成就推向了历史巅峰。

这些还只是大运河科技成就的冰山一角，大运河上的科技遗址还有很多，如清口枢纽、三弯抵闸、水陆城门等。本书从10个方面对大运河科技成就进行介绍，前6章分别从中国大运河规划设计、中国大运河水工科技、中国大运河创新科技、中国大运河辅助工程科技、中国大运河建筑科技、中国大运河城市规划设计几个方面来介绍大运河在科技方面取得的成就。后4章围绕中国大运河区域科技发展、中国大运河科技书籍、中国大运河与对外科技交流以及中国大运河与国外运河技术对比四个方面来实证中国大运河在科技史上的地位与作用。本书既直观反映大运河的科技成就，又揭示这些成就背后的原理以及相关人物故事。因此可以将本书看作一部大运河科普书籍。相信研究中国大运河科技，无论是推进科技强国还是对正在开展的大运河国家文化公园建设，都会产生积极的推动作用。

姜师立
2024年元月

第一章　中国大运河规划设计 / 1

第一节　中国大运河的线路规划 / 3

第二节　中国大运河规划的针对性 / 8

第三节　中国大运河规划的综合性 / 13

第四节　中国大运河规划的连续性 / 15

第五节　中国大运河规划对国家社会形态的影响 / 17

第二章　中国大运河水工科技 / 23

第一节　解决地形高差问题的水工科技 / 25

第二节　解决水源供给问题的水工科技 / 29

第三节　解决水深控制的水工科技 / 35

第四节　解决会淮穿黄问题的水工科技 / 38

第五节　解决防洪减灾问题的水工科技 / 45

第六节　解决系统管理问题的水工科技 / 49

第三章　中国大运河创新科技 / 53

第一节　中国大运河创新工程 / 55

第二节　中国大运河创新技术 / 64

第三节　中国大运河创新建材 / 67

第四节　近代科技在运河工程中的运用 / 73

第五节　当代大运河上创新科技的利用 / 75

第四章　中国大运河辅助工程科技 / 81

第一节　中国大运河桥梁建造技术 / 83

第二节　中国大运河码头建造技术 / 92

第三节　中国大运河粮仓建造技术 / 96

第四节　中国大运河造船技术 / 105

第五章 中国大运河建筑科技 / 117

第一节 中国大运河建筑科技的发展历程 / 119

第二节 中国大运河官署建筑技术 / 126

第三节 中国大运河商业建筑技术 / 128

第四节 中国大运河民居建筑 / 136

第五节 中国大运河园林建筑 / 141

第六节 中国大运河宗教建筑技术 / 149

第六章 中国大运河与城市规划 / 159

第一节 中国大运河都城的规划设计 / 161

第二节 中国大运河商业城市的规划设计 / 174

第三节 中国大运河与古镇规划 / 182

第七章 中国大运河区域科技发展 / 189

第一节 春秋秦汉时期运河区域的科技发展 / 191

第二节 魏晋南北朝时期运河科技 / 192

第三节 隋唐时期运河区域科技发展 / 194

第四节 宋元时期运河区域的科学技术 / 196

第五节 明代运河区域的科学技术 / 202

第六节 清代运河区域科学技术 / 206

第七节 民国时期运河区域科学技术的发展 / 215

第八章 中国大运河相关科技书籍 / 221

第一节 农业科技著作 / 223

第二节 建筑学著作 / 228

第三节 手工业科技著作 / 230

第四节 天文历法著作 / 232

第五节　数学著作 / 234

第六节　物理学著作 / 234

第七节　医学著作 / 235

第八节　地理学专著 / 236

第九节　游　记 / 238

第九章　中国大运河与对外科技交流 / 241

第一节　中国大运河与丝绸之路 / 244

第二节　中国科技沿大运河的外传 / 249

第三节　国外技术沿大运河的回传 / 253

第十章　中国大运河与世界水利水运遗产的对比分析 / 261

第一节　选取的对比分析对象介绍 / 263

第二节　中国大运河与世界水利及水运遗产的对比分析 / 269

第三节　对比分析结论 / 277

后　记 / 279

第一章
中国大运河规划设计

中国大运河是我国古代重要的水利工程。作为人类历史上超大规模水利工程的杰作之一，中国大运河以其世所罕见的时间与空间尺度，证明了人类的智慧、决心与勇气，是在农业文明技术体系之下难以想象的人类非凡创造力的杰出例证。大运河创造性地将零散分布的、不同历史时期的区间运河连通为一条统一建设、维护、管理的人工河流，成为人类历史上最伟大的工程之一。无论是线路规划还是工程规划，都体现了大运河高超的科学性，正是通过天才的设想、科学的规划，我们的祖先从隋至清的一千多年，开创性地完成了纵贯国土的超长运河工程，实现了大运河历史上的两次大沟通。

第一节　中国大运河的线路规划

中国大运河被《国际运河古迹名录》视为世界上"具有重大科技价值的运河"，是世界运河工程史上的里程碑。从大运河在7世纪初形成第一次大沟通至今，除13世纪开会通河改变"Y"字形格局为直线形外，其余河段直至今日的走向仍没有大的改变，有些河段仍有航运功能。大运河跨越了10余个纬度，沟通海河、黄河、淮河、长江、钱塘江五大流域，是世界上延续使用时间最久、空间跨度最大的人工内陆水运通道。

中国大运河的科技价值是其历史功绩之一，这一点首先表现在运河工程的线路规划设计上。公元前5世纪的春秋末年，各诸侯国为扩张疆域，纷纷开挖区域级通航的人工水道，成为大运河的肇始。这个时期的运河规划主要是区间性的水道，如沟通长江与淮河的邗沟，沟通淮河与黄河的菏水、鸿沟。自秦汉大一统的政治制度形成后，紧密联系南方地区的经济中心与北方地区的政治军事中心，保证南方的粮食等重要战略物资能够被源源不断地运往帝国的首都，供给经济与军事需要，成为中央政府最核心而紧迫的任务。而由于内陆水运的安全、便捷、经济，开辟并维持一条跨越广大国土、联系政治中心、军事中心与经济中心的内陆水运交通通道，就成为极具战略重要性的政治经济举措。

但中国天然形成的江河水系大体都是从西往东汇入大海，直接利用自然河湖水系达到沟通南北的目的几乎未实现。加之中国地势西高东低，且自西而东逐级下降，自北向南地形、气候和水资源条件千差万别、极不均衡。这样的自然条件对于建设线路超长、联系南北方的人工水道工程是极其不利的。而我们的祖先在运河线路规划上的成就让人不得不佩服。

中国大运河的建造是一个长期的过程，中国大运河的线路规划主要分为三个阶段。

一、春秋到南北朝时期运河线路规划

中国大运河的开掘始于春秋战国时代。公元前486年,吴国为北上争霸,在今扬州附近开挖邗沟,沟通长江与淮河水系,成为中国历史文献中记载的第一条有确切开凿年代的运河。到战国中期,魏国为争雄称霸,于公元前361年前后开始挖掘改造鸿沟,北接黄河,南边沟通了淮河以北的几条主要支流,构成了黄、淮之间的水路交通网络。公元前221年秦始皇统一六国后,为了巩固空前统一的新帝国,充分利用了鸿沟水系,从各地调运大批粮食,源源不断地运往关中和首都咸阳。

西汉时期,中央政府为了向京城长安运粮,将运河向西延伸到关中地区。东汉定都洛水北岸的洛阳,开凿阳渠以沟通洛水与黄河,使洛阳成为全国最大的漕运中心。这一时期,鸿沟水系的许多支流已因黄河泛滥而淤塞,只有主水道汴渠尚未断流。东汉政府十分重视汴渠的修治,并对邗沟进行了清淤。当时运河的线路是由京城洛阳入汴渠,至徐州入泗水,由泗水入淮水,再转经邗沟达江南。

图1-1 古邗沟遗址

东汉末期,为统一北方,曹操利用黄河故道,开挖了白沟等运河,使运河向黄河以北延伸,抵达今河北省东部地区。此后的魏晋南北朝时期,南方统治阶层着力开凿修治浙东运河。浙东运河自杭州东渡钱塘江至萧山的西兴镇,再由西兴镇东通至宁波,沟通了姚江、甬江、钱塘江、曹娥江等自然河流。

经过1000多年的陆续营建,到隋统一中国之前,以中原地区为中心,贯通东西南北的中国大运河体系已初步形成,为隋唐时期对运河大规模开挖、整治及航运大繁荣奠定了基础。

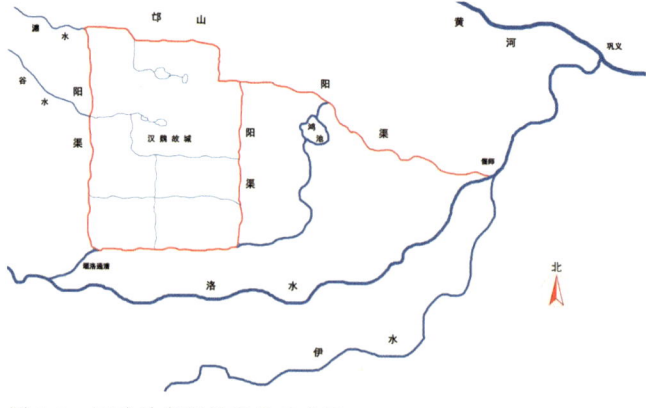

图1-2 汉魏时期阳渠路线示意图

二、隋代大运河的线路规划

隋唐时期，以长江流域为代表的南方地区已有较大发展，而国家政治中心仍处于北方的关中地区和中原地区。605年，为了加强东都洛阳与南方经济发达地区的联系，保证南方的赋税和物资能够源源不断地运往北方，隋炀帝在前代汴渠的基础上下令开凿通济渠，沟通黄河与淮河。610年，隋炀帝下令疏浚邗沟以及疏凿长江以南的江南运河，并对前代开凿的浙东运河航道加以整治，使大运河越过钱塘江沟通宁绍平原。此后，为了开展对北方的军事行动，隋炀帝又于608年在黄河以北，在曹操时期开凿的原有运道的基础上开凿永济渠，直抵涿郡（今北京南郊），从而完成了以洛阳为中心，东北方向到达涿郡，东南方向延伸至江南的一条"Y"字形运河，在中国历史上第一次建成了从南方重要农业产区直达中原地区政治中心和华北地区军事重镇的内陆水运交通动脉。

于隋代首次贯通的大运河，沟通了南方经济中心和北方政治中心。隋王朝通过陆续将已有的自然水道和历史运河加以整治修葺，并新开凿了部分运河河段，完成了以洛阳为中心，向北到涿郡（今北京），向南到余杭（今杭州）的水道交通线，并建立了统一进行运河维护和运输管理的漕运体系，在中国历史上第一次建成了从南方重要农业产区直达帝国政治中心和华北地区军事重镇的重要内陆水运交通动脉。这是大运河发展历程中的第一次大沟通，从此这条运河直至唐宋时期一直发挥作用，沿用了600多年。这成为沟通南北的大运河真正的开端。

唐宋时期，运河各段的名称多有变化，但大运河的主要河段、格局和走向都保持原貌，政府对运河的主要任务在于维护航道、大规模疏浚与改建部分航段，同时建立粮食仓储、转运等运河配套设施，并逐步完善了统一进行运河维护和运输管理的漕运行政体系，保障当时政府的政治与军事需求。

经过第一次大沟通，大运河成为沟通中国经济中心与政治中心的大动脉，确保了繁忙的物资与人员交通，不仅为维持中国大一统的政治局面作出了重要贡献，也促进了运河沿线地区的经济和社会的发展繁荣。

这次大沟通就是规划技术在中国大运河上的完美体现，通过一次性的规划，将早期区域级运河演变为沟通海河、淮河、黄河、长江、钱塘江五大流域的"大"运河。大运河跨越了不同的地理与气候区域，形成了长达2500km的连续水道，并且在短短六年时间里（605—611）完工。大运河工程反映了古代中国高超的地形测量、水文勘察、规划设计、水工技术、工程组织、航运管理方面的科技水平；实现了世界上最早的大规模水资源时空调度；支撑了世界上最早、距离最长的内陆连续水运；体现了古代水利规划与水利工程的开创性成就。从今天现存的遗迹——河道规模、堤岸材质、夯筑工艺、漕运仓储设施以及线路走向等，人们仍可以感受到这一工程规划的伟大。

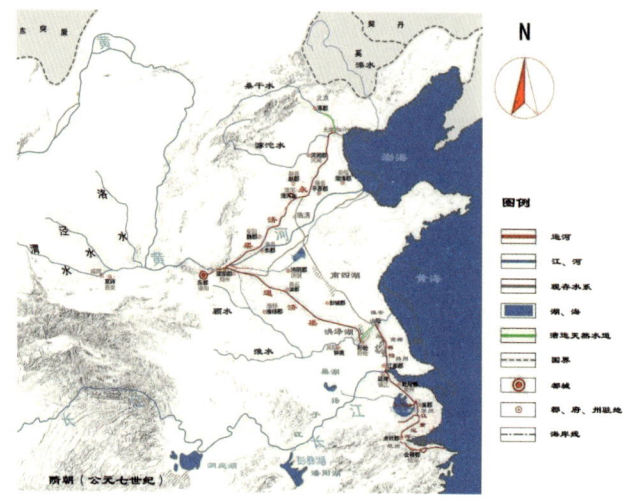

图1-3　大运河的第一次大贯通示意图

三、元代大运河的线路规划

北宋晚期，宋、金对峙，战乱不断，运河航道维护逐渐松弛，航道不断淤积，航运逐渐中断。其间黄河数次泛滥，淮河以北的大运河河道大多被黄河堵塞，以洛阳为中心的大运河体系逐渐宣告结束。

公元13世纪，元朝建立并在大都（今北京）建立首都后，从南方经济中心供给北方政治中心的需求再一次成为统一帝国十分必要的政治经济举措。但因南宋末年黄河泛滥，先夺泗入淮，又夺淮入海，导致原有运河河道多处淤塞，不能行船。当时，从江南经江南运河、邗沟、通济渠到开封，再通过永济渠到大都的隋唐大运河已经不通。元朝初年，整个隋唐大运河体系中，只有江南运河、邗沟及御河部分河段能够顺利通航。因此，元朝初年的漕运，就是漕粮由江南运河、邗沟入淮后，再从淮河入黄河，到河南封丘一带，转为陆上运输，到达淇门后，再入御河，运到直沽（今天津），沿白沙河至通州的张家湾，最后从陆路运到大都。这条运输线路水陆并用，多次装卸，既耗费时间，粮食损耗也十分惊人。

元帝国迫切需要一条运河来解决大都的粮食物资供应问题。元朝的统治者们需要对大运河进行再次规划。正是在这一背景下，在原有运河的基础上裁弯取直，开辟一条从江南直通大都的运河，成为开国皇帝忽必烈的选择。元代大运河这一浩大工程的主持人，正是著名的水利学家郭守敬。郭守敬进行了大量的考察和测量，规划了一条新的运河，这就是元代大运河。这条运河在隋唐大运河的基础上进行裁弯取直，弃弓走弦，不再经过安徽、河南，形成了南北直行的走向，从根本上改变了淮河以北大运河的格局与走向，比隋唐大运河减少行程500多千米。这段运河分为6段：自大都到通州为通惠河；自通州至直沽为北运河；自直沽至临清为南运河；自临清至济州为会通河；济州以下，借泗水行运到淮安，淮安至扬州为淮扬运河；过长江后自镇江到杭州为江南运河。重新开通的元大运河以大都为中心，直穿山东、江苏全境，径抵江南，沟通了河、海、江、淮、钱塘五大水系，把南北方各大经济区更直接地联系起来，实现了中国大运河的第二次大沟通，由此奠定了此后大运河的基本走向及其规模，并且沿用了元明清三朝，因此这条运河历史上称为元明清大运河，也就是后来的京杭大运河。

1293年，沟通大都城内与城东通州的通惠河建成，来自南方的漕粮可直接抵达城内的积水潭，实现了中国大运河的第二次大沟通。同时，元代大运河继承唐宋时期的成就，向东通过浙东运河一直通达东海，连续运河长度约2000千米。运河所经区域水资源条件差异之大、地形高差之大，超过任何时期，由于黄河夺淮南行对运河的干扰使工程规模、工程难度史无前例。此间诞生了一批在世界水利工程史上具有开创性与典范意义的工程实例，如越岭运河——会通河工程、黄淮运交汇的运口工程——清口枢纽等。这次大运河历史上第二次大沟通奠定了直至今天仍在发挥重要作用的现代大运河的整体格局。直到今天，大运河在水利规划、工程技术、城镇发展、文化传统等方面仍具有深远的影响力。自元代形成的直通南北的大运河的运输

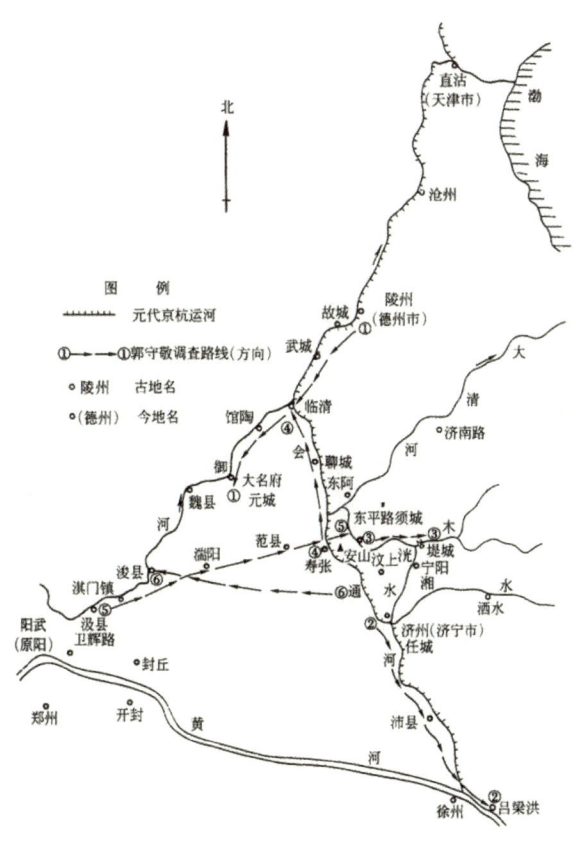

图1-4　元代大运河的主要工程

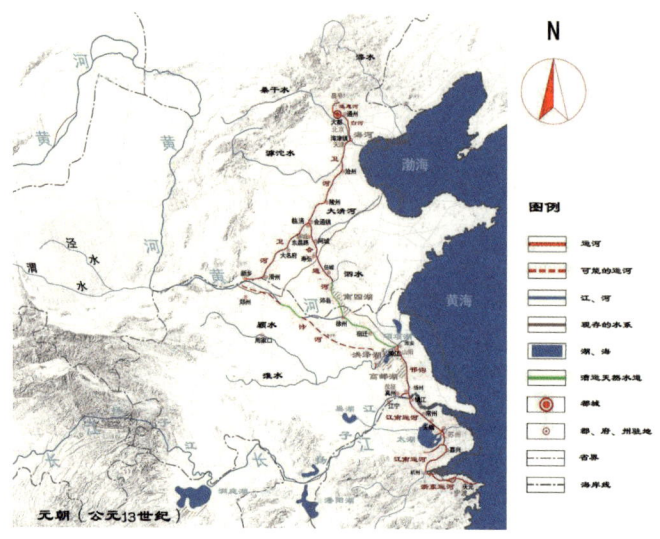

图 1-5 大运河第二次大贯通示意图

线路设置，结合陆上与海上丝绸之路，使欧亚大陆史无前例地紧密联系起来，在世界范围内产生了深远的影响。

自明成祖朱棣再次定都北京直至清朝灭亡的 490 多年间，北京一直是全国的政治经济中心。为了保障漕运的持续畅通，明清政府投入了巨大的人力和物力，在元代大运河的基础上不断进行整治修葺，陆续新建、改建多处河道和水工设施，并不断完善漕运管理制度和机构。其中，为了降低清口以北借黄河行船的风险，清政府于 1686—1688 年在宿迁与淮安间与黄河故道平行的东侧组织开凿了中运河。中运河的建成标志着大运河彻底脱离了借自然河道行运的状况，实现了完全的人工控制。此外，随着社会经济的进一步发展，大运河成为联系全国经济的交通大动脉，在运河沿岸形成了一批转口贸易城市，促进了运河沿岸城市商业的繁荣。

中国古代的运河建造者们，在没有现代测量工具的条件下，创造性地实施了纵横 3200 千米的运河工程，因此大运河确实是人类创造性精神的杰作，体现了规划技术的高超与先进。

第二节 中国大运河规划的针对性

一、中国地形的复杂性

中国地形总体为西北高东南低，呈三级阶梯，自西而东逐级下降。山系以东—西走向和东北—西南走向为主。这种山系分布情况决定了中国河流以东西走向为主，天然形成的江河水系大体都是自西向东汇入大海的。在中国东部自北向南分布着海河、黄河、淮河、长江、钱塘江等水系流域。这种水系分隔的地理环境是大致南北向的中国大运河产生的自然背景。

古代中国的国家政治中心和军事中心大多坐落在北方，自南北朝后（5世纪至6世纪末）经济中心逐渐由北方转向南方地区。此后，从5世纪到20世纪初的1000多年，逐渐形成经济中心与政治军事中心分离的局面。为了紧密联系南方地区的经济中心与北方地区的政治中心和军事中心，保证南方的赋税和物资能够源源不断地运往北方，满足政治中心和军事中心的需求，对于中国历代政府来说，规划开辟并维持一条纵贯南北的运输干线，就成为极具战略重要性的政治举措和统治需要。而要完成从南方到北方的货物运输，必须穿越五大自然水系，这就给大运河的修造带来了地形上的复杂性。

二、中国大运河区域气候的特殊性

中国位于亚欧大陆东南部，东临太平洋，西北深处亚洲腹地，西南与南亚次大陆接壤，大部分地区处于温带（占国土面积45.6%）和亚热带（占国土面积26.1%），南海部分岛屿处于热带。季风气候使中国南北、四季降水不均，东部和南部湿润，西北干旱，夏季降水偏多，冬季偏少。因此，每逢夏季，保障航运的重点就是防洪，特别是华东地区河流的洪水；每逢冬季，保障航运的重点是水源蓄水，特别是大运河的高脊济宁南旺。另外，黄河夺淮后的泥沙淤积也是治理的重点。

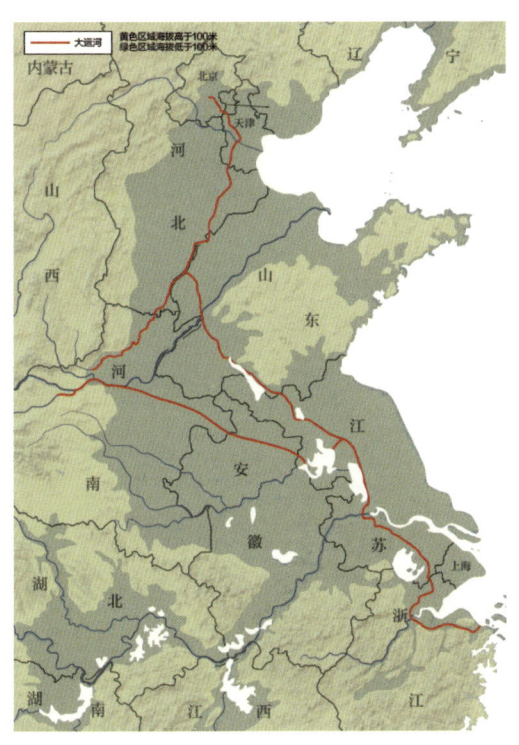

图1-6 大运河沿线地理形势图

图1-7 大运河沿线气候图

基于以上因素，修凿运河并保障航运畅通，需要克服许多困难，如地形高差的困难、天然河流阻隔的困难、水源水量缺乏的困难、洪水暴发冲决的困难等。由此带来如下问题：船只如何翻山越岭？航运水源如何解决？运河水量如何合理分配与调节？黄河、淮河、运河三河交汇的难题如何处理？洪水期河道的安全如何确保？河道工程的建设与运行维护如何管理？这在古代都是世界性的难题。然而中国古人凭借自己的聪明才智和几千年来在治水实践中积累的丰富经验，创造性地建设了宏大的水利工程体系和完善的管理系统，保证了1000多年全河的畅通。

三、中国大运河针对性的规划范例

大运河是世界上开凿时间较早、延续时间最长、空间跨度最大且目前仍在使用的人工运河。它具有相对独立发展的工程技术体系，特有的自然环境与社会制度为大运河工程技术的创造发明提供了条件，因此形成具有鲜明特点的工程类型与管理形态。其中以节制水量控制航道水深的复闸工程、解决运河高差问题的越岭运河会通河工程、解决水源问题的南旺分水枢纽工程为代表的工程案例，体现了同一时期古代水利工程规划设计的最高成就。

大运河为解决高差问题、水源问题而形成的重要工程实践是开创性的技术实例，是世界水利工程史上的伟大创造。按其历史上穿越的地形和水域特征，大运河可分为闸河段、湖区段、天然河段、河运交汇段。运河工程体系主要由水源工程和水道工程两大部分组成，这两部分又由闸、坝、堤、涵等单一工程设施组成。然而，即便同为水源工程或水道工程，因规划和建筑类型不同，也可能形成具有不同功能、不同效益的工程系统。中国大运河的水源工程自南而北类型丰富，集中了大多数水利工程类型，代表中国古代水利规划的最高水平，客观上改善了区域水环境。留存至今的水源工程是运河沿岸城市最具历史价值的区域。运河上的拦河坝或闸本是普通的水工建筑，但通过对它们的连续布置，通惠河和会通河成为有完善水道节制工程的"闸河"，尤其是高差达30m的会通河济宁段由此成为17世纪升船机出现前最具创造力的水工建筑群。淮扬运河北端的洪泽湖既是运河的水源，又是对抗黄河泥沙的重要工程，它近乎完美的规划使运河得以穿越水沙条件最复杂的淮安清口段。高家堰以长约60km的堤和坝组成了具有挡水、溢洪功能的水工建筑，部分堤段高达15～20m。在没有出现钢筋水泥结构前，高家堰是世界范围内最高的砌石坝之一，是世界坝工建筑史上具有里程碑意义的工程。[1] 大运河的工程体系是古代水利科学技术的重要组成部分，是中国水

---

1 谭徐明、于冰、王英华、等.京杭大运河遗产的特性与核心构成[J].水利学报，2009，40（10）：1219—1226.

利文明的重要标志,也是世界运河史上的杰出成就。

1. 会通河的工程规划

开凿于元明两代的会通河工程是13世纪前世界上地形高差最大的越岭运河。会通河北起临清,与南运河、卫河相接,南接黄河运口,是大运河全段的关键河段。它穿越大运河全线地势最高的一段——山东地垒,是地形高差最大的河段,南北端点与全段最高点南旺高差约30m[1]。通过水源工程、节制闸群,会通河成功实现了多条河流的水源调配和水道水深的控制。因会通河的开凿,构成了北京至杭州距离最短的南北走向的大运河。会通河的水道和水源工程规划,以及水资源调度管理,充分代表了在没有机械动力的水运时代,大运河杰出的技术成就。

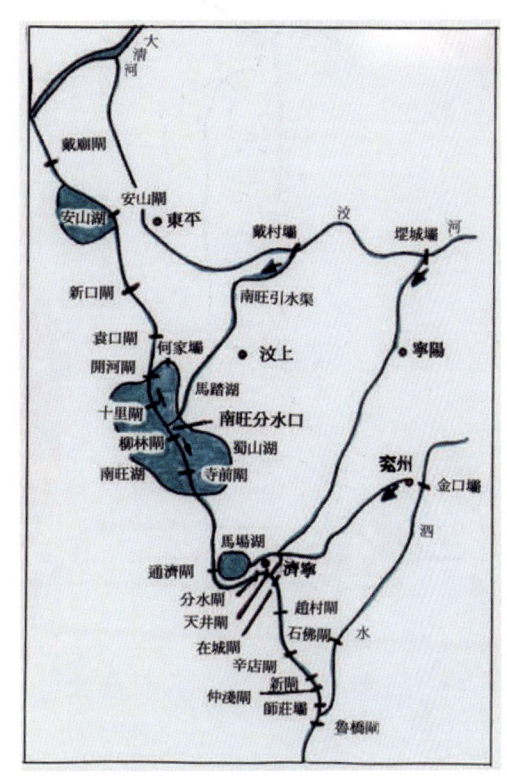

图1-8 会通河南旺分水枢纽布置图

位于大运河全段最高海拔处的南旺引水与分水工程是大运河会通河段最重要的水源工程。它通过疏汶集流、蓄水济运、泄涨保运、增闸节流等措施,科学地达到了引汶、分流、蓄水的目的,从而保证了大运河会通河段的畅通运行。南旺枢纽代表了大运河蕴含的卓越的地理测量、水利设计、施工等工程技术,是中国古人所具有的超凡创造力的见证,将中国运河的水利工程成就推向了历史顶峰。

2. 淮扬运河规划的科学性

淮扬运河已有2000多年的历史,是有文献记载的大运河最早开通的河段,也是持续运用时间最长的关键河段。它首次沟通了淮河与长江两大水系,规划设计的线路使用至今基本不变,代表了当时的先进水平;在处理与黄河、淮河的关系方面所采用的"蓄清刷黄"方略以及围绕这一方略在清口一带建设的各种水工建筑物则代表了16世纪中国调水调沙技术的世界水平。淮扬运河在线路规划设计上的科学性主要体现在如下几

---

1 "南旺湖北至临清300里,地降90尺。南至镇口(徐州对岸)290里,地降116尺。"上述数据录自《明史·河渠书》。

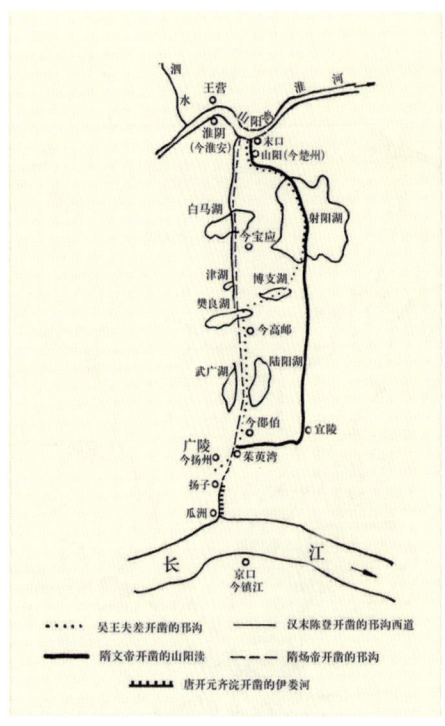

图 1-9 邗沟历次开凿路线图

图 1-10 浙东运河鉴湖

个方面。

（1）淮扬运河主河道线路的规划设计。在运道沿线地形高差较大处采用弯道技术，放缓河道比降，降低流速，以利航行。如运河入淮穿黄处采用"U"形弯道，扬州高旻寺向北段采用"乙"形大弯。

（2）淮扬运河主河道"河湖分离"规划设计。明以前，淮扬运河以相互连通的众多湖泊为运道。为避免船行湖中屡次发生覆溺，宋代尤其是明代后陆续修建运河东西二堤，逐渐实行运河与湖泊的分离。这不仅避免了船行湖中的风浪之险，还使高、宝诸湖成为调节运河水量和水位的水柜。

淮扬运河的价值还体现在处理与黄河和淮河的关系方面。1128年黄河夺淮后，黄河、淮河与运河在淮扬运河北端淮安相互纠结，从而使淮扬运河成为大运河沿线形势最严峻、工程最密集、管理最复杂的河段。明清时期，清口枢纽成为处置好与黄河、淮河的纠结关系、确保漕运畅通的关键。清口枢纽反映了中国古代高超的水利工程勘测、设计、施工和维护技术。此外，淮扬运河中采用的泄洪工程设施和技术也是颇具价值的，其中以里运河归江水道工程的设计为典型代表。

3. 浙东运河的线路规划

特定的自然环境，赋予浙东运河独特的工程技术特点。浙东运河的线路充分利用了浙东地区自然条件，将河道开凿于山前平原上，基本沿等高线行走，人工河段的高程基本为 4～6m，使运河水流平稳、水量充足不走泄、河道畅通，保障了航运的长期稳定运行。同时使河道尽量远离海岸线，使运河尽可能避免海潮直接侵扰和钱塘江湾的变迁对运河的影响，保障了运河安全。

从历史时期来看，浙东运河是在大运河各河段中出现问题最少、运行最稳定的一段运河，这与浙东地区的自然地理环境的优越有关，另一个重要方面的原因就是运河线路规划的科学性。这些共同成为浙东运河能够长期稳定运行的基本条件。

第三节　中国大运河规划的综合性

中国大运河是超大规模、持续开发的巨系统工程，是人类农业文明时代工程技术领域的天才杰作。大运河所在区域的自然地理状况异常复杂，开凿和工程建设中产生了众多因地制宜、因势利导的具有代表性的工程实践，并联结为一个技术整体，以其多样性、复杂性和系统性，体现了具有中国文明特点的工程技术体系，是农业文明时期大型工程的最高成就。

中国大运河是综合水科学、水利技术、自然条件、社会经济、政治、文化等要素的集成性工程。经由勘查、测量、规划、设计、决策、施工、使用的集成过程，通过经济保障、组织管理、运行制度的集成方式，实现漕运、灌溉、排洪等综合功能，是人类在农业文明时代的巨系统工程。早在隋代第一次贯通大运河时，就是一次性规划，分步实施，通济渠、邗沟、永济渠、江南河实现了无缝对接，用今天的科学技术水平来衡量也是一个奇迹。特别是通济渠和邗沟都是当年开工、当年竣工通航，即使今天有现代化的施工设备，也是很难想象的。

在解决泥沙问题方面，还有在通济渠柳孜运河遗址所展现出的"木岸狭河"的处理方式。元明清时期黄淮运交汇，情况更加复杂，为解决黄河在运口淤垫倒灌问题，古代水利专家规划建设了清口枢纽工程。规划层面采用"束水攻沙""蓄清刷黄"的理念，体现了古人对泥沙科学的全面、深刻认识。清口枢纽以堤防体系建设为核心，一方面约束水流提高流速，用于冲刷河床积淤；另一方面筑堤防洪。后期则发展为"束水归槽"的理念，采用放淤固堤的方式，通过泥沙的淤积形成束水河槽，体现了对泥沙科学更加深入的理解与把握。中国16世纪对河流泥沙运动力学的掌握与实践，是重大的科学成就。在堤防体系建设过程中，就地取材，夯筑土堤，同时采用了应对泥沙非常有效的埽工护岸技术，使植物裹挟泥沙，更易加固，进行防波护堤。大运河工程从规划思想到工程实践，充分体现出因地制宜、因势利导等富有中国文明特征的工程技术特点。

大运河规模宏大，工程复杂，所需人力、物力巨大，建设与管理都相当复杂。但在漫长的运河建设与管理实践中，我们的祖先不断摸索、总结出一整套大运河的工程建设指挥体系。为了保障大运河稳定运行而建立的与之配套的工程管理、河道管理、运输管理制度,更是在长达十几个世纪的漫长岁月里发挥了重要保障作用,实现了长距离运输的目的,并使大运河发挥了包括防洪排涝、供水、灌溉在内的多种相关的衍生功能。河道工程建设主要包括疏浚河道、防洪抢险、节制闸坝、调剂水源经营河库与采购河工用料。作为南北漕运的干线,大运河航运管理随着河道通航各项工程日渐完善,相应的管理法规、制度也逐渐建立起来,保证了大运河全线畅通。

制度设计是大运河作为巨系统工程另一个重要特征,从另一个角度证明了它是人类的智慧结晶。大运河的管理制度在各个历史朝代持续地适应了自然条件与政治经济要求的变化,在大运河的运行保障方面起到了极为重要的作用。

在早期的隋唐运河通济渠段就体现了先进的水利工程管理维修制度。唐宋采用了多种措施如水源和河道疏浚制度。运河的水源受到严格的控制。在各运河上开掘河堤,私自偷引河水者,将被捕获送官惩治。针对疏浚还建立岁修制度,在河底埋石人、石板等,作为标识疏浚里程和应挖深度的标志,如汴河疏浚制度规定每岁一浚。大运河的运输和河道管理有专业队伍,汴河防汛则是禁兵的任务。

元明清运河上,针对水源、闸坝的管理也有一套严密的制度。

(1)水源管理。明清两代对水源的管理尤为重视。济运湖泊、塘池承纳泉水、汇集地表水,是运河的重要设施;济运的泉水是缺水地区的主要水源,均由专门机构直接管理。明清对此有专门的条律:"凡决山东南旺湖、沛县昭阳湖堤岸及山东泰山等处泉流者,为首之人并遣从军,军人犯者徙于边卫。"明代《问刑条例》对水源管理有更细致的条律,特别规定,凡是盗引山东诸泉,济宁南旺湖、蜀山湖、安山湖、沛县昭阳湖,扬州高宝湖,淮安高堰、柳湾浦等处水源,均处以重刑。同时,在主要水源地分别设官置夫就地驻守。直接管水源的夫役有湖夫、塘夫、泉夫、河夫,从事巡守和随时疏浚[1]。

(2)闸坝管理。闸门启闭,依序上启下闭或下启上闭。船舶过闸后,上下游相邻闸门均闭,通过会牌传递启闭指令,以节省水量,防止多泄。闸门多为叠梁式,启闭方式因闸门所处位置的河道纵比降与水流流向的不同而异。闸门启闭一次,漕船应结队编组通过,不宜单船过闸,以减少启闭次数,避免泄水过多。当过南旺柳林闸时,必须积船二百余艘方可启板。启完即速过船,船过完即速闭板,并在闸板间用草席等物贴边塞缝,尽量减少水耗。河道最低积水的深浅,也对闸门启闭的次数产生影响。

---

1 谭徐明,于冰,王英华,等.中国大运河遗产构成及价值评估[M].北京:中国水利水电出版社,2012.

在天旱水浅时，船舶到闸，必须积水六七板时方许开闸放船。为解决枯水期运河水浅问题，明代人万恭根据漕船重载入水最深三尺五寸、船宽丈五尺的标准，规定"闸门口挖深不过四尺，宽不得过四丈，船底仅余浮舟之水，船旁绝无闲旷之渠"。闸门段过水断面减少，必然增加河道段水深，起到节水通航的效果。

第四节　中国大运河规划的连续性

中国大运河是一个复杂变化的时空体系，由10个始建于不同年代、处于不同地区、各自相对独立发展演变的河段组成。这些河段大多历经了复杂的发展过程，其构成、主要特点在不同历史阶段存在着较大的差异。但7世纪和13世纪的两次大沟通，将这些河段改造、连接起来，组成了贯通南北的中国大运河，并持续运行了数个世纪，对中国和世界产生了巨大而深远的影响。

其中，南运河与卫河是在东汉末年曹操所开白沟、平虏渠和利漕渠等区间运河基础上形成的，约始建于3世纪初；淮扬运河的前身是公元前5世纪开凿的邗沟；江南

图1-11　通济渠故道

运河于公元前 3 世纪已成雏形；浙东运河的兴建始于春秋越国的山阴水道，约建成于公元前 5 世纪；通济渠部分河段可上溯至战国时期魏国的鸿沟水系，约始建于公元前 4 世纪。

7 世纪初，隋代中央政府在以上多条区域运河的基础上，通过统一的规划、施工，新修了部分河道，将之前已有的多个地方性内陆水运体系连通起来，完成了中国大运河历史上第一次的南北大沟通。

通惠河与会通河都是元代初期（13 世纪）第二次南北大沟通时开凿建设的运河河段，北运河为相对稍早的金代开凿的运河河段，中河是清代为了进一步畅通漕运而开凿的河段。这些河段都是中国大运河第二次大沟通过程中重要的通航河段。

隋唐大运河的永济渠、通济渠、邗沟和江南运河均是在原有自然水道和运道基础上疏通联系、提升航道等级，与其说是运河开凿工程，不如说是航道整治工程。元代的大运河除临清至安山一段的会通河为新开凿外，其余各段均有旧迹可循。因而，大运河之建造并非一次形成，而是在各个区域运道不断发展丰富的基础上，经数朝数代，不断加以贯通、疏浚，终成一体。

迄今为止，淮扬运河、江南运河、浙东运河等河段依然作为在用的区域性航运河道，为中国的社会经济发展做出巨大的贡献。

图 1-12　淮扬运河的航运

第五节　中国大运河规划对国家社会形态的影响

作为公元7世纪至19世纪中国重要的运输干线之一，中国大运河通过线路的规划，显示了水路运输在国家和区域发展、环境变迁与文化交流方面最强大、深远的影响力。

一、中国大运河为建构与巩固大一统的帝国文明创造了条件

交通对于文明起着决定性的影响，尤其与古代帝国的社会结构形成有着重要的相互作用。中华文明本质上具有农业文明与河流文明的特征，特殊的地理气候使农耕极为发达，并由此产生了自给自足的经济模式，与罗马文明发达的商品经济特征与海洋文明特征有很大不同。自秦代以来中国历代王朝均为大一统的郡县制，皇帝对官员具有绝对的领导权，中国古代的交通系统则更多出于控制国土、巩固统治的需求。如秦代的直道、驰道就对大一统帝国的管理发挥了重要作用。由国家投资建设、国家统一规划实施的大运河就在这样的需求下产生并服务于这样的功能。

中国的大一统思想由来已久。大一统思想萌发于西周时期，最终形成于春秋晚期战国初期，这一时期由于诸侯混战加剧，希望和平、统一国家出现的国家观思想已经萌芽。大运河是大一统国家观的直接体现。大运河的第一次大沟通，伴随着隋帝国创立，以及由此产生的对南方经济区的物资需求以及与对北方边疆控制的军事需求。大运河的第二次大沟通则在结束长期分裂割据局面、民族融合高峰再次出现的元帝国时期得以实现。大运河的历史始终伴随着中国古代大一统国家的形成、发展和巩固的进程。

大运河也是维系国家统一的重要政治与经济战略部署，促进和巩固了农业帝国的大一统局面。从历史上看，贯通南北的大运河对历代王朝的政治军事局势有着举足轻重的作用。尤其是隋唐以后，运河的开凿与开发，无不是围绕着巩固疆土和强化王朝统治而展开，其最直接的目的就是满足军事需要和经济需求。因此，大运河也就成了维系中央集权和中国大一统局面的政治和经济纽带，使隋唐以后政治中心逐渐北移的历代王朝呈现出强烈的大一统色彩，特别是元朝实现全国统一以后直至明、清两朝，奠定了大一统局面的坚实基础。

隋代大运河为隋唐宋时期帝国政权的维护和经济、文化的繁荣提供了有力支撑；元代至明清的大运河加强了北京地区的政治和军事地位，为北京地区在唐宋以后成为中国古代的政治统治中心、经济管理中心、军事指挥中心、文化礼仪活动中心奠定了基础。大运河是维系统一帝国文明发展的命脉，是人类文明史的重要物证。

图 1-13 大一统国家的中心——北京的故宫

大运河促进了中国历史上传统的两大区域——南方与北方之间的相互交流，推动了南北方各个民族的融合，是文化交流、民族融会之河，推动了中华民族多元一体文化的产生。在大运河沿线的临清、天津、淮安、扬州、苏州等地历史上便是"五方杂处"之民居住之地便是最好的体现。大运河沿线地区的多民族混居情况进一步促进了各个民族之间的交流与融合，最终奠定了统一国家的文化基础。

大运河的贯通，促进和支持了中国历史上多次大一统局面的形成，并进而成为大一统这一政治理想与国家观的直接印证。

二、中国大运河改变并塑造了沿线广大区域的自然环境

大运河通过长期的人工干预，在与自然的共同作用下极大改变了沿线地貌和自然环境，体现出人类对自然的不断抗争与适应的过程，以及由此带来的对环境的深远影响。由于运河南北向的截断，运河北部海河[1]流域的多条河流由西向东入海的格局改变为多条河流汇集为一条河流入海的扇形格局。在自然与人工共同作用下形成的河北平原上多处洼淀湿地，缓解了海河流域地区的泄洪压力。

南旺分水枢纽工程的建设，引小汶河水为水源，筑堤以形成蓄水水柜。在运行的 500 余年间，该工程使原来的南旺湖逐渐扩大为湖群并形成了新的湖泊。而 1855 年黄河北徙后，运河断流，由于自然及人为的各种原因，现已先后全部干涸"消失"，多数已为耕地。

在与黄河的长期斗争中，大运河与淮河下游南北两大湖群的产生有密切关联。南四湖在明代之前还是一连串零星湖泊，之后 12 世纪黄河夺淮入海，运河为避黄而改道湖东（中河段），湖东面承受运河的余水，西面又有黄河决流的汇注，湖面迅速扩大并由此形成面积达千余平方千米的南四湖。

---

[1] 海河是中国华北地区的最大水系，中国七大河流之一。海河和上游的北运河、永定河、大清河、子牙河、南运河五大河流及 300 多条支流组成海河水系，以卫河为源，全长 1090km，经天津（三岔口）由海河干流入海。

黄河夺淮使隋唐之前的浅水小湖扩大为洪泽湖,而明清时期清口枢纽工程洪泽湖大堤的修筑直接导致巨型人工水库(清代超过3000km^2)的形成。洪泽湖湖面常高于黄河水面3～4m,汛期水势往往涨至6～7m。洪水决口时有发生,导致运西白马、高邮、宝应、邵伯等湖不断扩大。为治理洪涝灾害并保障运河运行,除采取减水闸

图1-14 烟波浩渺的洪泽湖

的方式外,同时利用里运河导引黄淮洪水南流经由运河归长江入海,奠定了现代淮河入江的格局。

现在的运河沉静而平稳,让人难以想象历史上的惊心动魄,然而每一股细流都无声诉说着中国古人世代的勇气、决心、智慧与牺牲。

此外,大运河江南运河段主线基本将江南地区主要的城市串联起来,对城市的发展繁荣起到了推动和支撑作用。大运河对城镇形成、发展的影响主要表现在对自然环境的改造和对社会形态的影响。以江南运河为纽带,自北向南将镇江、常州、无锡、苏州、嘉兴、湖州、杭州等著名城市串联起来。最初城市乡镇因运河而起,其后城市沿运河扩张,与运河沟通,交换水量。运河为城市提供水路交通,形成了运河穿过城区并与城河水系相沟通的格局,城河也成为运河体系的重要组成。城河往往具有城市输水、排涝的功能,南北沟通的大运河与城河相通,作为城市水系的调蓄,使城河的功能得到更好的发挥。

江南地区一直是我国经济、文化比较发达的地区,江南运河串联的城市都是太湖地区乃至全国的重要城市,运河的沟通促进了城市的发展,城市的繁荣也对运河功能的发挥具有促进作用。

三、中国大运河促进了中华多元一体文化的形成

大运河造成了中国东中部的大沟通和大交流,并与丝绸之路和海上丝绸之路的重要节点都会洛阳、明州(今浙江宁波)相联系,成为沟通陆海丝绸之路的内陆航运通道,在文化交流方面产生了深远的影响。

大运河是一条文化的河流,它直接串联南北、沟通了黄河与长江流域,形成更为

广阔的空间,对中国文化大格局的形成具有十分重要的作用。大运河还是联系古代中国与世界的桥梁,是古代东方主要国际交通路线之一。

中国大运河的开通与历代的整修,对于古代中国北方先进生产技术与文化的向南传播,具有重要意义。自从隋炀帝开江南运河之后,江南地区进一步与中原联系在一起,从此形成了北方与中原文化沿运河南迁的局面,北方民族的生活方式、文化成就、经济物资通过运河的沟通,融进南方地区的社会发展之中,也直接促进了之后南方经济中心的兴起。

隋唐以后北方与中原地区遭受频繁的战争与灾荒,古代中国的经济中心逐渐转移至江南地区。运河使江南的丝织工艺、陶瓷制造术、建筑技术、造纸印刷术、指南针及各种文化书籍大量运往北方,江南物产对北方与中原生活方式与价值观念产生了深远的影响。雄厚的物质基础也使江南成为全国人文荟萃之地,隋后江南地区逐渐成为古代中国科举制度下官吏阶层、文人阶层最重要的来源地,大量江南士子游学或求仕,多由运河北上,把江南社会的文化、风俗、生活方式带往中原与北方,成为群体性重要的历史与文化行程。

中华大地上区域文化类别众多,其中以北方的齐鲁文化与江南文化最为可观。齐鲁文化本质上是一种伦理文化,而江南文化本质上是一种诗性文化,它们代表着中国人最基本的生存需要与文化理想,因而两者的双向交流十分重要。大运河的出现使两种在原则上针锋相对的伦理与审美文化,在现实中获得了接触、理解与融合的可能,在两者之间起到重要的沟通与交流作用,对古代中国文化大格局的形成具有十分重要的作用。

作为天才的设想,中国大运河的开通与整修,不仅直接

图 1-15　大运河沟通五大流域图

刺激与活跃了中国区域间的物流与人际交往，而且影响到古代中国与世界的外交往来及其路径。中国大运河是古代东方世界主要国际交通路线的组成部分。隋唐宋时期大运河的一端通过明州港（宁波）交通海外诸国，另一端则从洛阳西出以衔接横贯亚洲内陆的"丝绸之路"。元代以后，蒙古帝国的建立使欧亚大陆交通畅通，大运河使中国与世界更为紧密地联系起来。丝织工艺、陶瓷制造术、建筑技术、造纸印刷术、指南针以及各种文化书籍向海外传播，中国工匠甚至参与了中东灌溉工程的设计与建造；而东南亚的优质木材、宝石、香料、象牙以及中亚的皮革、矿物颜料等进入中国并经由运河传遍全国。中国与亚洲、西方的僧人、官员、商人、传教士、旅行家、使团等频繁由运河南来北往，并经由海上、陆上交通，形成了古代中国与亚洲、欧洲等广泛的政治、经济、文化联系，促进了古代世界的沟通与交流。

作为古代中国的交通大动脉，大运河已深深烙印进历史，成为文明进程的重要组成部分。

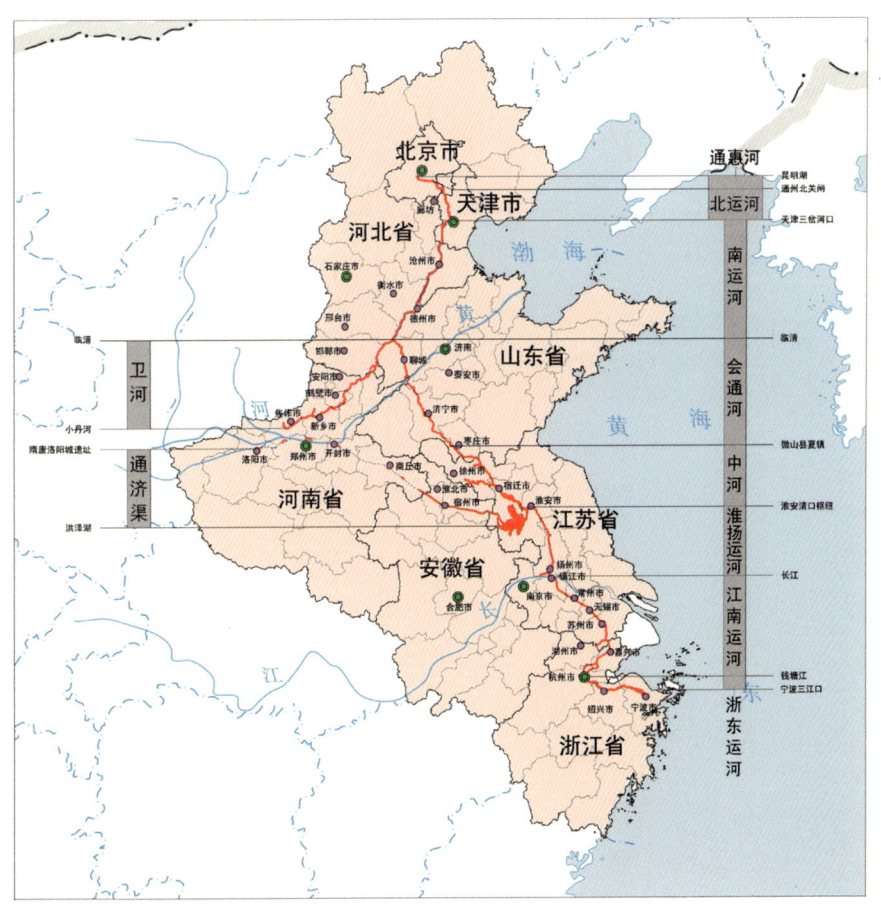

图 1-16　大运河线路图

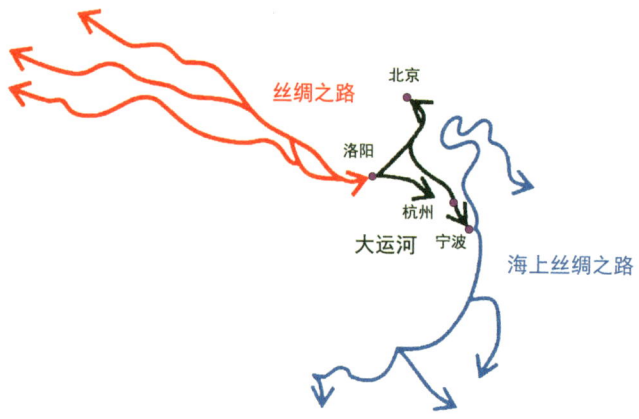

图 1-17　大运河与陆海丝绸之路

第二章 中国大运河水工科技

中国大运河是世界运河史上的突出、独特范例，它展现了农业文明时期人工运河发展的悠久历史和巨大的影响力，代表了工业革命前土木工程的杰出成就。大运河所涉及的工程问题之复杂，投入的人力和物力之巨大，是世界任何一条运河都难以比拟的。它解决了在严峻自然条件下修建长距离运河面临的地形高差、水源供给、水深控制、会淮穿黄、防洪减灾、系统管理六大难题，保证了大运河的长期持续通航。围绕它的运行而开展的治水活动波澜壮阔，是人类文明史上的重要成就。大运河是人类农业文明技术体系之下最具复杂性、系统性、动态性、综合性的超大型水利工程。大运河从开凿直至今天仍在发挥作用，一直在不断修建和更新，保持了技术的适应性与先进性。大运河的作用随着社会的发展在不断增加，从最初的运输物资、运送南来北往的各色旅人，到输水、灌溉、防洪，一直都是中国大地上最重要的有生命的文化遗产之一。大运河被《国际运河古迹名录》列入世界上"具有重大科技价值的运河"，是世纪运河工程史上的里程碑。那么中国大运河水工科技方面的成就主要体现在哪些地方呢？这就是大运河解决了世界运河史上的六大难题。

第一节　解决地形高差问题的水工科技

大运河为解决高差问题、水源问题而形成的重要工程实践是开创性的技术实例，是世界水利工程史上的伟大创造。大运河沿线各处特有的自然环境与社会制度为大运河工程技术的创造发明提供了条件，因此产生出具有鲜明特点的工程类型与管理形态。其中以节制水量控制航道水深的复闸工程、解决运河高差问题的越岭运河会通河工程、解决水源问题的南旺分水枢纽工程为代表，体现了同一时期世界水利工程的最高成就。

一、解决船只翻山越岭的梯级船闸系统

我国是世界上最早发明、建造船闸的国家，勤劳智慧的中华先人在水利实践中发明了船闸。秦朝修建的灵渠斗（陡）门就是世界上最早的船闸。

斗门就是在运河两岸各用巨石垒成一个半月弧形的基座，弧顶两两相对，使河道变窄，借以提高水位，根据需要堵放。斗门类似现在的单门闸，是现代船闸的雏形。大运河上最早的斗门是南朝宋景平元年（423）在扬子津（今扬州市扬子桥）河段上建造的两座斗门。《水部式》载："扬州扬子津斗门二所，宜于所管三府兵及轻疾内量差，分番守当，随须开闭。"斗门按顺序开合关闭，比较便利灵活，但容易造成水量流失，需与堰埭合并使用，需借助埭阻止运河水下泄入江。唐代诗人李白《题瓜州新河饯族

叔舍人贲》云："两桥对双阁，芳树有行列……海水落斗门，潮平见沙汭。"唐开元二十六年（738），瓜州新河由润州（今镇江）刺史齐澣开挖，运口在仪真运口以东的伊娄埭。由诗可见，斗门已经开始在邗沟上逐渐应用。

但是，早期斗门由于只有四五米宽，每次只能通过一艘船，过闸时间相当长久，这是它的明显弊端，改进斗门势在必行。北宋雍熙元年（984），淮南转运使乔维岳在真扬运河第三堰修建了类似于现代船闸的二斗门，史称西河闸。乔维岳的二斗门，其实就是复闸，两个闸间的距离约五十步，相当于今天的83m，能垂直升降，交替开合，形成一个缓冲带。复闸不但提高河运能力，又以大闸身容量克服了船只过往缓慢的缺点，是我国水利工程技术进步的标志。乔维岳发明的复闸是现代水闸的雏形，欧洲直到1375年才建成第一个垂直升降的"塘闸"，比乔维岳晚了近400年。

1023—1026年，真扬运河上又建成技术含量更高的复闸——对乔维岳二斗门的改进。闸建成之后，每只船载米量由300石提到400石，再后来官船达600石，私船更达1600石。省去大量的管理人员和费用。北宋元丰年间（1078—1085），科学家沈括经过真州（今江苏仪征），面对船只穿梭如流的壮观复闸感慨万分，写成《复闸》一文，收入他的著作《梦溪笔谈》中。沈括写道："天圣中，监真州排岸司右侍禁陶鉴始议为复闸节水，以省舟船过埭之劳……自后，北神、召伯、龙舟、茱萸诸埭，相次废革，至今为利。"由此可见，这一时期，大运河上已出现多个复闸，淮扬运河、江南运河上的堰埭大多改成船闸。《宋史》卷96《河渠志六·东南诸水上》载"宋徽宗重和年间，仅扬楚运河上就有79座斗门水闸（含泄水闸）"，改变了以往船只过堰埭或斗门时"粮载烦于剥卸，民力罢（疲）于牵挽"的不利局面，使大运河的航运效率大大提升。

到了元代，水利专家们把复闸技术作为解决船队翻山越岭难题的利器，在会通河

图2-1 灵渠的斗（陡）门

图2-2 会通河柳林闸

的临清与济宁之间建造了 31 座船闸，依靠梯级船闸群有序、有效解决水位升降，保证船队顺利越岭通行。大运河上的梯级船闸工程系统比西方同类建筑早 350 年。

大运河船闸工程包括始建于 11 世纪的复闸实例——长安闸；始建于 13 世纪末的梯级船闸实例——位于会通河上的阿城上下闸与荆门上下闸；数项单闸实例——通惠河北京旧城段的澄清上闸、中闸（始建于 13 世纪末）；位于南旺枢纽，用于调控运河水量的闸群柳林闸、十里闸、寺前铺闸（始建于 15 世纪末）；位于湖中运道的利建闸（始建于 16 世纪）；位于清口枢纽用于调控里运河水位的清江大闸（始建于 15 世纪）。这些实例以丰富的类型与长久的时间跨度证明了大运河在船闸工程方面取得的成就，并共同体现出中国式"叠梁闸"的样式与技术特点。

二、大运河船闸的发展过程

（1）堰埭。堰、埭及碣都属于拦河建筑物，也就是现在所说的坝。拦河筑坝可以代闸。堰埭之名始见于三国时吴所筑的破冈渎，自云阳（今江苏丹阳）通建业（今江苏南京），上下十余埭，后江南江北筑堰埭不少。小船过坝用人力拖曳，大船则两岸设绞关，用人力或畜力推转盘坝。六朝至唐末，常用牛十余头推绞关，称为牛埭。元代以后多改用闸。元及明初，有著名的北京阜通七坝及淮安五坝。冬春水小，过船多盘坝，耗水甚少。

（2）单闸。起源于秦汉，又称水门、斗门。秦代之灵渠多斗，即斗门、陡门。闸前后两段落差有五尺五寸，在高水位段，水面距船舷仅九寸。船闸由一对斜坡式的石墩组成，坡度大约为 40°。船过闸时由绞盘带落入低水位河段，通常配两副绞盘即可，但有时因船的吨位大，需要四副或六副绞盘。

> **延伸阅读**
>
> **叠梁闸**
>
> 　　河道两旁有两个开在木头或者石块相对布置的垂直门槽，槽内可滑动一连串大木闸板，用绳子绑在两端，以便闸板升降。每侧岸上都有绞车或滑轮装在木头或石架上，像起重机一样，以帮助放好或撤除闸板。这种闸还可以改进为把大木板连在一起，形成一个连续的平面，然后将平衡重块放在缆索的末端，使闸板可在门槽里升高或降低。

(3) 斗门、陡门。它是一种控制运河通航水量的建筑物，与现代通航闸门的作用相同，但启闭闸门的设施完全不同。灵渠自成渠以来就水量不足，为保证航运畅通，最早时建陡门34座，唐宋时期曾达到36座，至今尚有数座明代石陡门遗存。

(4) 复闸。两道闸门皆跨河，形制如今天的通船闸，上下进出，中有闸室。始见于北宋杨楚运河，当时设置甚多，有一级、多级之别。复闸有澳闸，即于闸室之旁凿池蓄水，以灌闸室，称积水澳。如二级则于下室之旁凿澳，以蓄上级放下之水，称归水澳。这类结构最为先进，北宋盛极一时，长江南北之闸多用此制。《仪征古闸见证大运河生生不息》一文介绍道："真州闸分为临近长江的外闸、连接运河的内闸和二者之间的腰闸。三道闸门分割了长江和运河，并在其内部形成了两道水位相异的闸室。同时凿河开澳，用以调节水源。水闸气魄宏大，从外闸到内闸有610m之远，船只进入外闸后，外闸和腰闸关闭，江水经外闸室进入水澳，闸室内开始充水。当内外两个闸室的水位等平后，打开腰闸，船只驶进内闸室，然后关闭腰闸和内闸，再次利用水澳蓄水，向内闸室充水，使水位与运河持平，然后开启内闸放船只进入运河。这样，船只就能顺利过闸，从运河驶向京都。"真州水闸设计完善，结构合理，具有引潮、蓄水、节水和输水等多重功能，无论水位高低，都可以保证船只正常通行。到南宋时，真州闸从木闸改建成石闸。直到17世纪，意大利的米兰才出现了类似的船闸，其工作原理至今仍在沿用。

北宋时期，人们又在江南运河建造了京口、吕城、奔牛三个澳闸。为进一步解决

图 2-3　复式船闸——邵伯船闸

水源不足问题，修建澳闸和堰埭就成为重要措施之一。人们还在毗邻长江的京口闸的京口以西修建蒜山开漕渠，从京口闸以东的甘露港（北固山下）导江水流向西南，以济漕运。北宋元符二年（1099），京口闸改建为复闸，崇宁时废弃，南宋嘉定年间再次复建。《嘉定镇江志》记载："京口闸距江里许，又南为腰闸，又东为下中上三闸。"

到明代，梯级船闸数量增至38室。大运河就是靠着这38座船闸实现对水位的调整，浩荡的运输船队得以平稳地翻山越岭。大运河上的梯级船闸工形系统要比西方同类建筑早350年。

第二节 解决水源供给问题的水工科技

运河离不开水，要保证船的正常航行，首先要有稳定的水源。运河水源供应是大运河正常运行的基础，无论是北方还是南方，水源是修建运河成功与否的关键工程，运河的水源和供水工程都是建造者首先必须考虑的问题。在大运河的发展历史上，水源供给工程经历了从借湖行船到河湖分离；从水柜供水到减水闸控制水深的过程。

一、大运河的水源工程

运河水源工程有引用天然河流供水，利用湖泊水柜供水，引用泉水作为运河水源等。

1. 引用天然河流供水

大运河最早的一段古邗沟开凿于春秋时期，当时生产力还不发达，还没有能力开凿长距离的人工河道。建造者聪明地运用了自然河道，借湖行船，在开挖人工河道时也巧妙地引用了天然河流供水。现淮扬运河以西地区原有很多洼地，即今天白马、宝应、高邮、邵伯诸湖的前身。这一系列湖泊早先利于借自然水系航运行船，无论吴王夫差在春秋时开邗沟，还是汉代的陈登穿沟，以及隋代修建的邗沟东道、西道，都曾利用天然的湖泊，用较短的人工水道串联起天然湖泊，构成了连通江淮的邗沟水系。这就是借湖行船。但后期由于沿线湖面的扩大，湖中风浪较大，对航运造成一定的影响，从宋代开始直至明代，治水官员逐步在湖的内侧又开了一条专门的运河，摆脱了借湖行船的历史，这就是里运河。从利用湖泊为运道，发展为完全避开天然水系形成完全的人工河道（与天然河道平交的运口除外），风浪之险渐少，航行线路趋直。淮扬运河扬州段三堤两河的格局清晰展现了河湖关系的变迁历程。中河段则是运河摆脱借黄河河道行运、大运河全段实现人工控制的标志。

2. 利用湖泊水柜供水

运河上的水库主要用于航运，也称为水柜，是古代调节运河供水的蓄水工程。通常采取筑坝拦水或在运河两岸洼地筑围堤蓄水的方式，设闸控制，运河缺水时放水入河，运河水大时放入水柜。特别是汛期泄入水柜蓄存，待运河需水时回注。淮扬运河从开挖古邗沟时，就主要依靠沿途的湖泊作为水源或者直接借湖行船，因此邗沟又称为"湖漕"，其工程特点是要处理好湖泊供水与泄洪的关系。通惠河北京城区段的什刹海就是典型的运河水柜。绍兴鉴湖是长江以南最早的运河供水水柜。鉴湖又称镜湖，具有防洪、灌溉航运等多重功能。鉴湖是东汉时会稽太守马臻主持修建的，拦蓄山北诸小湖水形成东西狭长的水库，故又称长湖。鉴湖堤长65km，东起曹娥江、西至小江、中有南北隔堤，将鉴湖分为东西两部分。《水经注》记载，鉴湖沿湖有放水斗门69座，历代有所增减，作为给运河补水或泄洪的通道。

会通河也是利用水柜的经典案例。山东运河沿岸分布着一些湖泊。明朝时，为了给运河补水，宋礼采纳白英的建议，利用周围湖泊来调节水源。开始时，有马踏、蜀山、南旺、安山等天然湖，后又把济宁以西的一片洼地开辟成湖，称马场湖，统称北五湖，经修建后用于积蓄水源以济运，称为水柜。后来，又把昭阳、独山、微山、郗山等南四湖也改造为水柜。这些水柜与运河间有斗门相通，并建有水网进行控制。夏秋水大或冬修时将运河水泄入湖中，春季和夏初运河缺水时由湖中放水济运。北五湖和南四湖水柜的设置，对运河通航的水源保障具有重要的作用。

图 2-4　古邗沟借用高邮湖行船

图 2-5　通惠河水柜 - 什刹海

3. 引用泉水作为运河水源

大运河利用泉水作为水源的工程很多,尤其是在北方河湖水资源缺乏的地区。北京的白浮泉和会通河上的引泉工程都是典型代表。蔡蕃先生在《郭守敬与北京水利工程》一书中写道,通惠河的水源,共计有昌平白浮泉等十眼泉。这些泉分布在瓮山泊西北五六十里的燕山山麓,通过引水渠——白浮、瓮山河尽收其中,最终汇入水库瓮山泊,为运河及北京城市供水。其水利工程有筑白浮堰,凿六渠、修筑白浮瓮山河。

4. 引用河水给运河供水

中国大运河解决水源问题最特殊的工程就是南旺枢纽工程。开凿于元明两代的会通河工程是13世纪前世界范围内地形高差最大的越岭运河。会通河北起临清与南运河、卫河相接处,南接黄河运口,是大运河全段的关键河段。它穿越大运河全线地势最高的一段——山东地垒,是地形高差最大的河段,南北端点与全段最高点南旺高差约30m。通过水源工程、节制闸群,成功实现了大汶河多条河流的水源调配和水道水深的控制。因会通河的开凿,构成了北京至杭州距离最短的南北走向的大运河。会通河的水道和水源工程规划,以及水资源调度管理,代表了在没有石化动力的水运时代,大运河杰出的技术成就。

5. 利用潮汐补水

大运河水源工程中还有利用长江的江潮给运河供水的,那就是仪扬运河上的拦潮闸。在唐以前,淮扬运河通过仪扬河入江,由于地势的高差,每遇落潮时,运河入江口的水位就会低至无法行船。聪明的古人在入江口筑一道坝,设置一座拦潮闸。当涨

图2-6 大运河北京段水源地——白浮泉

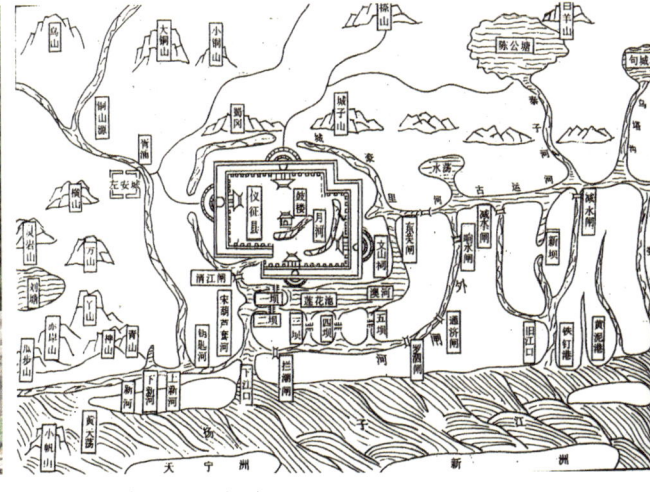

图2-7 明朝仪扬河水利图

潮时将闸门提起,让长江潮水进入运河;当江水退潮时就将闸门放下,运河水不会流入长江,保证了运河行船所需水位。直至近代,仪扬河的四闸五坝遗址中拦潮闸仍清晰可见。

二、解决航运水源的节水工程——澳闸

1. 澳闸的出现

出现于北宋雍熙元年(984)的复式船闸是航运工程技术的一大进步。"复闸"是多个闸门组成多级闸室,通过联合运用,有效地平衡航道水位差,将河段的高差集中到一处之后分级控制,使整个河段的水流都比较平稳,船只航行的条件得到极大改善。但是,每开闸一次,总会损失一部分水量。这在严重缺水河段是十分可惜的。为进一步解决航运节水问题,北宋时期在淮扬河段又创造性建设了节水型船闸——澳闸。其具体结构及工作原理在前文已有介绍。北宋时期澳闸迅速在淮扬运河、江南运河中缺水的河段普及,朝廷后来设专官管理澳闸。现在看来,发明于1000多年前的澳闸完全符合现代船闸节水设计的理论与实践,长安闸就是其中一例。

图2-8 镇江京口闸遗址

长安闸与京口闸同时兴建,位于今浙江嘉兴海宁市长安镇境内。江南运河的南端水源靠钱塘江支流接济,运河自北向南为顺水。长安闸共有三门二澳。三门形成的两间闸室长度分别长约140m和130m。在运河西岸有两个水澳。《宋元方志丛刊·咸淳临安志》卷39记载:"两澳环以堤,上澳九十八亩,下澳百三十二亩。水多则蓄于两澳,旱则决注闸。"长安闸的运行机制与京口闸基本相同。

2. 长安闸的节水设计

位于江南运河段的长安闸建于1068年,由三座闸门和之间形成的两间闸室以及两座水澳组成,是建于宋代的具有代表性的复闸式船闸。长安闸具有完善的工程设施,达到了引潮行运、蓄积潮水、水量循环利用的多重工程目的,具有保障程度较高的输

水功能，是世界水利史上现存建筑年代最早的复闸实例，是这一时期中国水利技术领先世界的标志性工程。欧洲大约在300年后才出现此类工程。

配置澳及澳闸的复闸工程规划更加精细，运行条件也得到显著改善。澳有两个，分别以积水、归水为名。积水澳的正常水位高于或平于所连闸室（一般是上游闸室）的高水位（复闸上游的水位），以补充船只过闸所耗之水，抬高闸室水位与上游平以待下次开闸入船；归水澳正常水位低于或平于下闸室的低水位，以回收闸室水位降低时的下泄水量，使其不流失到下游。归水澳中的水还可以根据需要提升至积水澳中重复使用。澳的水源是蓄积于高处的流水或雨水，此外，还可以提升低处积水或流水，或者从临近大江的地方在潮涨时引蓄潮水。普通的复闸过一次船最少也要消耗（下泄）一闸室的水，而"澳"的存在则使这些本来要下泄流失的水得以重复利用。澳闸在运行管理上也较简单的复闸要求更高。

长安闸是江南运河重要的水利水运工程遗产，它首次运用的运河闸澳制，达到平稳航道、节约水量、水量循环利用的多重工程目的，是我国古代先进水利技术的实证，是反映运河水利设施发展和运河河道变迁的重要实物。长安闸具有完善的工程设施，达到了引潮行运、蓄积潮水、水量循环利用的多重工程目的，具有保障程度较高的输水功能，是世界水运史上现存建筑年代最早的复闸实例，是这一时期中国水利水运技术领先世界的标志性工程[1]。欧洲大约在300年后才出现此类工程。

图 2-9 嘉兴长安闸

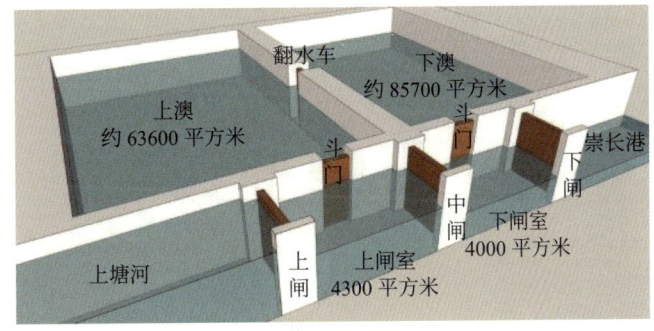

图 2-10 长安闸构成示意图

---

1 1072年秋，日本僧人成寻到中国巡礼求法，记述了通过长安闸的过程。出自成寻《参天台五台山记》，白化文点校，花山文艺出版社，2008。

三、解决水量合理分配与调节的南旺分水枢纽工程

元朝开凿的大运河,最艰难的一段就是在山东境内超过 120km 的会通河,由于翻山越岭整整花费 36 年才凿通,修筑了 30 多座闸坝用以解决水位落差问题。元运河是一条越岭运河,从长江边的扬州到海河边的天津,中间高、两端低,从最低点(淮扬运河南端三江营)到最高点(会通河济宁以北的南旺)。高差约 30m,全长约 350km,南旺分水枢纽工程处于元明清运河最高点南旺。这一工程始于元代,完成于明永乐九年(1411),船队要翻山越岭,必须找准分水岭,才能在制高点有效控制分水岭两边的河道,合理分流用水。但是,元代会通河的根本问题是水源缺乏和分水制高点选择的错误。由于把会通河的分水制高点错选在不是水脊的济宁附近的会源闸,结果导致元代往北引水困难,水源不足,河道搁浅。终元一代,漕粮北运还是以海运为主。

明成祖朱棣迁都北京后,这个困扰大运河漕运的梗阻问题再次被提上了议事日程。

明永乐九年(1411),工部尚书宋礼采用汶上有经验的民间水利专家白英的建议,选中济宁以北的汶上县南旺修建分水工程。经过周密规划,以南旺为中心,构建了完善的分水枢纽工程。

其工作原理是:先在汶上县修筑戴村坝截住汶水,再开挖小汶河,拦截全部汶水西汇南旺。也就是在汶水下游筑戴村坝,整治南旺分水处的南旺东西湖、马踏湖、蜀山湖、安山湖等几处湖泊,使之成为分水岭上的调节水库;在关键位置设置斗门和南北分水闸门。最后在小汶河流入运河的"T"形水口修筑石头护坡,在入水口又建了如都江堰那样的分水鱼嘴(又叫石拨),将入运汶

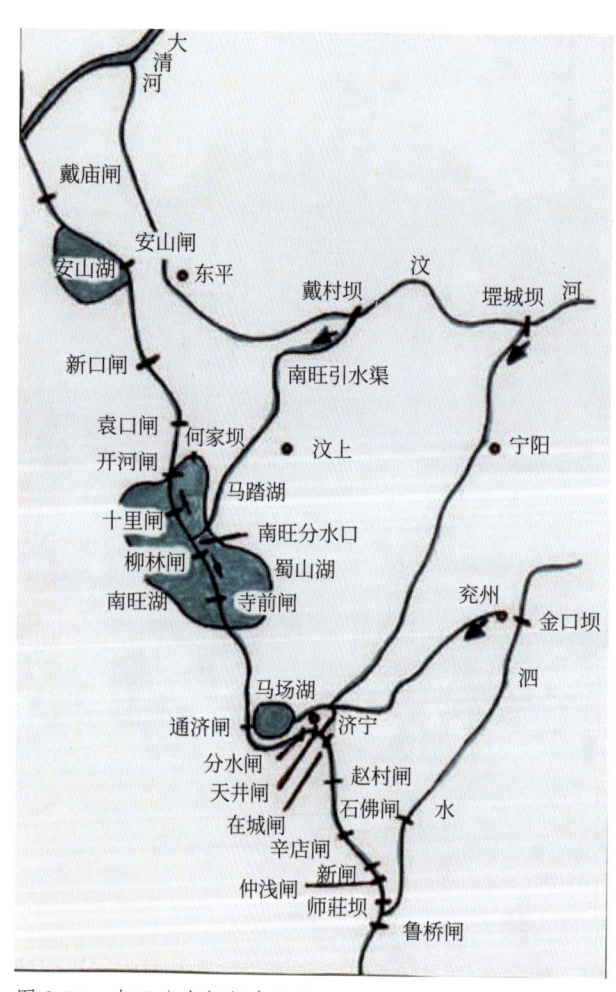

图 2-11 南旺分水枢纽布置图

水进行分水,向南北两个方向为运河供水,称为"龙王分水"。在水源工程、蓄水工程、节制工程的协同配合下,根据北边水少、南边水多的特点,南旺分水枢纽使河水南北分流,实现了"七分朝天子,三分下江南"的合理分流,确保了漕运船队顺利翻山越岭,体现了很高的航运枢纽规划水平和工程技术水平。这个水利史上的伟大创举,可以与都江堰相媲美,使山东段大运河的漕运畅通了近500年。

始建于明代的南旺工程是世界运河工程史上较早的一座大型综合性水源工程,比欧洲早期运河建造史上最有影响力的为法国米迪运河提供水源的黑山引水与分水工程早了约200年。南旺工程创造性地通过筑坝、引水、蓄水、分水等一系列互相配合的工程措施,利用地形地势等自然条件,完成对大运河水源流量与流向的定量控制,解决了为大运河全线最高河段的供水问题,确保了大运河在之后300余年的顺利通航,代表了大运河蕴含的卓越的地理测量、水利设计、施工等工程技术。南旺工程是中国古人所具有的超凡创造力的见证,将中国运河的水利工程成就推向了历史巅峰。

第三节 解决水深控制的水工科技

大运河从南到北,水位落差很大。早期古人为了解决这个问题,主要是靠修筑堰埭,壅水助运。堰、埭是我国古代水利设施的基本形式。堰是挡水的堤坝,也可以用作动词,有壅水、挡水之义;埭是堵水的土坝。堰、埭是不同功能的拦水坝,一般用于农田灌溉、排涝抗旱、军事斗争的称作堰,用于内河航运的称作埭,但到南北朝时两者在功能上已基本互通。堰埭应肇始于先秦时期,如战国时期著名的水利工程都江堰就是典型的例子。

大运河最早的古堰可能始于吴王夫差开凿的邗沟,陆岗先生在《淮安的水利之最及其水文化特色》中就倾向于这个观点。鲁哀公九年(前486),吴王夫差为了北上争霸中原,开凿了沟通长河与淮河的邗沟。由于长江、淮河的水位不同(长江高,淮河低),为了抵挡入淮的长江水,就在邗沟北端入淮处淮安东北的"末口修筑北神堰(又称北辰堰、平津堰)"。而关于此堰的最早记载,则见于《资治通鉴·后周纪五》:"显德五年(958),周世宗伐南唐,欲引战舰自淮入江,阻北神堰不得渡。"业界多认为我国大运河的堰埭历史从三国时吴修建破冈渎开始。

吴赤乌八年(245年),为了降低长江逆行风险,保证迁都建邺后的物资和军事需要,孙权派陈勋率三万兵士开凿句容中道,就是有名的破冈渎。破冈渎西起小其(在今江苏句容县东南),东抵云阳西城(在今江苏丹阳延陵镇南),与原有运河连接,全长四五十里。由于地势不平，沿途修筑 14 个用于蓄水的埭，客观上对储蓄水源、调节水利有积极意义。

堰埭系调节水量的拦河坝。姚汉源先生在《中国水利史纲要》中写道："在河道纵坡过陡的地段，隔距离修建梯级堰，用来平水、蓄水，以保证船舶通航。船过堰埭时，需要拖拉上坝，再缓慢放进相邻的河段，在船闸没出现之前堰埭是解决因地势差造成运河水位差的相对理想的水利工程技术。"

大运河的堰埭在两晋南北朝时期获得了较大发展。东晋时为调节中渎水（邗沟）河道流量而修建的欧阳埭和召伯埭，就比较有名。当时，扬州城南沙洲淤涨，长江南移，致使邗沟至长江的出水口堵塞。为使中渎水与长江畅通，东晋永和年间（345—356）修挖了邗沟南段。在今天的仪征境内建欧阳埭引入长江水，向东延伸至今天的三汊河、扬子桥，再向北连扬州。这条新开挖的渠道长 30km，成为仪扬运河的前身。后来，隋朝政府两次疏浚此河，成为南北大运河中的重要一段。东晋太元十年（385），宰相谢安在淝水之战取胜后，在扬州城北修建了召伯埭（召伯即现在的邵伯），并以召伯埭为中心同时修建了秦梁埭、三枚埭和镜梁埭。《太平御览》卷73《堰埭条》引郭缘生的《述征记》介绍道："秦梁埭到召伯埭二十里，召伯埭到三枚埭十五里，三枚埭到镜梁埭十五里。"在邗沟上修筑了众多堰埭，就是为了防控运河水量流失，并对邗沟进行分段节流，保持通航必需的水位。像连接邗沟和长江的欧阳埭，当江水涨潮时，江水越过埭坝涌入运河；当江水退潮时，又被埭坝拦住，使邗沟水位得到提高。召伯埭的作用同样如此：涌入邗沟的江水，一部分越过召伯埭，向北流入邗沟的中段和北段，使邗沟全线水量得到补充；另一部分水量则被埭坝拦住，使邗沟南段保持充足水量。

图 2-12　平津堰遗址

为了使船过堰埭，用人力、牛力拖拉船只，即人工引埭。南朝时出现了牛埭税，成为政府可观的财政来源。堰埭工程造价投入少，是早期调节运河水量、解决水位差的水工技术，但耗费劳力过大，船只磨损严重，拖延时间过长。北宋熙宁五年（1072），日本僧人成寻到中国考察、学习佛教，他在《参天台、五台山记》中描述了船过瓜洲堰的情景:"九月十二日,到瓜洲堰宿……十三日卯时越堰,牛二十二头,左右各十一,牵船过堰。"船闸出现后,取代了堰埭的过船职能;但船闸与堰埭可以优势互补,配合使用,堰埭主要用于平水、蓄水。元代以后的堰埭,大半在两侧各备船只腾装货物,船不再翻过。

调控水量、水深的工程措施不断发展更新,从基本的斗门、堰埭、单闸,到水柜、梯级船闸、复闸,调节水位差和维持航道水深的能力显著增强。长安闸的复闸工程、会通河的梯级船闸工程,是单体水深、水量控制工程理念提升的结果。这是对水工设施效能认知与规划设计思想的一大进步。

大运河水利科技中典型的水坝工程包括南旺枢纽的戴村坝与清口枢纽的洪泽湖大堤。

戴村坝是南旺枢纽的组成部分,总长度超过1500m,有"中国第一坝"的美誉。它用于拦蓄汶河水经引河(小汶河)供给运河使用。大坝分三部分——主石坝(始建于15世纪初)、太皇堤(1904)和三合土坝(1822)。这三段坝高低不同、长短不一,既各自独立,又相互关联,互相保护。主石坝长443m,又分三段——玲珑坝、乱石坝和滚水坝。其中滚水坝最低,这样设计的目的是在汶水上涨时分级漫水泄洪,以此来调控小汶河水量,保证小汶河引水流量的蓄泄得宜,既保证了小汶河持续供水满足济运需要,又确保了运河堤岸及沿岸农田免遭水患。此外,各段坝顶高度不同,坝身砌筑方法不同(两侧为砌筑,中间为堆筑),分级漫水,既保证了引河持续供水,又能排洪防溢。戴村坝规模宏大设计巧妙,石工砌筑精密,质量达1~6t甚至更大的巨石,采用束腰扣榫结合法连接,非常坚固。三部分既各自独立,又相辅相成,互为利用,互为保护,形成了"三位一体"的独特布局,展现了水坝工程规划设计的巧妙构思,以及在运河运行期间(自15世纪初至20世纪初)的演进历程。

图2-13 戴村坝

洪泽湖大堤是明清两代治理黄淮运交汇枢纽——清口枢纽工程的关键工程。16 世纪中后期，人们在先前基础上大规模筑坝，使洪泽湖形成人工水库，之后在"蓄清刷黄"的理念指导下，洪泽湖大堤被不断加高、加长、加固，以抬高洪泽湖水位，并抵御风浪冲击，防止洪水溃决。自 1680—1751 年，共持续筑堤 70.4km，其中砌筑直立式条石挡浪墙长 60.1km，高 8～9m，底宽 50～150m，顶宽 10～30m，蜿蜒曲折。堤坝所用石材为玄武岩条石，据测算共有 60 万 m^3 之多，规模巨大，甚为壮观。当时洪泽湖大堤曾抵御的洪水水位高达 18m 左右，湖面积达 4000km^2 左右[1]。洪泽湖大堤的坝工技术代表了当时高水平的水利规划和施工技术成就。

为了防止泥沙淤积造成河床抬高，人们还在大运河上采用了木岸狭河技术和束水攻沙技术，以清除河道中的泥沙。这部分内容将在本书第三章大运河创新技术中介绍。

第四节　解决会淮穿黄问题的水工科技

世上没有两条交叉的河流，但大运河除外。绵延 3200km 的中国大运河自北往南直接串联了海河、黄河、淮河、长江、钱塘江五条自然河流。大运河作为巨系统工程的首要特征是与五大自然水系相交汇，这也是国外水利研究者最关心的问题。那么，大运河如何过黄河、过长江？如何与大五水系相交？用了哪些水工技术？

中国西高东低的地势，使各主要自然河流都由西往东流，而中国大运河作为连接了五大水系的人工河道，是以南北走向为主要走向的，这就带来了大运河与自然河湖的交叉问题。大运河从南向北，要经过钱塘江、长江、淮河、黄河和海河。由于运河在与钱塘江、长江和海河的交汇处水位差相对小，故通过修筑闸坝便能解决船只过往问题。长江由于水量大，并且受潮汐的影响，历代水利工程人员不断对大运河穿越长江的扬州、真州、镇江的渡口坝闸创新完善，以适应江潮变化造成的影响，保证大运河中的船队穿越长江的便捷和安全。

一、大运河与河湖交叉工程

1. 大运河与河道平面交叉工程

自南宋时期黄河夺淮后，大运河与黄河、淮河交汇于淮安清口一带，形成了极为

---

[1] 据中国地理与湖泊研究所，对清康熙十九年（1680）淮河大水淹没泗州城后，残留的滨湖砂堤推算。

复杂的水系平面交叉。里运河的北端运口,因在黄河以南,又被称为南运口,是明清时期漕船由淮扬运河出入淮河、黄河的关键。明永乐十三年(1415),漕运总兵陈瑄开清江浦,浦上建了四座闸,后来又建了板闸。运行时,五座闸依次开闭,一座闸开时其他四闸关闭,防止河水外泄。汛期则闭闸,所有船只盘坝而过。

而大运河过长江则在仪征和瓜洲,仪征运口是仪扬运河的入江口,是长江上游地区的漕船及两淮盐船进入运河的要道。东晋时期在仪征建欧阳埭,引江水入埭济运,同时防邗沟水下泄入江。北宋天圣年间(1023—1032),改江口堰为双重木闸,后来改为三座石闸。明洪武年间(1368—1398),在宋代建闸处筑坝,漕船上下车盘过坝,十分费时。1464—1487年,于里河东关至罗泗桥间建响水、通济、罗泗、里河口四闸过江,潮满时开闸放船,潮退则闭闸。后来闸坝并用,夏秋江水上涨时启闸纳潮,通行船舶,冬春则闭闸存水,船舶由车盘而过。今天,在仪征运口新建了现代化的船闸,具有引江灌溉、泄洪、航运等综合功能。

图 2-14 今天的仪扬河仪征船闸

图 2-15 在1958年新开的大运河入江口门

2. 运河与河道立体交叉

运河与自然河流交叉时，如果水位高差太大，就只能采取立体交叉工程。宋代就在开封建造了跨汴渠的大渡槽。在河南的唐河县也建有跨泌水的渡槽。如今，这种立体交叉工程在大运河沿线仍然发挥着作用，如在淮安的大运河与苏北灌溉总渠交叉的地方，建起了大型的水上立体交叉工程，淮安水上立交桥由40座建筑组成，上有河道，下有涵洞，是一座水道的立交桥。东西向的水从下面过，南北向的船在上面走，蔚为壮观。在南运河上也有南大排水河穿过南运河的工程。而古代时大运河是如何过黄河的呢？只能靠多级船闸，让漕船像爬盘山公路一样，一级级地抬升，最后达到与黄河一样的高度，漕船才能出闸入黄，借黄河行船，一直到徐州，然后进入会通河。现在，在淮安三闸遗址仍可以感受到当年大运河过黄河的场景。

3. 运河船只翻坝工程

大运河与湖泊交叉时，因为湖堤高度较高，一般需要采用在斜坡道上用人力或畜力推动绞车，拉船过坝。大运河过钱塘江时就曾采用过这项技术，位于嘉兴的长安闸还有这种过船坝的遗址。浙东运河与钱塘江相交汇，存在水位的落差，钱塘江的常水位为4.45m，而浙东运河常水位在1.52m，落差达到2.93m之多。浙东运河与钱塘江相交处为西兴运河，西兴运河沟通了钱塘江和甬江水系。在明代，浙东运河与钱塘江之间无法直接行船通航。大运河中的船只翻越钱塘江，最早是借助人力畜力进行翻坝，在斜坡的升船斜面上铺上泥水以减小摩擦，直接用人力推转绞车或用畜力拖拉过坝。后来，为解决运输物资的船只过钱塘江进入江南运河的问题，采用复式船闸技术。元代以后，西兴成为漕粮北运的重要转运点。万历年间（1573—1620），由于在西兴中

图2-16 淮河入海水道的水上立交工程

图2-17 清口枢纽葫芦岛——淮安三闸俯瞰图

转的船运货物大多需过塘翻坝,在浙东运河与钱塘江交汇处形成了一种特殊的行业——"过塘行"。

二、解决黄河、淮河、运河交汇的清口水利枢纽工程

中国大运河还长期受到黄河的巨大影响。黄河可以称得上世界上泥沙含量最大的河流。在黄河的影响下,大运河沿线多条河流不断改道、淤塞废弃。为此,从隋朝首次贯通大运河开始,我国历代王朝都花大力气整治黄河,在运河与黄河交汇处建立起一批水工设施和综合枢纽,以求解决黄河带来的冲破堤坝、占据河道、泥沙淤塞等问题,保证大运河得以持续通航。

南宋建炎二年(1128)至绍熙五年(1194),黄河南侵,夺淮入海。运河北上、淮河西来、黄河南下,三者交汇于今淮安的清口,形成世界上罕有的大江大河平交格局。大运河中的漕运船队,要在这样复杂的水系格局下,特别是汛期黄河洪水泥沙的威胁下,保持漕运的安全畅通,是极其困难和极具风险的挑战。这一难题困扰了大运河500年。历代水利科技人员为解决这一难题,千方百计,兴筑不断,形成了一套系统的工程措施,基本维持了运道的畅通。

清口枢纽的实施分为三个时期。

(1)早期。15世纪初,为了避免在黄河河道中行船面临的险滩等危险,疏浚宋代的沙河,将清江浦运河向西延长至鸭陈口,漕船由清口附近进入黄河。同时在运河河道上建立一系列节制闸,控制水流,保障航运,其中包括清江大闸。

16世纪时,由于清口被黄河泥沙不断淤积抬高,淮河无法向运河供水,并在汛期常常被黄河倒灌。为了解决泥沙淤积和运河供水问题,将西来的淮河河水储积在洪泽湖内,以不断加高、加固洪泽湖大堤的方法,抬高洪泽湖水位,使其高过黄河水位,导引湖水从清口流出并刷深黄河河道,供应运河航运用水。同时将运口南移,远离黄河以方便从洪泽湖取水,并在运口内建立多处闸坝,节制水位防止淤塞。这就是所谓的"束水攻沙""蓄清刷黄"方针。至此,具有防洪、挡沙和引水的清口枢纽初步形成。

(2)中期。在黄河水量大、泥沙含量高的背景下,清口枢纽持续受到泥沙淤积、河床抬高的影响。17—18世纪,清口枢纽不断调整改造相关工程设施,采取了导引淮河河水(引淮)、防御黄河决口(御黄)等多项综合措施,保障淮水顺利流出进行刷黄济运。

引淮措施包括:不断加高洪泽湖大堤以蓄积淮河河水;开引河引洪泽湖水进入淮

图 2-18 清口枢纽——洪泽湖大堤

扬运河刷黄济运；建设转水墩、束清坝以调控洪泽湖的水位来冲刷河床，并使湖水三分济运，七分刷黄。

御黄措施包括：开凿中河将北运口南移至清口附近的杨庄，缩短借黄行运的距离；南移南运口，以南运口为核心建控制闸坝以减轻黄河水倒灌；在清口附近陆续修建堤防系统以固定黄河主河道；建设御黄坝防止黄河泛滥入洪泽湖。随着运口不断南移，清口枢纽的 U 形总体结构逐渐形成。

（3）晚期。由于黄河泥沙在清口的淤积速度远大于清口引河的冲淤量，至 18 世纪末 19 世纪初，"蓄清刷黄"的措施已经基本失效，严重淤积的清口地势相对较高，造成淮河河水难以冲出清口，而东出洪泽湖下泄至高邮湖、宝应湖，再向东入海或汇入长江，同时黄河常从清口倒灌入地势较低的运河，造成运河泥沙淤积严重。

自 19 世纪开始，清口枢纽已放弃原先采用的"蓄清刷黄"的方针，改为以"灌塘济运"方式通航。在临清堰和御黄坝之间形成一个可容 1000 多艘船的塘河，用水车抽清水入塘，塘内水位高于黄河时便开坝放船入黄河。至此，黄河与淮扬运河已实质上被截断。

黄河夺淮期间，为维系运河运用，古代水利科技人员历经 400 年，造就了蓄水量达 35 亿 m^3 的人工湖洪泽湖。清口—洪泽湖工程体系实现了淮河水量的季节调节，维系了运河在清口穿越黄淮平交段的水量、水位控制，使洪泽湖大堤（亦称高家堰）成为 17 世纪以前世界坝工史上具有里程碑意义的大型建筑。在不断完善和维护下，清口—洪泽湖工程体系成了明代后期及有清一代治河、保证漕运措施的重点工程和中心任务，耗费了巨大的财力、民力。这是在当时科技水平、经济水平下，人与自然持续了 500 年的较量，这在世界治河史和航运史上都是绝无仅有的。清咸丰五年（1855），随着黄河在河南兰考仪县（今属河南兰考）铜瓦厢决口，改道东北流，结束了黄河夺淮 700 年的历史，清口水利枢纽工程也结束了历史使命。

三、解决运河过黄河、淮河的主要措施

原来淮河的下游不是入江，而是直接入海的。早期运河由南往北流，从长江边流向淮安的末口入淮河。宋代，淮南运河仍须经淮河在泗州入汴河。由于运河入淮口附

近的山阳湾水流迅疾，行船不便，且泗州至淮安段淮河航道风大浪急，每年在此损失的漕船达170多艘。为此，宋代先后在淮水南侧开沙河、洪泽河和龟山运河，这一系列避淮工程得以避开淮河行运的艰险。到了1194年，黄河决口，开始了侵淮的历史。而淮河则借运河河道从淮安经扬州汇入长江，成为长江的一大支流。随着元代会通河的开凿，黄、淮、运正式交汇。这样，大运河过淮河和过黄河成了一个共同的问题。

图 2-19 淮安清江闸

　　一是解决运河穿越黄淮问题。由于黄河水力强且多泥沙，容易从清口倒灌洪泽湖，使洪泽湖日益淤淀，清口日益淤高，运口也日益淤高，危害黄河与运河。洪泽湖（淮河水）既要接济运河水源，又要蓄积至相当高程，以抵御黄河倒灌，因而需加高洪泽湖东堤——高家堰的高度，不致决口。由于黄河容易泛滥成灾，还时常夺淮河入海。解决大运河与黄河、淮河尤其是与黄河的平交技术问题、治理黄河泥沙淤积问题是历朝历代管理漕运的头等大事。黄河南下，淮河西来，运河北上，三者交汇于淮安的清口，成为世界上罕见的大江大河平交局面。船队要从大运河南下北上穿行如此复杂的水系，是异常困难的，尤其是遇到汛期，面临黄河洪水、泥沙的威胁，更是难上加难。穿行淮河、黄河的难题困扰了大运河漕运数百年。元明清三朝在总结历朝治理经验教训的基础上，修建了规模宏大的清口水利枢纽工程。清口水利枢纽的治淮治黄、解决船队过淮黄的措施是立体的，包括开挖迦河、中河，使运河免受黄河的干扰；持续加固高家堰大堤，拦截淮河水，迫其多流向清口，而且通过引河等辅助措施，控制河水冲刷清口，保持运口畅通；在交汇处的黄河堤岸和高家堰大堤区域，增建不少减水闸和滚水坝，确保汛期黄河、淮河和洪泽湖及时排水，不危及大运河航运的安全；不断改建、完善交汇处的运口码头，避免泥沙淤积和黄河洪水的冲击。在农业文明时期，持续维护和完善清口水利枢纽工程，成为明清两朝管理运河、确保漕运畅通的重中之重。在当时科技水平不发达的条件下，运河管理者与自然抗争了数百年，在世界治河史和航运史上写下了精彩的篇章。

其次，解决黄河和运河的分离问题。明、清两朝保持了元代运河的格局，明朝重新疏浚元末已淤废的山东境内会通河等河段。从明中叶到清前期，明清两朝在山东微山湖的夏镇（今微山县）至清江浦（今淮阴）之间，进行了黄运分离的开泇口运河、通济新河、中河等工程，并在江淮之间开挖月河，进行湖漕分离。明、清两朝花了近130年的时间，直至康熙四十二年（1703），为避开超过300km黄河之险，终于开凿出了大约同样长度的运河——中河，使黄河、运河成功分离。泇河、皂河、中运河三段运河的相继建成使大运河淮安至徐州段最终摆脱借黄河自然河道行运状况，标志着大运河全段实现了完全的人工控制。大运河除与黄河在清口平交外，与黄河完全脱离。此后装满粮食的漕船，一出清口，即过黄河，顺中河北上，避黄河100km之险。运河过淮后抵达北京通州的时间，较以前提前了一个月。

第三，解决运河与黄河的交叉通航问题。黄河河床高，运河地势低，为了降低黄河、运河之间的水位差，古代水利科技人员采用了以下措施：一是修建闸坝蓄水、平水；二是采取迂回弯道——把淮安西南到黄河之间的一段运河变成"之"字形弯道，缓解水位差；三是用人力、畜力牵拉漕船出闸过黄河。陈瑄开清江浦，导管家湖流入淮河，增加淮河水量；疏浚加深徐州到济宁的运河河道；修筑徐州至济宁的南旺湖长堤，修筑高邮湖堤，使河湖分离；在山东临清至江苏淮安之间修造47个船闸，通过这一系列治河措施，使大运河航运畅通无阻。

图 2-20　中河

第五节　解决防洪减灾问题的水工科技

水能载舟，亦能覆舟。大运河流经的地区降雨的季节差比较大，这就使大运河在带来舟楫之便的同时，也容易给沿线带来灾害。为解决洪水影响的航运安全问题，大运河的建设者们也发明了一些特殊的水工科技。如大运河的河槽段（徐州至淮安）和湖槽段（淮安至扬州），在很长一段时间都是"借河行运"或"借湖行运"，因此在汛期很容易受到洪水的威胁。为了保证运道的安全，在堤岸上适当位置建设了一系列的防洪安全工程，包括挡洪工程（如堤防、挡水闸等）、泄洪工程（包括滚永坝、分洪闸、减河等）、蓄洪工程（包括湖库等）。

一、挡洪工程

主要是修造建筑物阻挡洪水对河道的侵袭，如堤防、潮闸等。

1. 堤防

大运河沿线先后普遍修堤，有官堤，有民堰。土堤居多，冲要处有石堤。附堤有埽坝护岸、防风等物。既防河内水溢出，又防河外水侵入。堤面平整，可做道路及纤道。堤坡均要求植树，可以方便行旅、纤夫。也便于就地取木材。堤上或堤旁建铺舍或堡房，为河上夫役住所。运河宽浅处常筑缕水草土堤，以逼水走中泓。原系天然河道者往往筑遥、缕双重堤防。清代南运河自临清以下已筑起系统堤防且由于漳河含沙量较高，南运河呈逐年淤高之势，城镇田庐相对较低。加之河道弯曲顶溜，险处甚多，因而清乾隆初年曾在南运河采取加帮月堤、淤平险工的措施。在天津道陈宏谋的主持下，自清乾隆元年（1736）至三年（1738）南运河成功放淤 30 余处。

2. 潮闸

漕船穿越江河大川的时间受到天然河流水量丰枯变化的制约。为了保障漕船安全和顺利过江、过淮、过黄，需要避开汛期和枯水期。因此有时控制过港时间，称为"漕限"。为提高漕船过港的速度，节省转运时间和便于船只出入运口，唐代运口出现了闸门，宋代出现了"潮闸"。潮闸建在运河与天然河道相汇段，是具备引潮与借潮行运功能的工程设施。它由运口河滩港岔上的闸门与坝组成，两闸之间的河段称塘，如唐代镇江的京口塘。潮闸因为依靠潮水济运，可以做到水量的日调节，同时对闸门启闭有了管理方面的严格要求。宋以后，淮扬运河、江南运河潮闸多逐渐废弃，或改闸为坝，为了维持运口航深，低水时不开闸，船只一律盘坝。

二、泄洪工程

主要是增加河道泄洪能力。古代运河上的泄洪工程有平水堰（闸），即今滚水坝、平水闸、减水闸坝、泄水闸等。

1. 滚水坝

泄洪建筑出现很早，秦代就正式出现"滚水坝"的名称，并把它系统地运用到运河工程中，作为航运的安全工程，这在世界上也是最早的。滚水坝常用石筑，又名石䃮，北宋在汴河上建石䃮，主要是由于汴河自黄河引水，口门又没有控制引水流量的设施。黄河涨水时、如无泄水设施，汴河堤防将难以保证安全。在运河上修建石䃮，不仅为了排泄运河中过剩的水量，而且以石䃮顶部高程确保河道水深，石䃮可以自动排泄洪水，调节航道水深。北宋初年在万胜镇就曾建有分水斗门，每当雨季，洪水冲入汴渠，需要设斗门分减洪水。

2. 平水闸

明朝中叶以后，由于黄河的直接影响，淮扬运河行漕日渐困难，原因是黄河从淮阴夺淮入海，大量泥沙淤积运河和淮河，造成的危害日益明显。针对这种形势，万历元年（1573），总河侍郎万恭上疏请求恢复淮扬运河上的平水闸。当年就在仪真、江都、高邮、宝应、山阳等运河沿岸建平水闸23座。

3. 减水闸坝

减水闸坝是南运河节制水量的主要工程设施，布置在运河的右岸，为砌石结构多孔水闸。有的减水坝很低，几齐堤根。有的坝闸合用，坝上建有多孔闸门过水。明清时期在运道上建造了大量滚水坝、减水闸。明朝对滚水坝、减水闸已有规范性设计建造要求，距今已有400多年历史。目前还有捷地闸、九宣闸（马厂减水闸改建）留存。

图2-21 京口闸闸体遗址

清代，淮扬运河受高家堰宣泄洪水越来越多的影响，运河上的溢流泄洪建筑物也逐渐大型化，清康熙二十年（1681），由总理河道靳辅主持，在淮扬运河上修建减水坝六座，有宝应的子婴沟、高邮的永平港、南关、八里铺、柏家墩，以及江都的鳅鱼口等。又改建高邮的五里铺、车逻港两座减水坝，减水坝长从十丈六尺至五十一丈四尺不

图 2-22 淮扬运河上的南关坝

等，或用石或用砖砌筑。各减水坝坝顶高程由各处洪水的泄洪量决定。这样又出现了新情况，即当大型减水坝泄水时，运河内会出现横向水流等不利航行情况。很容易将船只掣入减坝，为此，在每座减坝西面另开一条越河，一般长十余里，船只由越河航行绕坝而过，避免了减坝溢流时的危险。

延伸阅读

归海五坝和归江十坝

黄河夺淮后，淮水经洪泽湖通过运河入江，从而改变了扬州段运河的一个基本特征，即运河水的流向从自南向北引江入淮变成了自北而南，引淮水入江。及时、有效的泄水以保证漕运航道的通畅是这一时期运河治理的主导思想，归江十坝和归海五坝的修建也都是分黄引淮总规划的一部分。为分泄从洪泽湖经高邮湖等湖泊而来的淮河水，形成了两种解决方案：通过东西向减河归海，或由运河南端归江。相应的代表性的水利工程设施就是归海五坝和归江十坝。因此大量东西向减河以及减水闸坝的出现是这一时期扬州段运河的重要特点，淮扬运河东岸有归海五坝，高邮的南关坝就是归海五坝中的一座，高邮段的子婴河就是一个减河。而引淮入江则是另一项工程，为减小洪水对运河河堤的威胁，先民们建了淮河入江水道工程，在扬州城以东开凿了七条河，形成了七河八岛的地貌。同时，为了保证运河在枯水季有足够的水量用于航运，又筑了壁虎坝、金湾坝、芒稻坝等十座坝，统称"归江十坝"。

4. 泄水闸

泄水闸以宣泄淮扬运河洪水的刘堡闸（始建于16世纪下半叶）为代表。刘堡闸是明清时期淮扬运河沿线宣泄洪泽湖洪水的数个减水闸之一，当时淮河入海口为黄河所夺，只能通过淮扬运河的减水闸向东疏导入海。刘堡闸实证了明清时期泄水闸的形制、构造与规模，是保障运河顺利穿黄而建设的一系列水工设施的重要组成部分，体现了水利规划思想方面的系统性与综合性。

图 2-23　刘堡减水闸

三、蓄洪工程

主要作用是拦蓄（滞）调节洪水、削减洪峰，为下游减轻防洪负担，如水库、蓄滞洪区等。水库具有调蓄洪水能力，用水库蓄洪一般可以结合水资源开发利用，发挥综合效益，故成为近代河流治理开发中普遍采用的方法。运河上的蓄洪建筑物有坝、湖等。黄河夺淮期间自然环境的改变，以及为维系运河漕运所持续进行的长达400年的大规模水利活动，共同造就了蓄水量达到35亿m^3的人工湖——洪泽湖。清口—洪泽湖工程体系实现了淮河水量的季节调节,维系了运河在清口穿越黄、淮平交段的水量、水位控制。淮河改道归江后，洪泽湖成为苏北地区重要的水源工程，也是今天南水北调工程的调蓄水库之一。洪泽湖完整的工程体系代表了17世纪西方工业革命前世界土木工程技术的最高水平，高家堰亦成为17世纪以前世界坝工史上具有里程意义的大坝建筑。

洪泽湖大堤是明清两代治理黄淮运交汇枢纽——清口枢纽工程的关键工程。16世纪中后期开始在先前基础上大规模筑坝，使洪泽湖形成人工水库，之后在蓄清刷黄的理念指导下，洪泽湖大堤被不断加高、加长、加固，以抬高洪泽湖水位，并抵御风浪冲击，防止洪水溃决。自1680到1751年，共持续筑堤70.4km，其中砌筑直立式条石挡浪墙长60.1km，高8～9m，底宽50～150m，顶宽10～30m，蜿蜒曲折，所用石材为玄武岩条石，据测算共有60万m^3之多，规模巨大，甚为壮观。当时洪泽湖大堤曾抵御的洪水水位高达18m左右，湖面积达4000km^2左右。洪泽湖大堤的坝工技术代表了当时高水平的水利规划和施工技术成就。

第六节 解决系统管理问题的水工科技

大运河从 7 世纪实现第一次大沟通直至 19 世纪中期不断发展和完善。针对大运河开展的工程难以计数，聚集了人工水道和水工程的规划、设计、建造技术在农业文明时期的大多数发展成就。水工管理技术方面的成就表现在以下三个方面。

一、大运河展现了随着土木工程技术的发展，人工控制程度得以逐步增强的历史进程

大运河从开凿、通航直至今天，2000 多年来，人们几乎从来没有停止过修缮、疏浚，也从来没有停止过使用：水系在变，河道在变，水情在变，水工设施在变，治水理念在变，治水方略在变，管理机构在变，运行机制也在变。由于大运河线路空间跨度大，各个河段面临的水资源、地貌条件不同，应对的问题不同，因而诞生了多种类型、深具个性特点的工程案例。这些不同的河段有机组合成整体，共同发挥作用，才能使大运河长年保持全线通航，因而在运河工程技术整体的系统性上，集成性体现得更为突出。

从利用湖泊为运道，发展为完全避开天然水系形成完全的人工河道，风浪之险渐少，航行线路趋直。淮扬运河扬州段三堤两河一湖的格局清晰展现了河湖关系的变迁历程。中河段则是运河摆脱借黄河河道行运、大运河全段实现人工控制的标志。

调控水量水深的工程措施不断发展更新，从基本的斗门、堰埭、单闸，到水柜、梯级船闸、复闸，调节水位差和维持航道水深的能力显著增强。长安闸的复闸工程、会通河的梯级船闸工程，是单体水深水量控制工程理念的逐步提升。而在南旺枢纽中将吞吐水量的水柜、调节水柜与航道之间水深关系的斗门、分水口南北两端的单闸，统一协调运作，组成为将单体工程效能发挥到最大化的枢纽工程，实现对水量的流向、流量的精确化控制。这是对水工设施效能认知与

图 2-24　南旺枢纽调节南四湖漕运与灌溉的节制闸

规划设计思想方面的一大进步。

二、大运河因地制宜的工程技术体系和修筑理念体现了中国历史上天人合一的生态文明观

大运河是人与自然共同作用、持续演进的结果。它本身就是一个和谐的绿色生态系统，正因为此，千年大运河才能一直沿用至今。大运河的历史，就是一部"除水害、兴水利"的水工历史，是一部沿线地区因水而生，因水而立，因水而兴，因水而强的创业史。自古以来大运河的修筑就体现了中国人朴素的"天人合一"生态文明观，千百年的开凿修缮过程中形成的天人合一的运河水文化和因势利导、顺应自然的治水用水理念，使大运河本身就成为生态文明的示范。

大运河开凿和修缮工程建设中有众多因地制宜、因势利导的具有代表性的工程实践，体现了具有尊重自然、依靠自然特点的工程技术体系，是中国古代"天人合一"生态文明观的直接体现，是和谐协调的生态文明示范、绿色发展的结果。扬州的"运河三湾"每一道弯都淋漓尽致地体现了古人顺应自然、改造自然、与自然和谐共处的智慧，围绕大运河的运用而开展的治水活动波澜壮阔，是人类文明史上的重要成就。

中国大运河水利工程与自然环境紧密贴合。有的河段利用天然河流改造而成，如南运河和淮扬运河在自然河道的基础上增加了人工弯，减小比降，使流速平缓，保障航运安全，起到了"以湾代闸"的功效。有的段落完全由人工挖筑而成，如通惠河、会通河、中河。按照具体功能，又可分为用于通航的主航道和越河（如中河段的台儿庄越河），满足江南水网地区粮食征集需求的支线运河（如頔塘故道）以及用于水量调控的引河（如南旺枢纽的水源引河小汶河）和汛期泄洪保障运河安全的减河（如淮扬运河上的子婴减河）。

解决水源问题的工程有南旺枢纽工程；针对河道的不同条件，解决比降过大问题的工程有会通河梯级船闸工程和南运河弯道工程；解决泥沙问题的工程有在通济渠柳孜运河遗址所展现出的"木岸狭河"。元明清时期黄淮运交汇，情况更加复杂，为解决黄河在运口淤垫倒灌问题，古代水利科技人员规划建设了清口枢纽工程。规划层面采用"束水攻沙""蓄清刷黄"的理念，体现出对泥沙科学的全面、深刻认识。这些对河流泥沙运动力学的掌握与实践，是重大的科学成就。在堤防体系建设过程中，古代水利科技人员就地取材，夯筑土堤，同时采用应对泥沙非常有效的埽工护岸技术，使植物裹挟泥沙，更易加固防波护堤。从规划思想到工程实践，充分体现出因地制宜、因势利导等富有中国文明特征的工程技术特点。

三、大运河是超大规模、持续开发的巨系统工程，是人类农业文明时代工程技术领域的天才杰作

中国大运河工程系统的集成程度高。大运河是人类农业文明技术体系之下最具复杂性、系统性、动态性、综合性的超大型水利工程。大运河是综合水科学、水利技术、自然条件、社会经济、政治、文化等要素的集成性工程。经由勘察、测量、规划、设计、决策、施工、使用的集成过程，通过经济保障、组织管理、运行制度的集成方式，实现漕运、灌溉、排洪等综合功能，是人类在农业文明时代的巨系统工程。

清口枢纽工程是明清两代大运河的中枢，运河沿线的战略要冲，以及漕运的重要交通咽喉，其完善的工程体系集中展现了中国传统水（河）工建筑的主要结构形式，是工程规模最大、运用时间最长的水利枢纽工程，代表了中国农业文明时期水利工程设计和坝工建设的最高水平。同时，清口枢纽通过对整个工程体系的整体规划，利用一系列水工建筑的建设，解决了泥沙淤积、通航水深不稳定等种种问题，在建造过程中所采用的技术代表了 16 世纪中国领先于世界的调水、调沙技术水平。

大运河是解决水与人、水与水、水与地理环境关联问题的系统性工程。大运河由水道工程系统、运河水资源调配与控制系统和运输管理系统组成，必须统筹按照水源、

图 2-25　作为巨系统工程的清口枢纽示意图

引水、排水、蓄水、行运、仓储、防灾减灾等功能建造单元工程，以实现大运河的漕粮转输、商业运输、灌溉、防洪、城市供水等功能目标。这一特征在大运河枢纽工程和关键工程区段体现得尤为显著，如数量众多的梯级船闸工程解决的是北运河、会通河比降过大问题，南旺济运分水工程解决的是运河山东段水源问题，中运河开凿工程解决的是运河航道规避黄河之险问题，高家堰河洪泽湖大堤和清口的"蓄清刷黄"枢纽工程解决的是黄河在运口淤垫倒灌问题，洪泽湖大堤上的减水坝工程和归江水道工程解决的是里下河地区一带的防灾问题，淮扬运河归江十坝、归海五坝的启闭也是系统管理的范例。虽然枢纽工程所解决的问题不同，却都保证了大运河系统功能的实现，其作用并非简单的加和，而是通过大运河工程系统逐渐放大的。这是大运河作为巨系统工程的首要特征。

第三章 中国大运河创新科技

中国大运河从 7 世纪形成第一次大沟通直至 19 世纪中期，不断发展和完善。针对大运河开展的工程难以计数，几乎汇集了人工水道和水工程的规划、设计、建造技术在农业文明时期的全部发展成就。作为农业文明时期的大型工程，大运河展现了随着土木工程技术的发展，人工控制程度得以逐步增强的历史进程。今天的运河遗产类型丰富，全面地展现了传统运河工程的技术特征和发展历史。大运河上许多工程技术都是创新性的，除了第二章介绍的复式船闸，在中国大运河上首先出现的工程技术还包括水陆城门、纤道桥、木岸狭河、三弯抵一闸、分层筑堰测量法、水则碑等。

第一节　中国大运河创新工程

一、水陆城门

水城门是中国大运河上的创新工程，在运河遗存中，目前有两处水城门，一处是苏州的盘门，另一处为杭州的凤山水城门。

1. 盘门

盘门是苏州城墙西南角的水陆结合的城门，是苏州古代军事、水运的重要通道，位于江南运河苏州城区运河故道上，是连接大运河与苏州古城的一个重要节点。战时供守城防御，汛期供防洪泄洪，平时供水陆通行。

盘门始建于公元前 514 年，因苏州城重要的军事经济地位，在后世不断得到维护和加固。现存盘门为元至正十一年（1351）重建，经明清两代续修。

盘门由两道陆门、瓮城与水门组成，水门内设置两道水闸，具有军事防御与调控水位的作用。门朝东南，水陆两门并列，包括两道陆门和两道水闸门。两道陆门间为略呈方形的瓮城。城墙高 8.1m，下以条石为基，上砌城砖。内外两门错置，外门在瓮城东北方，由三道纵联分节并列式石拱构成，左右城墙亦用花岗石砌筑。内门偏于瓮城西南，以三道砖拱构成，其中第二道拱转换 90° 砌筑，第一、三两道拱各厚三层，采用二丁一顺砌法。门洞纵深 13m，宽 3.9m，第三道拱高 5.45m。为增强稳固性，门外左右加筑梯形护身墙。第一道拱上开有"品"字形小井，是对付敌方火攻的灌水口。登城坡道在城墙北侧，可自东而西上至城台。

苏州位于长江下游多雨地区，又与运河相连，每年汛期都对苏州城产生影响，通过水门的设置，可以较好地解决城市的防洪、泄洪。盘门采用"面东背水"抹角做法，避开了水流方向，避免了水流的直接冲击。结构上采取水陆两门错位并列，砌筑水、陆两道城门,并把它们巧妙地组合成一个整体。盘门是现存典型并具有地方特色的古代水陆城门,保存完好,作为遗址对外开放。

2. 杭州凤山水城门

杭州凤山水城门是位于杭州中河—龙山河上的古代水城门,处于杭州古城南端,扼守江南运河通往钱塘江的水道。

杭州凤山水城门门洞由两个不同跨径的石拱券并联而成。南券中间有方形闸槽。两券间有石雕门臼,原有木质城门。

杭州凤山水城门始建于13—14世纪,15—19世纪多次修缮、重修。现作为杭州城墙遗址的一部分对公众开放。

图 3-1　苏州盘门

图 3-2　杭州凤山水城门

二、古纤道

纤道是古代以人力背纤为行船提供动力的通道,是运河船运的重要辅助设施。在大运河沿线至今遗存两处古纤道,一是苏州的吴江古纤道,另一处为绍兴古纤道。

1. 吴江古纤道

吴江古纤道位于江南运河苏州段的吴江塘路和与之配套的塘路桥(苏州宝带桥等),是在太湖东岸界定运河堤岸的纤道和驿路,初步建成于唐代(7—8世纪)。吴江古纤道旧称"九里石塘",是吴江塘路的一部分,位于吴江松陵镇南,长约1500m。九里石塘的所在地原先是运河与太湖的混合地,从运河往西,是大片的太湖浅滩洼地,太湖水大时,水会漫过浅滩与运河交汇。由于风急浪大,船行不便,翻船覆舟是常事。

因此，筑堤修路，成了古代吴江人的共同愿望。

唐代时，当地人于苏州、吴江之间太湖东岸用石料筑长堤，在太湖和运河之间形成了塘路。然而要在吴江这样地势低洼、土质松散、湖荡密布的地方筑堤修路，实在不是件容易的事。直到唐元和年间（806—820），湖州刺史范传飞顺应民意，经过精心准备，塘路修建工程正式开工，后于北宋庆历八年（1048）增石修治。元至正六年至七年（1346—1347）复以巨石修筑。修筑时所垒的巨石由石工凿成统一尺寸，由长1.8～2.2m、宽0.6m、厚0.4～0.5m的青石砌筑，路基用直径10～12cm的杉木梢打入土中。所以九里石塘又名"至正石塘"。

图3-3 吴江古纤道

自此在太湖东岸形成了太湖堤，长堤上设置了行洪口门或涵洞以通洪水。明清时期，吴江古纤道既是运河河岸又是纤道，还被充作驿道，是水陆并用的交通要道。吴江古纤道为江南古塘路中最重要的一段，其构筑的科学性、实用性、美观性，成了后来许多塘路效仿的典范。

在这段长堤上有许多桥梁、涵洞，其中著名的苏州宝带桥是一座长度超过300m的多孔长桥。吴江塘路的建成，结束了苏州南部一带河湖不分的历史，标志着江南运河作为独立的水利工程体系的最终完成，为此段运河河道的治理、纤道的维修打下了基础，促进了漕运系统的进一步发展。

2. 绍兴古纤道

绍兴古纤道位于浙东运河萧山—绍兴段的沿岸，是运河与天然河流交汇处的工程设施，是古代以人力背纤为行船提供动力的通道，是运河船运的重要辅助设施。古纤道全长7.7km，始建于西晋。当时开凿西兴运河后，即逐渐在岸边形成纤道。

古纤道又称官塘，旧称新堤、运道塘、武林孔道等。在萧绍运河中，有些河段河

图 3-4 绍兴古纤道

面较宽，风急浪高时，有碍船只正常航行，需步行拉纤。浙东运河以自然河道为基础，近岸处弯弯曲曲，拉纤十分不便，古人便兴建了一条与运河并行的长桥——纤道桥。古纤道全长 7.7km，始建于西晋。当时开凿西兴运河后，即逐渐在岸边形成纤道。唐元和十年（815）进行大规模修整。明弘治年间改用石砌纤道，形成现有规模。

古纤道有单面依岸和双面临水两种类型。前者用条石错缝平砌间丁石或用条石顺丁垒砌，其上横铺石板为路面。后者又分为实体纤道和石墩纤道，其中实体纤道用条石错缝平砌间丁石，上铺石板；石墩纤道的做法是每隔 2.4～2.8m，用条石错缝干砌桥墩，上置石梁，计281洞。纤道上还每隔一定距离间以石拱桥或石梁桥，以通行船只。

三、弯道抵坝工程

"三弯顶一闸"，利用迂回河道解决运河水位差，是先人的一个智慧杰作，像扬州古运河的三湾段、河北沧州—山东德州—临清的弯曲河段等均是独具匠心的作品。

1. 南运河弯道

南运河有的段落利用天然河流改造而成。古代南运河的海拔差比较大，为了解决水量变化较大给航运带来的困难，南运河在自然河道的基础上，通过人工弯道，以蜿蜒曲流的河道形态对航道水面坡降作出调整，将河道纵比降减缓、降低流速，便于行船，不建一闸而实现航道水力特性的调整，同时满足干流行洪的需要，并有效地提高了通航质量。其综合工程效益被归纳为"三弯抵一闸"。这种人工做弯体现了古代运河在工程规划方面的科学性。南运河沧州—衡水—德州段北起连镇谢家坝，南至四女寺枢纽三角洲北缘，长95km，是南运河弯道技术的典型代表。这一段上设置了众多的弯道，降低了河水流速，方便行船。但是另一方面，由于弯道能较好地阻碍水流，弯道处也成为防洪的重点。为了保护弯道河岸附近的村镇聚居区，弯道附近的河堤被不断加固

图 3-5　大运河沧州段"几"字弯

加高,成为运河沿岸的附属防洪设施。其中连镇谢家坝和华家口夯土险工是南运河上仅存的两座夯土坝,是大运河河堤防洪设施的典型代表。

2. 扬州运河三湾

扬州古运河北起扬州市区东北郊的湾头镇,曲折向西南流到长江边的瓜洲渡口。直线距离只有23km,但通过"S"形的弯道后,使河道延长到30km。古人为什么舍近求远,做这种吃力不讨好的事?

原来,南宋年间由于黄河改道夺淮入海,把泥沙大量推向淮扬运河扬州段,改变了古运河扬州城区段原先南高北低的地势,变成了北高南低,而且在扬州城南10km内落差竟达1.5m。如果挖成直道,就得筑堰修闸,否则难以保证水面平稳。古人经过不断的探索实践,发明了将河道迁

图 3-6　扬州运河三湾

回曲折的解决办法,解决了不置闸埭条件下的水位落差问题。明万历二十五年(1597)四月,江都(今扬州)运河南门二里桥一带因蓄水困难,水流直泻,影响盐船和漕船的安全行驶。巡盐御史杨光训令扬州知府郭光复进行整治,将原本平直的河道改为曲折式的河道。从二里桥河口起,向西165丈,再折向南410丈,又折回东165丈,总计约六七里,从姚家沟汇入大运河扬州城区段。这样就形成了扬州运河三湾子。大范围的扬州三湾,即宝塔湾、新河湾和三湾子,小范围的三湾就是指三湾子。如今,这里建起了大运河三湾生态公园,扬州中国大运河博物馆就设在这里。

四、越河、减河

为了调节大运河水量、水位,有越河和减河工程,按照具体功能,又可分为用于通航的主航道和越河(如中河段的台儿庄越河),满足江南水网地区粮食征集需求的支线运河(如頔塘故道)以及用于水量调控的引河(如南旺枢纽的水源引河小汶河)和汛期泄洪保障运河安全的减河(如北运河筐儿港减河)。为满足汛期干流行洪的需要,控制水道水量,保障漕运畅通,自明代开始先后在南运河险处开挖四女寺、哨马营、捷地、兴济、马厂等减河,并在减河与运河相交的口门设置减水坝,通过减水坝分洪,经减河东排入海。南运河和北运河这种天然河道上的减水河需要排的洪水量大,往往汛期排泄水量大于运河正常水量。南、北运河上的哨马营、马厂、筐儿港、河西务等减河。现在已经成为该流域主要河道。

建造在借河行运或借湖行运基础上的滚水坝和减水闸,也是解决水位差的重要实践。比如,在淮扬运河扬州段的高邮湖和邵伯湖段,就借湖行运,汛期容易受洪水威胁。当河、湖水势过大或运河中水位过高,对运道或船队安全造成威胁时,由滚水坝或减水闸将洪水排泄掉。2012年2月,在淮扬运河扬州段宝应县境内,就发掘出建造于明代的刘堡减水闸。该闸北闸墙保存基本完整,南闸墙现存超4m,西侧摆手及堤坝保存较好,其中西北摆手长约15m,西南摆手现存长约30m。铺地石两层,南侧已毁。地丁保存完好,堤顶闸坝顶部石条内侧为约1m宽的砖铺地,砖尺寸差异较大,推测为历次修缮所致。刘堡减水闸是大运河中最复杂的淮扬运河段水利工程的一部分,

图3-7 南运河上的独流减河枢纽

是研究明清时期淮扬运河水利工程设计与施工技术的重要案例。明清两代在大运河上建造了大量滚水坝、减水闸,用来调节水位,保护航运。

五、洪泽湖大堤

洪泽湖大堤(史称高家堰)是位于洪泽湖东岸超过 70km 的防洪蓄水的巨大土方工程,是清口枢纽引淮措施的重要组成部分。

自 12 世纪开始,黄河向南改道,在其侵占的淮河河道下游积沙渐高,使淮河泄流日趋不畅,遂在清口上游的洪泽凹陷区蓄积,水面逐渐扩大,形成洪泽湖。

1128 年,黄河夺淮后,黄河、淮河、运河交汇于淮安清口一带,极大地干扰了运河的畅通。自 16 世纪末开始、历时 200 多年,耗费了大量人力、物力和财力,兴建起与黄河泥沙抗衡的清口枢纽工程,形成极为复杂的工程体系。明河道总督潘季驯首先在淮安码头镇东南大规模修筑高家堰(今洪泽湖大堤的一部分)堤防,企图利用地形和大堤形成人工湖以蓄积淮河清水,通过抬高水位实现对黄河泥沙的冲刷。到 18 世纪中叶,共持续筑堤 70km,其中砌筑直立式条石挡浪墙长达 60km,形成具有蓄水、冲沙、泄洪等功能的洪泽湖水库。

明清两代,为配合清口枢纽"蓄清刷黄""束水攻沙"的工程策略,解决黄、淮运交汇处泥沙淤积、汛期防洪等问题,在洪泽湖的东侧,大体以历代修筑的塘堰为基础,加筑土坝石堤,抬高洪泽湖水位,使之高于黄河水位,以蓄积导引淮河来水,冲刷黄河运口河床。

明万历七年(1579),人们将洪泽湖大堤土堰改筑石工墙,并加高、加固,向南延伸 25km 到越城,此时大堤总长达 42km。清代延续明代的治水方略,在清康熙十六年(1677)将大堤从周桥延伸到蒋坝,并全部建筑石墙护坡,以抵御风浪冲击。

明清时期的几个世纪里,为防止不断升高的洪泽湖溃堤决口,保障运河漕运的畅通,洪泽湖大堤被不断加固维修,陆续被改造为石砌堤。其间历经兴废,决而复修,毁而复建。

从明万历八年(1580)起,洪泽湖大堤在迎水面开始增筑直立条石墙护面,到清乾隆十六年(1751)的 171 年内,

图 3-8 清口枢纽洪泽湖大堤

筑成长 60.1km、高 7～8m 的石工墙，蜿蜒曲折，甚为壮观。同时规格统一，使用长 0.8～1.2m、宽厚各 0.4m 的 6 万多块条石砌成，筑工精细，这些从山东和盱眙等地运来的玄武岩条石，据测算共有 60 万 m^3 之多。洪泽湖大堤是代表了中国古代高超的大规模工程施工科技的宏大工程。

六、北京澄清三闸

为了调节通惠河河水的水位高差，便于航船出入什刹海，13 世纪末（元代初期）在通惠河靠近什刹海的附近设置澄清上、中、下三闸。

（1）万宁桥上的澄清上闸。这座闸结构大体分为闸门、闸墙和闸基三部分，现存除木质闸板已糟朽外，闸墙和闸基依然坚固，保留完好。澄清上闸现已废弃不用，失去水闸的原有功能。闸体东侧的万宁桥仍作为交通桥使用。万宁桥位于澄清上闸以东，是什刹海向东运河上的第一座桥梁。始建于 1264—1294 年，跨通惠河而建。原为木桥，后改为单孔石拱桥，护岸上置镇水兽。元漕运船队经过"万宁桥"下都会收起帆樯，体型过大的船只停在桥外岸边，通过雇用人力搬运船货。

（2）东不压桥与澄清中闸。澄清中闸是漕船行至运河终点码头什刹海的必经之路，为通惠河北段河道上的重要水工设施。随着明皇城墙外扩，玉河故道失去行船功能，澄清中闸被废弃不用，现仅存闸口遗迹。澄清中闸南部为东不压桥。该桥始建于元代以前，现为遗址状态。东不压桥整体呈西南、东北向，中间窄、两头宽，桥侧面呈弧形。澄清下闸位于通惠河与玉河之间，作用是控制通惠河与玉河的水位。

（3）皇城根下的澄清下闸。澄清下闸位于通惠河与玉河之间，作用是控制通惠河

图 3-9　澄清上闸

图 3-10　澄清中闸

与玉河的水位。新发现的遗址离"皇城墙根遗址"不远。据说在新修北河胡同到东吉祥胡同的一条水道时,发现了这处澄清下闸遗址。现在已见不到当初的通惠河河道。

七、嘉兴分水墩

分水墩是嘉兴运河段重要的水利设施,位于嘉兴市城北芦席汇历史文化街区旁,大运

图 3-11 澄清下闸

河嘉兴段环城运河与秀水河交汇处,面积为 $2850m^2$。嘉兴因西南之水在今北丽桥出口处水流急,容易翻船,就建了"分水墩"水利工程。"分水墩"主要为了分流河水,缓解水势,保证运河水位和流速的稳定和船只的安全。看似"河中小岛",实则是水利工程。当运河西来之水与秀水东南之水在此汇合后,一部分通过分水墩南的夹河东流入鉏河,大部分则随运河东流。这样运河之水大体保持平稳缓和的状态,不至于突然湍急,造成事故。

图 3-12 嘉兴分水墩遗址

第二节　中国大运河创新技术

在大运河上还有很多创新技术,如用于测量高差的分层筑堰法,用于测量水位的水则碑测量技术等。

一、分层筑堰法

宋代科学家沈括所著的《梦溪笔谈》记载了北宋熙宁五年(1072),采用"分层筑堰法",测得开封和泗州之间地势高度相差十九丈四尺八寸六分。这种地形测量法,是把汴渠分成许多段,分层筑成台阶形的堤堰,引水灌注入内,然后逐级测量各段水面,累计各段之差。利用水平对地势高度进行计算时,其单位竟细到了寸、分,反映了我国古代卓越的科学技术成就。

二、水则碑测量技术

南宋宝祐四年(1256),任宁波地方长官的水利专家吴潜为控制宁波各地水闸的开启和闭合。在月湖北平桥下设水则碑,解决提前放闸就会浪费水资源,而延迟泄放又可能造成水灾的问题。

图 3-13　汴河遗址

水则碑中的"则"是准则的意思。这一块看似平平无奇的石碑,却发挥了巨大的作用。其功能的奥秘就在于碑上所刻的"平"字。"平"字上横的海拔是 1.62m,"平"字下横的海拔是 1.36m,"平"字底端的海拔是 1.09m。当水面涨没"平"字上横,表示到了水位警戒线,宁波城内外河道的碶闸就要开闸泄水了;当水面低于"平"字时,则表示要关闸蓄水了。修建三江的碶闸是为了阻咸水,修建塘河的碶闸是为了蓄淡水,而水则碑却是管理宁波三江以及众多塘河碶闸的总枢纽。

三、升船斜面技术

《国际运河古迹名录》中,有这样的描写:"中国人很早就意识到,如果坡道的坡度适中,就有可能将运河中航行的平底船拖上斜坡,使之到达高水位。根据这样的原理,人们发明了并行滑船道,包括一组倾斜的石结构护墙,供船只在上面拖行。"升船斜面是管理较为简单、对水源要求不高的解决船只在不同高程的水道上行驶的方法。大运河遗产中的长安镇拖船坝遗址(始建于 14 世纪)为典型的升船斜面。

四、木岸狭河技术

隋唐大运河的水源主要来自黄河,黄河自古以来泥沙较大,因为水流缓和,日积月累,宽阔的河道被泥沙淤塞。为缓解这种状况,从宋代开始,水利专家就对河道进行治理,方法是将宽阔的河道变窄,让水流变急。同时为保护河堤,会用成排的木桩护岸,这就是古代"木岸狭河"的由来。

北宋采用先进的河道护岸工程——木岸狭河的方法,体现了 11 世纪中国人在治理

图 3-14 宁波水则碑

图 3-15 长安闸的升船斜面

图3-16 柳孜运河遗址

运河时对泥沙理论的掌握与运用,通过缩窄航道,加快流速,提高水流的挟沙能力,进而避免航道淤积。"木岸狭河"的处理即采用将木桩密集排列打入河中的方法,使河床束窄,水深加大,水流加快,以改善航运状况,将断面宽度缩窄后,起到冲刷河床、减轻淤积的作用。

安徽柳孜宋代"木岸狭河"遗存的发现,则让古老的水利技术"木岸狭河"在安徽得到了印证。原来的宋代运河的宽度为40～60m,而发掘中,发现河道仅20m左右,周围还有大量成排的木桩,经过发掘、推断及验证,专家认定此处是宋代"木岸狭河"遗存。这一技术体现了在宋代,古人就已认识到泥沙问题与河流流量、流速的关系。

五、束水攻沙、蓄清涮黄技术

束水攻沙、蓄清涮黄是明清两代在黄河夺淮期间,为了解决黄河泥沙在淮安清口进入大运河河道,影响漕运畅通的问题而采取的水利政策,是以河治河的方法,即人为加高淮河东南岸的高家堰(今洪泽湖大堤),抬高其水位,以淮河的清水来冲刷黄河河道中淤塞的泥沙(束水攻沙)。束水攻沙治河之策在大运河上运用,是中国明代潘季驯首先提出的。

潘季驯在束水攻沙的基础上,又提出在会淮地段"蓄清刷黄"治理河道的主张。潘季驯认为:"清口乃黄淮交汇之所,运道必经之处,稍有浅阻,便非利涉。但欲其通利,须令全淮之水尽由此出,则力能敌黄,不能沙垫。偶遇黄水先发,淮水尚微,河沙逆上,不免浅阻。然黄退淮行,深复如故,不为害也。"(《河防险要》)在这一思想指导下,根据"淮清河浊,淮弱河强"的特点,他一方面主张修归仁堤阻止黄水南入洪泽湖,筑清浦以东至柳浦湾堤防不使黄水南侵;另一方面加强高家堰建设,蓄全淮之水于洪泽湖内,抬高水位,使淮水全出清口,以敌黄河之强,不使黄水倒灌入湖。潘季驯认为采取这些措施后,"使黄、淮力全,涓滴悉趋于海,则力强且专,下流之积沙自去,海不浚而辟,河不挑而深,所谓固堤即以导河,导河即以浚海也"。

清口枢纽以堤防体系建设为核心,一方面约束水流提高流速,用于冲刷河床积淤;另一方面筑堤防洪。后期则发展为"束水归槽"的理念,采用放淤固堤的方式,以泥沙的淤积形成束水河槽,体现了对泥沙科学更加深入的理解与把握。德国著名河工专家、河工模型试验创始人恩格斯教授（Hubert Engels，1854—1945）先后于 1932 和 1934 年两次进行黄河下游动床模型试验,率先在大运河上使用。

入清以后,因长期施行"束水攻沙"的治河方针,大量泥沙排至河口,河身延长,坡降减缓,水流下泄不畅,黄水还不时倒灌洪泽湖,不仅扩大了洪泽湖区,还常决破高家堰,淹及里下河地区。清康熙年间靳辅治河时就将重点放在自淮阴至河口段上,正是因为这一河段是当时河患最严重的地方。

第三节　中国大运河创新建材

一、夯土

由于土方工程所需人力资源巨大,且土体性质不好掌握,因此 18 世纪前欧美的运河工程并未使用大型土方工程。但在大运河的修建工程中,土方工程是最重要的工程手段之一。土方工程施工自战国时代就有技术规定,主要有土壤含水量的掌握、施工工具的配置、施工季节的选择、夯筑的程度等。鉴于土方工程所需人力众多,在工程组织管理方面也有明确规定,甚至包括质保与惩罚措施等。在宋代,河防土工施工也曾有过专门的规范,在《河防通议》中也有很多记载。

特殊的夯土工艺充分利用了土的特性,通过大量的人工夯筑,使土体成为坚固耐用的工程材料。中国古代的夯土技术非常发达,大运河上很多堤防、险工均为夯土筑成。

大运河遗产中的通济渠商丘南关段,夯土驳岸高度达 5m 以上,直至现在仍然致密坚硬。商丘夏邑段河堤遗址,规模巨大,两侧河堤为 25～30m 宽,除采用夯土外,还密集使用了树桩对大堤土体进行加固,充分显示出隋唐宋时期人们对土体材料性质的掌握与夯筑技术的运用。

淮扬运河扬州段运河故道的夯土河堤,完好保存了历史形态,清

图 3-17　通济渠商丘夏邑段夯土遗址

晰展现了运河以土筑堤的方式渐渐与自然湖泊分离,并与现代运河并行数百年的历史演进过程。清口枢纽的堤防体系中,缕堤、遥堤、格堤等全部由夯土建成。时至今日,主要堤防的主体结构在地面上仍清晰可见,规模十分宏大。大运河上重要的水坝戴村坝与洪泽湖大堤,起初均为土质,后期改为土体外砌石的结构体系,工程规模巨大,也是古代大型土方工程的典型实例。位于南运河的夯土险工,是在运河弯道处为防止水流冲击,采用夯土的方式进行护岸工程,充分证明了夯土工艺的坚固性与科学性。

二、糯米大坝

南运河地势较高,有些河段高于两岸地面,全靠堤防约束。而堤防多弯曲,易导致堤岸塌落,险段甚多。为解决这一问题,南运河多采取夯土加固工程措施,对堤岸进行加固。南运河这种险工段加固工程,以及河道工程管理中利用洪水冲淤、泥沙固堤等措施,都体现出古代河工技术中以堤治河、以河治河的特点。

南运河沧州—衡水—德州段设置了众多弯道,以达到减缓纵比降、降低河水流速方便行船的目的。由于弯道能较好地阻碍水流,弯道处也成为防洪的重点。为了保护弯道河岸附近的村镇聚居区,弯道附近的河堤被不断加固、加高,成为运河沿岸的附属防洪设施。其中,连镇谢家坝和华家口夯土险工是南运河上仅存的两座夯土坝,也是大运河河堤防洪设施的典型代表。

连镇谢家坝位于沧州市东光县连镇处的南运河东岸,建于清中晚期,位置在运河五街、六街交界处。历史上洪水也曾在此处多次决口。清朝末年连镇当地谢姓乡绅捐资从南方购进二万余斤糯米,组织人力,用糯米浆与白灰、黄土,按相应比例混合筑堤夯实,一层接一层筑堤,夯土以下为毛石垫层,基础为原土打入柏木桩筑底,整个坝体长218m,厚3.6m,高5m。筑成的大坝非常坚固,此处再没有出现决堤状况,并留存至今。地方政府曾在2012年对此坝进行过整修加固工程,当时施工人员都无法用锤子将木楔钉入,必须借助电钻打孔,足见坝体之坚固。华家口夯土险工位于河北省衡水市景县安陵镇华家口村南,建于中华民国元年(1912)。现存坝体全长250m,呈梯形,南北走向,顶宽13m,全段高程5.8~6.7m,堤内坡采用黄土、白灰加糯米浆夯筑成坝墙,坝墙每步宽1.8m,厚18cm,分步夯筑,底部采用坝基抗滑木桩施工工艺,外坡与顶部为素土夯实而成。素土密度高,硬度大,建成的坝体浑然一体。大坝设计为弧形曲线,符合流体力学原理,受力面合理,具有耐冲刷、防渗漏、抗水压的特点。这一工程是中国古代利用夯土技术建设水工设施的实物证据。险工修好后,大运河华家口段从此再没有决堤记录,沿用至今。两坝均为灰土加糯米浆逐层夯筑,夯土以下

图 3-18　连镇谢家坝　　　　　　　图 3-19　华家口夯土险工

为毛石垫层，基础为原土打入柏木桩，夯土层每步厚 18～22cm，平均收分 20%。两处险工保存了特殊历史时期的材料、工艺特征，是大运河利用夯土技术建设水工设施的实物证据。

三、埽工

埽工是以软性材料为主的临时性工程。中国古代水利工程历时悠久，具有鲜明的个性特点，其中以软性材料为主的临时性工程最为常用。软性材料主要指竹、草、秸秆、木材（软）等，临时性工程主要包括护岸、围堰、减水泄洪坝等。此类工程具有就地取材、施工方便、拆除容易、适应河床变形、防渗性能好等优点（高含沙河流中）。代表性工程案例包括草土围堰，即以麦草、稻草和土料为主要材料构筑的临时性挡水施工围堰。竹木笼堤坝（以都江堰为代表，即以竹篾或木构架编制笼，装入散石，形成大体积的构件，提高堤坝抗冲稳定性）等。目前在大运河上留存较好的主要是埽工遗存。

埽工在清口枢纽工程中有较多的应用。埽工具有显著的优点：是水下工程，但是可以水上施工；它能在水深较大的

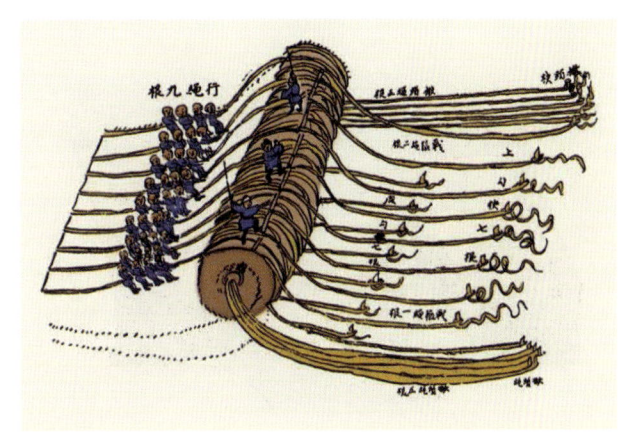

图 3-20　埽工

情况下（水深20m上下）施用，可用来构筑大型险工和堵口截流，但又可以分段分坯施工；它具有良好的柔韧性，便于适应水下复杂地形（尤其是软基）；在多沙河流上使用，便于泥沙充填进埽体，凝结坚实。但埽工也存在缺陷，主要是梢草、秸料和绳索等易于腐烂，需要经常修理更换、花费较多。古代生产力较低，石料加工不易，尤其缺乏水下胶结材料。埽工根据这一特定情况，在两三千年间一直是重要的水工构件。在现代小型防洪工程、引水工程以及施工围堰工程中仍有应用。清口枢纽经考古发掘发现的黄河堤防采用了埽工的护岸工程，其材料、工艺清晰可见，是中国古代埽工技术的典型范例。

四、溢洪堰

运河上修建溢流堰闸泄洪的历史很早，西汉年间，沿渭河南岸修建的漕渠，与终南山下来的山溪交叉，于是修建溢流堰闸以解决泄洪难题。文献明确记载，运河上设置溢流堰闸是在唐代。《新唐书·宰相表》记载，李吉甫在唐元和三年（808）至六年（811）在任淮南节度使时，曾因"漕渠卑下，不能居水，乃筑堤闼，以防不足，泄有余，名平津堰"。平津堰当是建于运河堤防上的溢流堰闸，至少在唐代改建中已经使用，其结构是标准的自动泄洪建筑，即侧向溢流堰。

历史上由于蜀冈一带地势较高，为了保证大船的通行，唐元和五年（810），凿深了蜀冈附近的运河，结果造成"河益庳，水下走淮"的不良局面。唐元和年间，李吉甫出任淮南节度使。在任期间，他带领民众在高邮筑富人、固本二塘，灌溉良田万顷。因为运河漕渠不能蓄水，同时修堰筑堤，这座堰就叫平津堰。堰成以后，实现了"以泄有余，防不足，漕流遂通"的目的，灌田千余顷。现存的平津堰遗址位于大运河与高邮湖之间的高邮明清运河故道西堤，尚存明代条石砌成的一段近百米的古石堰。由陈瑄在原平津堰的基础上，用条石砌成的石堤，长约350m，南侧堰体为11层，北侧堰体为15层。

现存洪泽湖大堤的头坝是典型的溢洪堰，为了在洪水上涨时减轻大堤压力，大堤还设有数座溢洪堰，历史上曾一度达到数十座之多。现位于洪泽湖大堤上的

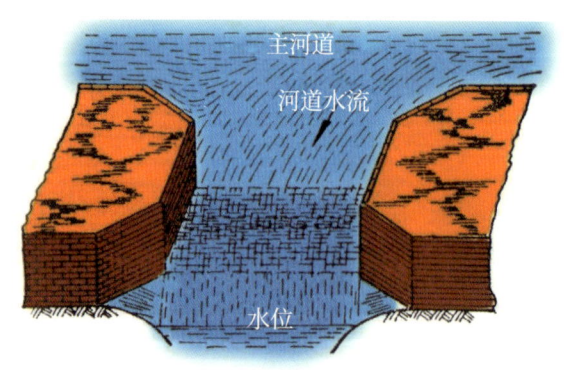

图 3-21　洪泽湖大堤头坝减水示意图

头坝（信坝），是保存最为完好的溢流溢洪堰遗址之一。溢洪堰顶部平时被临时土坝覆盖，水位上涨时冲去土坝即可达到泄水功效。头坝的设计，采用了草土等临时性材料，以适应不同情况下的功能要求，体现出材料应用的巧妙，以及功能设置的系统性思考。

五、城砖

烧作砖瓦是古建筑中源远流长的行当，起源于商周，发展于唐宋，鼎盛于明清，特别是运河地区，运输方便，砖瓦制作的技术更为发达。砖瓦窑作业成为运河地区的一项重要手工业。修建河堤需要砖头，营造城市、皇宫与陵墓，需要大量的砖瓦。从运输方便出发，朝廷在运河沿线建立了一批窑厂，其中山东临清和江南苏州俱以烧制城砖出名。

1. 临清贡砖建起了北京城

临清贡砖始于明永乐初期，分布在临清运河两岸的砖窑遗址不下200座。临清砖因质地好、色泽适宜、形状各异、不碱不蚀、敲击有声而有"贡砖"的美称。贡砖的烧制时间由明永乐初到清代末，历时500年。

明成祖朱棣为了迁都，用了十多年时间在北京大兴土木，营建皇家宫苑城池，临清砖官窑业即创设于此时。据记载，北京修建皇城所用贡砖，绝大多数都来自临清。

图 3-22　扬州博物馆展出的城砖，上面刻有生产地的州名

临清贡砖撑起了北京皇城。临清贡砖烧制工艺十分复杂、精细,所烧造的贡砖,一般在 50 斤上下,重的有七八十斤。成砖后,要经过严格的检验,用黄表纸封裹,搭船解运至天津张家湾码头,经过再次检验合格后,转运京师。北京故宫、天坛、地坛、日坛、月坛、各城门(楼)、钟鼓楼、孔庙、国子监及各王府营建中所用的临清砖比比皆是,处处可见。明十三陵、清东陵、清西陵等皇家陵园建筑中所用的"寿工砖",也由临清烧造。此外,南京中华门城墙、玄武桥、曲阜孔庙等处也相继发现临清砖,这些砖至今不碱不蚀,敲击有声。

2. 苏州金砖为皇宫建筑专用产品

御窑金砖是中国传统窑砖烧制业中的珍品,明清以来受到历代帝王的青睐,成为皇宫建筑的专用产品。明永乐年间,明成祖朱棣迁都北京,大兴土木建造紫禁城。经苏州香山帮工匠的推荐,陆墓砖窑被工部看中,由于质量优良,获得永乐皇帝的称赞,赐名窑场为"御窑"。

所谓"金砖",实际上是规格为二尺二、二尺、一尺七见方的大方砖的雅称。古籍《金砖墁地》有这样的解释:"专为皇宫烧制的细料方砖,颗粒细腻,质地密实,敲之作金石之声,称'金砖';又因砖运北京'京仓',供皇宫专用,称之'京砖',后逐步演化称'金砖'。"

到明嘉靖时期,金砖烧制进入全盛期。北京故宫的太和殿、中和殿、保和殿、天安门城楼以及十三陵之一的定陵内所铺设的就是御窑金砖,这些大方砖上有明代的"永

图 3-23 临清贡砖烧制工艺

图 3-24 苏州金砖制作技艺

乐""正德",清代的"乾隆"等年号和"苏州府督造"等印章字样。

20世纪80年代,在失传70多年后,当地开始抢救苏州陆墓御窑金砖烧制工艺,经过多年努力,这一主要靠窑户世家祖辈口述流传下来的传统工艺终于被"复活",1990年,北京故宫维修时用上了新烧制的金砖。

六、洪泽湖大堤上的铁锔

洪泽湖大堤周桥大塘加固工程中有一种特殊的建材,那就是铁锔,上面还刻着"林工"的字样,这充分体现了大运河建材技术的创新。清道光四年(1824)农历十一月十二日,洪泽湖周桥息浪港堤防被冲垮,瞬间形成了宽400m、深27m的大塘,湖东顷刻成为一片汪洋。由于决口太宽,到第二年仍然无法堵塞。1826年,在家丁忧的林则徐被任命为江苏按察使,前往现场指挥。为使大堤牢固,林则徐要求用长0.8~1.2m、宽厚各0.4m的规范条石建挡洪墙,每块条石上,凿出一条齿槽,再用生铁铸成的"工"字形铁锔放在齿槽间,浇上用糯米汁和石灰搅拌成的砂浆。在这种砂

图3-25 洪泽湖大堤周桥大塘段刻有林工的铁锔

浆的作用下,条石间牢牢黏合在一起,形成一块巨石,让洪水无缝隙可乘。形似"蝴蝶结"的"铁锭"让石块连成一体,起到加固作用。在堤底下几层条石平面接拼接口,镶嵌铁锔,铁锔上面铸有铭文"林工",以示对其修筑的工程终身负责。

第四节 近代科技在运河工程中的运用

中华民国时期,广大民众和各界人士强烈要求挽救和复兴日趋衰败的运河,而近代科技在中国的传播和发展又使这一要求的实现成为可能。在此情况下,一些专家开

始运用近代科技探讨治运方策，若干近代科技也开始在部分治理运河工程中被运用。

因为淮河水主要借长江入海，在淮安与扬州之间与运河纠缠不清，因此治理淮河实际上也是治理运河。在近代治理运河的部分工程中，新技术、新材料开始被使用。

1916年北洋政府全国水利局拟定的治运计划，明确提出治理中运河、里运河应改变因袭古人修筑滚水坝、减水坝和板闸的办法，采用新式闸坝。全国水利局的治运计划虽然半途而废，但是它所提出的采取新式坝闸主张标志着中国治运技术开始进入新时期。

20世纪30年代，国民党政府开始实施治运工程，新材料、新技术被实际运用于治运工程。中华民国十九年（1930）开始实施的海河治标工程，在北运河上修筑屈家店船闸，使用了混凝土闸基闸墙和钢制的闸门、启闭机关及吊桥。中华民国二十三年（1934）开始实施的导淮工程，在里运河和洪泽湖所修筑的坝闸，均采用新技术、新材料。其中，采用"庚子赔款"减免款项建设的里运河邵伯船闸为新重门，上下闸门两侧之闸墙与闸底连为一体，全部用钢筋混凝土建筑，闸室两侧为斜坡式，连同底部均用块石嵌砌，闸门及开关闸机用钢制，最大水级为7.7m。淮阴船闸亦为新式重门，结构与材料和邵伯闸大致相同，最大水级为9.2m。刘老涧船闸，结构和通航机关与邵伯、淮阴两闸大致相同，最大水级亦为9.2m。高邮船闸规模较小，但材料技术与邵伯等闸大致相同，最大水级为3.8m。洪泽湖三河坝系活动坝，全坝分为60孔，每孔宽10m，高5.5m，坝基坝墩均用混凝土建筑，坝门系用钢制，各自活动，启闭敏捷，足资操纵湖水。其他小型活动坝亦系用混凝土和钢板建筑。中华民国二十四年（1935）至二十六年（1937），先后兴办的黄运联航工程、聊城徒骇河、马颊河穿运涵洞工程等，都采用新技术、新材料修筑了船闸、活动坝和涵洞。这些新技术、新材料的采用，部分改变了大运河的面貌，在航运灌溉排洪诸方面产生了一定的效益。

这一时期，除了新技术、新材料开始被运用到运河闸坝涵洞的建筑中外，新式通信设备也开始被运用到治运中。如中华民国二十二年（1933）6月，山东省建设厅为了鲁运河北段的防洪抢险需要，派出技术人员在馆陶、

图3-26 用"庚子赔款"建的邵伯船闸

临清、夏津、武城、德县、恩县沿运河安装了电话。中华民国二十六年（1937）上半年，江苏省建设厅为了便于运河工程防汛消息的传递，特令省交换所在高邮、邵伯、界首、宝应、平桥、淮安、杨庄等施工处，安装了专用电话线和电话机。

尽管中华民国时期近代科技在运河工程中的运用只是初步的，但它包含了当时中国的有识之士和科技工作者的探索精神和劳动成果。它揭开了中国运用近代科技治理运河的历史，给运河治理工作留下了参考材料和经验教训。

第五节　当代大运河上创新科技的利用

中华人民共和国成立后，各地不断利用先进、强大的水工技术整治、维修大运河，使中国大运河获得新生。70多年来特别是改革开放40多年来，中国大运河沿线发生了巨大变化，通航里程已达1442km，重新成为南北运输的大动脉。运河区域的南北两端逐渐发展成中国两个最有活力的经济圈——长江三角洲经济圈和环渤海湾经济圈，新兴的生态旅游方兴未艾，大运河面貌焕然一新。

现在，中国大运河还是南北运输水运主通道，规划为结合东线调水工程逐步恢复和实现京杭运河全线通航，其中济宁至黄河段、黄河至天津段分别规划为二、三级航道。大规模的调水和治污不仅为断流和生态功能瘫痪区域进行系统修复带来机会，而且使大运河的整体性保护规划成为可能。在保护的基础上，合理利用大运河及其相关的文化遗产，全力推进中国大运河保护传承和利用，在真正意义上使古老的大运河获得新生。

一、整修大运河

中华人民共和国成立后，从恢复大运河水利和航运等功能出发，全力整修大运河。

20世纪50年代，我国开始对江苏省内河航道及苏北、苏南运河进行局部治理，清除河道淤障，开挖苏北灌溉总渠，培修运河大堤，兴建三河闸和淮安等水利枢纽，有力地保障了大运河与淮河等航道的畅通。1958—1961年间，江苏省、交通部更是全力以赴，动用强大的财力、人力、物力进行长达475km的京杭大运河苏北段扩建改建工程，建成现代化的大型船闸七座、公路桥三座、铁路桥两座、节制闸四座、穿运涵洞三座，把大运河的水运能力提高了近20倍，使运河单向年通过能力达到近8000万t，并扩大了沿岸灌溉面积和排涝面积，确保里下河地区1500万亩农田和广大人民生命财产的安全，取得了多方面的效益。20世纪六七十年代，通过开展浒墅关市河拓浚工程、

图 3-27 施桥船闸就位于 20 世纪 50 年代修建的运河上

平望市河改道工程、高板桥河段改善工程、泰让桥航道整治工程,整修大运河苏南段。同时整治大运河浙江段,清除妨碍航行的障碍物,治理事故多发的乌镇、新市、练市、塘栖市河等河段。改革开放后,建成了大运河济(宁)徐(州)段续建工程和大运河徐扬段续建工程及谏壁船闸;整治了锡澄运河,改善了无锡、常州、苏州的运河水质;全面整治江南运河,1996 年,杭州三堡二线船闸建成,连通了大运河与钱塘江航道,使 45 万 km^2 的钱塘江水系与大运河得以真正连成一片。

二、新世纪打造大运河黄金水道

中国大运河是拥有 2500 多年历史而至今仍在通航的人工运河,开创大运河的美好未来,不仅要把它作为文化遗产加以保护,而且要让它更好地发挥作用,为中国式现代化建设做出贡献。自 2007 年以来,大运河沿线的 8 个省(市)、35 个城市都在全力以赴地整治运河沿线环境,修复损坏的运河水工和相关遗产,重新打造南北黄金水道的蓝图在不断付诸实施。

2007 年 12 月 29 日,浙江杭甬运河基本建成庆典仪式在新坝船闸举行,从此,500t 级船舶可畅行在浙东运河全线,航运能力提升了 10 倍。流淌千年的大运河,真正改写了 500t 船舶"终于杭州"的历史,向东延伸 239km,直奔浩瀚东海而去,实现了江、河、海的互通。浙东运河的黄金水道功能进一步彰显。

2009 年 3 月,大运河天津段恢复工程正式动工。该工程总投资约 300 亿元,规划建设期为 5 年。天津市中北镇南运河整体规划以"两横、四纵、六弯、一岛"为基本构架，连接起元宝岛与主城区的中央休闲景观大道及南运河滨河开放空间，打造以运河主题乐园为起点的公共设施带及两条连通南北两岸生活型设施的通河绿廊。

山东省积极打造大运河山东段"黄金水道"，筹措10亿元资金，用于大运河济宁至东平湖段主航道、洙水河等支流航道，进一步实现与苏南等发达地区的优势互补，促进山东省内河运输业跨越式发展。

图3-28　苏北运河邵伯三线船闸（年货物通过量3亿t以上）

全长683km的大运河江苏段是整个大运河中通航条件最好、船舶通过量最大、发挥社会效益及经济效益最为显著的区段，"十一五"期间，江苏省投资100亿元进行大运河江苏段的改线扩容建设，至2010年，苏北运河已全线达到二级航道标准，船闸全部实现三线运行。苏北运河年货运量最高达3.4亿t，是长江葛洲坝船闸的3倍、京沪高速的5倍。

2023年，苏南运河启动了"三改二"工程，从镇江到苏州的苏南运河航道将全部提升为二级航道。浙江杭州启动了运河二通道建设工程，货船不再经过杭州城区，极大地改善了杭州城市的水环境。

三、南水北调东线工程的规划设计

如今，大运河综合价值得到全面的利用和提升，除了正常的航运、灌溉、防洪等功能利用外，大运河成为我国南水北调东线工程的主要调水线路。南水北调东线调水方案的研究最早始于1972年。1976年，水利部提出《南水北调近期工程规划报告》上报国务院，1990年又提出《南水北调东线工程修订规划报告》。

南水北调东线工程从江苏扬州的长江段引水，利用大运河以及与其平行的相关河道输水，连通洪泽湖、骆马湖、南四湖、东平湖等沿线湖泊，并将其作为调蓄水库，经泵站逐级提水进入东平湖后，分水两路，一路向北穿黄河后自流到天津；另一路向东经新辟的胶东地区输水干线接引黄济青渠道，向胶东地区供水。从长江边的扬州至山东东平湖设 13 个梯级抽水站，增高 65m。东线工程从长江边的三江营和高港两个引水口门引水。

表 3-1　南水北调东线工程引水线路

区段	取水点	引水线路
长江至洪泽湖	由三江营抽引江水	分运东和运西两线，分别利用里运河、三阳河、苏北灌溉总渠和淮河入江水道送水
洪泽湖至骆马湖	从洪泽湖引水入中运河	采用中运河和徐洪河双线输水
骆马湖至南四湖	骆马湖	三条输水线：中运河—韩庄运河、中运河—不牢河和房亭河
南四湖以北至东平湖	南四湖	利用梁济运河输水至邓楼，建泵站抽水入东平湖新湖区，沿柳长河输水至八里湾，再由泵站抽水入东平湖老湖区
穿黄	在解山和位山之间	包括南岸输水渠、穿黄枢纽和北岸出口穿位山引黄渠三部分
黄河至天津	—	接小运河至临清，立交穿过卫运河，经临吴渠在吴桥城北入南运河送水到九宣闸，再由马厂减河送水到天津北大港
胶东地区输水干线	工程西起东平湖，东至威海市米山水库	自西向东可分为西、中、东三段，西段即西水东调工程；中段利用引黄济青渠段；东段为引黄济青渠道以东至威海市米山水库

图 3-29　南水北调东线源头江都水利枢纽工程

南水北调东线工程从长江到天津北大港水库输水主干线长约1156km，其中黄河以南646km，穿黄段17km，黄河以北493km。另有胶东地区输水干线工程西起东平湖，东至威海市米山水库，全长701km。

表3-2　南水北调东线工程分期实施表

期数	供水地区	抽水规模
一期工程	向苏北和山东两省供水	抽江水规模500m³/s，多年平均抽江水量89亿m³，其中新增抽江水量39亿m³
二期工程	供水范围扩大至河北、天津	抽江水600m³/s，过黄河100m³/s，到天津50m³/s，向胶东地区供水50m³/s
三期工程	增加北调水量	抽江水800m³/s，过黄河200m³/s，到天津100m³/s，向胶东地区供水90m³/s

目前，南水北调东线工程实行严格的治污管理，取得了重大进展。2013年5月30日，南水北调东线一期江苏段工程从源头江都水利枢纽开始试通水成功，6月山东全线通水成功，长江水通过大运河北流至山东境内，试送水水质良好，航道未受影响。随着南水北调东线工程的完成，京津两市人民喝上了甘甜的长江水。到2022年，南水北调东线工程已累计抽调江水量416亿m³，使沿线25个大中城市、近8359万人受益。由于南水北调东线的供水，京杭运河黄河以北段2022年实现了全线通水，从而标志着京杭运河实现了全线通水，为下一步全线复航打下了基础。

京杭运河是中华民族勤劳智慧的象征，是中华民族对世界文明的巨大贡献。科技助力大运河的保护利用、京杭大运河全线通航和全面利用，是沿线城市的共同梦想，是实现中华民族伟大复兴中国梦的体现。随着大运河保护利用科技水平的不断提高，京杭运河的未来必定更加美好。

图 3-30　大运河航运图

第四章
中国大运河辅助工程科技

大运河的科学技术除被直接应用在航运和行洪工程之外，在一些运河的辅助性工程上也得到了充分体现，如运河桥梁、运河码头、运河仓库等工程也蕴含了多种高超的科学技术，运河造船业甚至代表了当时中国乃至世界造船技术的最高成就。这些辅助工程也共同造就了中国大运河的科技价值。

第一节　中国大运河桥梁建造技术

作为中国南北经济文化交流以及中外经济文化交流的重要通道，大运河发挥了重要的桥梁纽带作用，而大运河上的一座座桥梁同时也是中国古代先民们勤劳智慧的结晶，是杰出的文化遗产。作为世界著名的建筑遗产之一，大运河沿线留下了众多的建筑奇观，而种类繁多的运河桥梁则是大运河上的一道美丽风景线。其中宝带桥、长虹桥、拱宸桥、广济桥、八字桥是列入世界文化遗产名录的大运河遗产元素，也是大运河沿线众多桥梁中典型的代表。

一、运河名桥简介

1. 宝带桥

苏州有"东方威尼斯"的美称，桥梁众多，平均每平方千米有15座，而苏州的桥梁中最著名的要数京杭运河上的宝带桥。

澹台湖是太湖水流向运河与吴淞江出海口的主要通道，不能"填土作堤以为挽舟之路"。唐元和年间（806—820），苏州刺史王仲舒为保证漕运顺畅，决定造桥代道，在澹台湖上修筑长桥作为纤道，并带头捐献了一条据说是御赐的玉质宝带。当地豪绅深受感动，纷纷慷慨解囊，很快解决了建桥资金。为纪念这位刺史的义举，苏州百姓遂将此桥命名为"宝带桥"。

苏州宝带桥位于苏州南部的吴江塘路上，始建于816—819年，形似宝带，因此得名。1442—1446年改建为53孔连拱石桥，沿袭至今。它是江南运河河岸上的桥梁与水门，长度超过300m，代表了古代中国桥梁工程设计施工的卓越水平。

宝带桥为连拱桥，各孔拱形均属圆弧，近半圆形，孔高与孔径之比（矢高比）接近1/2，属于陡孔。陡孔不仅对墩、台产生较小的水平推力，而且桥孔的净空较大，便于行舟。为了避免这类柔性墩所引起一孔受损波及全桥的情况，在北起的第27号墩，将两墩并成一墩，构成能承受单向推力的刚性墩，也就是制动墩。

各拱拱券由一条条弧形的板拱石并列砌筑而成，板拱石的端点之间设有横向长铰石，板拱石两端各琢有石榫，插入长铰石上预留的榫眼，相互结合。其独特的优点是，当桥拱发生温度变化、基础沉陷或承受不对称的活荷载时，各条板拱石的石榫能在长铰石的榫眼里做微小的运动，自动对拱券的形状做微小的调整，使拱券的受力有所改善。

宝带桥的建造，凝聚了我国古代造桥匠师的聪明才智。宝带桥桥长316.8m，其中正桥长249.80m，南、北引桥长分别为43.8m和23.2m，桥梁全部用花岗岩条石干砌建成。正桥为53孔半圆拱联拱石拱桥，桥孔的孔径尺寸除了第14～第16孔（从桥北端数起）外，其他桥孔孔径均为4.6m，第14、第16两孔为6.5m，第15孔为7.45m。这就使整个桥形非常平坦，桥的最高处并不在桥正中间，而是在第14～第16三孔联拱处，因三孔孔径加大而桥面隆起，且这三个大孔正对斜港河来水，既方便行船，又能使上游之水更通畅流过桥梁，有利于泄洪。同时，这种不对称的布局也使桥形立面富于变化，桥狭长似宝带，桥身结构轻巧而富有曲线美，彰显古代匠人的务实精神和聪明智慧。宝带桥全桥所有桥孔都可通行舟楫，而第14～第16三孔净空较高，可通过大型船舶。

从建桥技术上说，宝带桥有许多独特的成就。首先，宝带桥拱券为纵连分节并列砌置，采用了"多铰拱"。关于宝带桥桥拱拱券的建造，著名桥梁专家茅以升先生在其著作《桥梁史话》一书中有过详细的介绍，将全桥拱券，用与桥同宽的长条石，将整个拱券分成若干隔间，在每个隔间内，用块石砌成多片弧形短拱。然后各片合龙，与长条石一起，拼合成为整体拱券。宝带桥的拱石，每块石块之间，均用榫头及卯眼拼接。在受到压力时，各拱间会产生相对微移，分散承重。由于榫卯具有铰接作用，用这种块石砌成的拱，名为"多铰拱"。同时，砌合这些石块时，不用灰浆，成为"干砌"。

图 4-1　苏州宝带桥

其次，宝带桥拱券科学、合理地创造了柔性墩与刚性墩相结合的方法。柔性墩上大下小、轻巧纤薄，桥拱的两端拱脚砌在两个桥墩上，每个桥墩支持两个拱券的拱脚，相邻两孔拱脚间距仅 10cm，减轻了桥身的自重。桥中间第 27 号墩采用由两个桥墩并立而构成的刚性墩，体积大，能抵抗单向推力，即使一端桥拱倒塌，也可防止整桥连续倒塌。

2. 灭渡桥

在苏州，横跨于大运河上的还有一座著名的桥——灭渡桥。灭渡桥位于苏州古城东南隅葑门外，杨德辉的《重修觅渡桥记》叙述："该处为水陆要津，原没有渡船，因旅客不能忍受舟人把持敲诈，昆山僧人敬修经过这里，无钱而受到百般刁难、奚落。为平暴利民，敬修和尚发誓建桥，会同里人陈玠、张光福等人，共同募集银钱，于元大德二年（1298）动工到元大德五年（1301）建成取名灭渡。今讹称觅渡桥。为薄型单孔拱式，东西走向，通长 81.3m，净垮 19.3m，矢高 8.5m。原两坡各设 53 步石级。明代正统间苏州知府况钟重修。清同治年间再修，1985 年又修，并恢复石栏。"

灭渡桥采用增大跨度而不作多孔设计，以适应水流湍急、过往船只体量大、往返频繁的需要；在拱顶与面石间不加填层，并尽量增加桥身坡长，使大桥平缓易行，高而不峻，稳重大方，堪称江南古桥梁中的成功作品。

图 4-2　苏州灭渡桥

3. 嘉兴长虹桥

嘉兴长虹桥横跨于江南运河上,是嘉兴市最大的石拱桥,在嘉兴市郊区王江泾镇一里街东南。始建于明万历年间,并于清康熙五年(1666)、清嘉庆十七年(1812)两次重修,1851—1864 年桥栏石损毁,清光绪六年(1880)修复。

长虹桥是京杭运河上罕见的巨型三孔实腹石拱大桥,气势宏伟,形似长虹。桥全长为 72.8m,桥面宽 4.9m,东西桥阶斜长为 30m,各有台阶 57 级,用长条石砌置。桥拱三孔,是纵联分节并列砌筑法的半圆形石拱。主孔净跨 16.2m,拱矢高 10.7m;东西两边孔净跨 9.3m,拱矢高 7.2m。长虹桥造型如长虹卧波,天气晴朗时,登桥远眺,北之吴江盛泽,南之嘉兴北门外隐隐可见。古人有诗赞:"虹影卧澄波,登高供远瞻。南浮越水白,北接吴山绿。"长虹桥保存得很好,桥两坡各有 57 级石阶,用平整的长条石砌成,桥栏也是长条石,用石凿的榫卯连接,朝里侧凿成可供人休憩的弧形。

4. 杭州拱宸桥

拱宸桥位于杭州北部的大运河杭州塘上。拱宸桥横跨大运河,是京杭运河到杭州的终点标志,也是杭州城区最大的一座石拱桥。它处于杭州市区大关桥之北,是三孔驼峰薄拱薄墩联孔石拱桥,全长 98m,桥面中部宽 5.90m,桥身高约 16m,采用木桩基础结构,拱券为纵联分节并列砌筑。拱宸桥始建于明崇祯四年(1631),现保存完整,仍在使用。

据《古今图书集成·杭州桥梁考》和康熙年间《杭州府志》载,该桥由明末商人夏木江所倡建。此桥在清代几经毁坏重建。清顺治八年(1651)桥身曾坍塌;清康熙五十三年(1714)由浙江布政使段志熙倡率捐筑,云林寺的慧辂竭力捐募款项相助。清雍正四年(1726)右副都御史李卫率属下捐俸重修,把桥加厚 2 尺,加宽 2 尺,并

图 4-3　嘉兴长虹桥

图 4-4　杭州拱宸桥

作《重建拱宸桥记》。据《1860年杭州拱宸桥老照片》介绍，清同治二年（1863）秋，左宗棠率湘军及"常捷军"向杭城的太平军猛攻，由于拱宸桥桥心设有太平军堡垒，经战火洗劫，桥再次濒于倒塌。清光绪十一年（1885），在杭州人丁丙的主持下重修。19世纪末杭州开埠后，日本人在拱宸桥桥面中间铺筑2.7m宽的混凝土斜面，以通汽车和人力车。2005年，拱宸桥进行大修，将长3m、重2t的护桥石更换。古老的拱宸桥，以更坚强的形象，横跨在运河上。

5. 塘栖广济桥

中国多处地方都有名为"广济桥"的桥梁建筑，在江南运河上就有常州的广济桥和杭州的广济桥。杭州塘栖的广济桥曾名通济桥、碧天桥，俗称长桥，位于杭州塘沿线的塘栖古镇上，是京杭运河上保存较好的薄墩联拱七孔实腹拱桥，也是大运河上保存至今规模最大的薄墩联拱石桥。桥全长78.7m，面宽5.2m，矢高7.75m，中孔净跨15.6m，7孔，拱券纵联并列分节砌筑。

据说桥建成于唐宝历至林得年间。明弘治二年（1489），一个姓陈的僧人为了建桥募捐一直到了北平（现北京），得到了皇太后的赏赐，也得到了宫中的众嫔妃与朝廷大臣们的资助。据《塘栖志》卷三《桥梁》记载："通济长桥在塘栖镇，弘治二年建。"至明弘治十一年（1498）建成。今桥为17世纪末重修。如今广济桥势如长虹，造型秀丽，历经500余年仍雄踞大运河之上。

6. 八字桥

八字桥坐落于绍兴城河段运道上，位于浙江省绍兴市越城区八字桥直街东端，三

图 4-5　塘栖广济桥

河交汇处。始建于 12—13 世纪，后多次维修。八字桥为梁式石桥，主桥东西向，横跨稽山河，总长 32.82m，桥洞净跨 4.91m，宽 3.2m，洞高 3.84m。八字桥为我国早期简支梁桥中的孤例。建造者根据特殊地形，结合周边环境，因地制宜，合理设计了跨越三河、沟通四路、状如八字的桥梁，巧妙地解决了复杂的水陆交通问题，根据特殊地形，结合周边环境，因地制宜地进行合理设计，被称为"中国最早立交桥"。

7. 五亭桥

五亭桥别名莲花桥，位于大运河的城区水系扬州市瘦西湖河道上，建于莲花堤上。它是扬州市的地标建筑之一，是中国古代十大名桥之一，有"中国最美的桥"之称。五亭桥始建于清乾隆二十二年（1757），仿北京北海的五龙亭和颐和园十七孔桥而建。该桥北起于瘦西湖风景区，上跨瘦西湖水道，南至瘦西湖白塔、月观，桥梁全长 57.99m，宽 6.16～18.77m，桥身中孔拱券跨度 7.13m。

《扬州画舫录》记载五亭桥"每当清风月满之时，每洞各衔一月。金色荡漾，众月争辉，莫可名状"。中秋之夜，可感受"面面清波涵月影，头头空洞过云桡，夜听玉人箫"的绝妙佳境。中国著名桥梁专家茅以升教授曾评价说："中国最古老的桥是赵州桥，最壮美的桥是卢沟桥，最秀美的、最富艺术代表性的桥，就是扬州的五亭桥了。"

图 4-6　绍兴八字桥

图 4-7　扬州五亭桥

二、运河名桥的科技价值

大运河符合世界文化遗产的标准中有一条：可作为一种建筑或建筑群或景观的杰出范例，展现历史上一个（或几个）重要发展阶段。京杭运河沿线有众多桥梁，其中宝带桥、长虹桥、拱宸桥、广济桥、八字桥、五亭桥是这些桥梁中最典型的代表。他们体现了古代中国桥梁工程设计与施工的卓越水平。大运河桥梁具有极高的建筑价值和科技价值，体现了农业文明时期最高的桥梁建筑成就。从建筑工艺上分析，大运河桥梁可以分为三类。

（1）高拱桥梁

长虹桥（嘉兴）、拱宸桥（杭州）、广济桥（杭州）均为高拱石桥，这些高拱石桥采用预应力的施工方式，使桥拱负载更大、变形更小。此外，它们还采用剪力墙结构以抵抗变形应力，采用榫卯构造而非黏合剂进行砌筑以适应微小变形的需要。拱券甚至薄到大胆的程度，如拱宸桥拱石厚度只有30cm。这类桥梁的另一个建筑亮点是，拱券形式都采用了马蹄形拱。马蹄形拱的好处是桥梁孔洞高大，三座桥梁中孔跨度都在15m以上，通航净空大，利于大型货船通航。这三座桥是我国南方三孔薄墩薄拱马蹄形驼峰式石拱桥的代表桥梁之一，对研究软土地基上的古桥建筑具有重要价值。关于这三座桥所采用的技术，《中国科学技术史·桥梁卷》有详细记载。

长虹桥最大的建筑特点是桥梁修建在软土地基上，历经数百年仍巍然挺立，充分体现了当时建造桥梁的高超技术水平。此桥除了采用薄墩薄拱结构，减轻了桥梁的自重，可以减小软基承受的压力，还采用了变桥幅构造，即桥梁宽度不等宽，桥宽从桥顶至两端桥堍逐渐加宽，由4.85m加宽至6.70m，拱墙平面上略呈弧形。这样不但有利于桥梁结构受力和增强稳定性，而且扩大了基础面积，减小了单位面积压力，相应增强了地基承载力，在古代桥梁中比较少见，这些结构措施都有利于在软基上造桥。据说，当年用的是"堆土法"造桥。桥造得多高，石头就堆得多高。考虑到小船无法承受石头重压，聪明的古人想出了"石头载船"的办法——将石头绑在船身两侧，利用水的浮力及拉纤的方式运输不计其数的石头。由于船只大多从西面桥洞过往，因此那里还曾设有"纤道"。

拱宸桥所采用的是三孔薄墩联拱结构，当一孔的拱券承受载荷时，就会把受力引起的变形传递到相邻拱，这样各拱之间更容易通过相互借力，实现平衡。而上窄下宽的做法，相当于刚性扩展基础，除了可节约材料，更重要的是通过这种做法减轻桥梁的自重来满足拱桥的沉降变形要求，因为拱宸桥所处的地方是软土地带。拱宸桥是一座高拱石桥，采用预起拱的施工方式，让后续使用阶段桥拱承载力更大、变形更小。工匠们通过采用优质石材提升抗压刚度，减小应力变形；通过榫卯构造联结而非黏合砌筑以适应微小变形时的整体性。桥梁中孔跨度都在15m以上，通航净空大，利于大货运量的船只通航的需要。而拱宸桥的特点还在于采用木桩基础结构，拱券为纵联分节并列砌筑。桥墩用桩基，既可密实土壤，又可传递力到下面较密实的持力层。桩头用片石嵌紧保护。桩顶顶端搁置整长的桩帽石，亦称水盘，使桩基连成一个整体。桥身用条石错缝砌，上贯穿长锁石，桥面呈柔和弧形，桥墩逐层收放。

塘栖广济桥是古运河上仅存的一座七孔石拱桥。桥的拱券采用纵联并列分节砌置法，水平全长 78.7m，宽 6.12m，矢高 7.75m。因为运河河道要过船，在大运河上高拱石桥还有很多，南浔頔塘故道上的桥也属高拱石桥。

（2）联拱石桥

苏州宝带桥是一座 53 孔薄墩联拱石桥，长度超过 300m，采用密集木桩处理桥墩基础，采用榫卯结构连接砌筑石块，适应了南方软土地基经常出现的沉陷、变形情况。宝带桥既是桥梁也是纤道，同时也可以排泄来自太湖的水量，可以说具有复合功能。

宝带桥的 14～16 孔特别大，能走船，剩余的小孔却并不是平均分配在两端。从最高的中孔算起，一边仅有 14 孔，另一边却有 38 孔。当初是为了船只来往方便，但机缘巧合下却有一种不对称的美。宝带桥在设计营造上采用"柔性墩"与"刚性墩"相结合的方法：柔性墩上大下小，轻巧纤薄，既减轻了桥身自重，又减小了阻水面积，利于泄洪；刚性墩可以在一侧拱券倒塌的情况下，防止桥体连续垮塌。独特的结构使宝带桥既能长久保存，又与姑苏城的秀美轻盈相得益彰，代表了古代桥梁的最高工艺水平。

同样采用联拱的石桥还有扬州五亭桥，其科技含量主要在其结构上，"上建五亭、下列四翼，桥洞正侧凡十有五"。区区的五六十米桥上却有着繁重的工程，如何能承受？五亭桥的桥墩由 12 块大青石砌成，正桥平面呈"工"字形，形成厚重有力的基础。南北两引桥下各为半拱，桥墩列四翼，各有三拱。桥身建成拱券形，轻巧的拱顶券洞配

图 4-8 南浔頔塘故道上的桥

上敦实的桥基。中心桥孔最大，呈大的半圆形，直贯东西；旁边十二桥孔布置在桥础三面，可通南北，亦呈小的半圆形；桥阶洞则为扇形，可通东西。之后，又在桥上建起五亭。五亭皆绿琉璃瓦顶，亭与亭之间有石梁相连，上以短廊相接，形成完整的屋面。亭与桥结合，形成亭桥，经过几百年还保存完好。

图 4-9　大运河著名的宝带桥

（3）简支梁桥

位于绍兴的八字桥为中国早期简支梁桥中的孤例。建造者根据特殊地形，结合周边环境，因地制宜，合理设计了跨越三河、沟通四路、状如"八"字形的桥梁，巧妙地解决了复杂的水陆交通问题，是根据特殊地形，结合周边环境，因地制宜的合理设计。

八字桥是根据绍兴城区运河支流多，水系发达的特点建造的。《嘉泰会稽志》记载："八字桥在府城东南，而桥相对而斜，状如八字故得名。"八字桥建在一个特殊的地段：东去五云门，北通都泗门，西可进入市中心，南近东双桥，地理环境复杂，位置重要。宋代的技术人员便利用这里的天然条件，把桥址选在三河交点的近处，正桥架在南北流向的主河上。这样就形成了八字桥独特的交通格局：陆连三路，水通南北，南承鉴湖之水，往北通往杭州，过钱塘江进入京杭运河。

八字桥"特"在哪？一是它的落坡结构特殊。此桥有适应三街三河交叉的复杂环境要求的四向落坡设计。桥东为南、北落坡，呈"八"字形；桥西为西、南落坡，也呈"八"字形；桥两端的南向两落坡也呈"八"字形。这种桥坡结构在中国桥梁史上极为罕见。二是桥中有桥的结构特殊。八字桥南向两落坡下各有一个桥洞，两桥坡成了两座小桥。这种设计方案，既解决了水陆交通问题，而且建桥时不拆屋不改道，和周围原有的环境自然融为一体，因此成为我国桥梁建筑史上极为优秀的范例。古典园林专家陈从周先生称此桥为"中国乃至世界上最早的城市立交桥"。

运河名桥作为大运河上重要的建筑遗产，不仅体现了古代中国桥梁工程设计与施工的卓越水平，而且成为重要的文化象征。它们联结起了运河两岸，方便了沿线百姓的出行，成为中国大一统国家的物质基础和精神纽带。

图 4-10　江南运河嘉兴—杭州段—拱宸桥

第二节　中国大运河码头建造技术

有船就有码头。运河上码头众多,不同的码头又各有分工,分别承担着接卸漕粮、往来客运和商货转运的职责。大运河上的码头主要分为三大类:一类是漕运的专用码头,民船是不能在漕运码头卸货的;第二类是装卸民间货物的码头;第三类是供坐船的客人上下船的客运码头。《通州运河故事》介绍,在明清两代漕运的终点北京通州运河边就分布着各有分工的几座码头——茶棚村的客运码头、东关土坝的漕粮码头以及陈辛庄的水运码头。货运码头又分粮食码头和杂货码头,杂货码头中又因为装载的货物不同,分为山货、竹货、茶篓的码头和专用于装卸瓷器的码头。[1] 当时,除了官府专用的码头外,一般的只是排桩码头——就是沿着河岸打下排桩,后面用树枝或木板拦住泥土,形成切面,方便船舶停靠,搭上一块木板,把船和岸连接起来就成了码头。第三类客运码头中也有一种因皇帝由此上下过船而被称为御码头。不同类型的码头,其河道深度、台阶坡度和道路宽度都不一样。

1. 运河沿线有哪些御码头

(1) 宿迁御码头(直通龙王庙)

宿迁御码头遗址位于江苏省宿迁市皂河镇骆马湖西南。清康熙二十三年(1684)

---

[1]《通州运河故事》。

敕建龙王庙行宫,并建有"御马路"。清乾隆二十二年(1757)乾隆帝下江南,御舟泊于皂河镇内大运河岸石码头,经"御马路"至龙王庙祭拜并下榻于龙王庙行宫。御码头约有 80m²,块石垒砌,离水面高约 3m。至今,其基石仍依稀可见。

(2)扬州天宁寺御码头("乾隆水上游览线"的起点)

天宁寺为江苏扬州的名刹,始建于晋代。康熙帝前五次南巡,每次都在天宁寺西园的行宫内居住,寺下就是下龙舟的码头。而曹雪芹的祖父曹寅曾在此四次接驾。御码头修得如此壮观是在清乾隆年间。曹雪芹在《红楼梦》中写的扬州姑娘林黛玉大概就是从这个码头乘船离开扬州进京的。清乾隆十八年(1753),扬州盐商于天宁寺西园兴建行宫,三年而成。宫前建码头,乾隆帝游瘦西湖由此登船,亲笔题写了"御马头"三个字。码头及周边的河堤均为青石所砌,历经二百多年风雨,完好无损。现码头位于冶春茶社旁,为扬州著名的"乾隆水上游览线"的起点。

(3)塘栖御码头

乾隆帝数次下江南到杭州都曾在塘栖码头上岸。这个御码头是专门为皇帝而建的。塘栖镇位于杭州市北部,大运河穿镇而过,使其成为苏、沪、嘉、湖的水路要津,历朝历代以来,塘栖均为杭州市的水上门户。塘栖以其独特的地理环境,形成了水路码头。乾隆帝每次去杭州,必在此登岸。如今,人们在御码头一侧建了一座御碑亭,亭中立有一块乾隆帝题词的御碑。御码头旁就是著名的广济桥。

(4)通州黄船坞

在漕运年代,通州有座黄船坞,是专供皇家专用船停泊的地方。通州黄船坞自明朝永乐年间建造,既停泊皇帝、皇后专用的御舟,又是皇家的专用码头。由南方水运而来的皇家专用物资在这里卸载,然后通过陆路、水路运往京城。常停在此处的黄船有 10 艘,以 5 艘轮值,前往南京的江南织造局,运输皇室专用的丝织等用品。到了清

图 4-11　扬州御码头　　　　　　　　　　图 4-12　塘栖御码头

代前期，黄船坞迁往天津，但黄船坞的地名一直被保留了下来，以"柳荫龙舟"成为通州八景之一。

2. 运河上著名的漕运码头有哪些

（1）通州漕运码头

图 4-13　通州漕运码头

位于京杭大运河北端的通州，取"漕运通济"之意，历史上曾是四方来贡、漕运物资的水路必经之地。被誉为"大运河第一码头"的张家湾历史悠久，曾是大运河北起点上重要的水陆交通枢纽和物流集散中心。漕运的发达给通州带来空前的繁荣。清康熙三年（1664）朝鲜国以右相洪命夏为上使率使团来中国，他们在《甲辰燕行录》中记述道："望见通州，城外上下数十里帆樯簇立，车马如织。"清乾隆五十八年（1793）英国使臣马戛尔尼在他的《英使访华录》中曾记载道："通州这个地方商业繁盛，从停泊在河上的大量船只数目和令人惊骇的人口稠密可以看出。"

（2）道口漕运码头

河南滑县道口古镇现存 9 个古码头，漕运码头是其中之一。码头用规则的青石和白灰垒砌而成。此码头不仅设有防护门道和防洪闸槽，门道上方的镶阴刻匾额，上面还刻有"山环水抱"四个大字。

3. 运河上的货码头是如何进行分工的

明清时期，随着大运河沿线商品经济的发展，大运河的运输作用越来越大，出现了专业的货运码头，而且按运输货物的不同对码头进行了分类。

（1）邵伯镇 4 座码头各有分工

在运河古镇邵伯至今还存在着码头群遗址。位于邵伯运河东堤上一字排开 4 个古码头遗址，自北向南分别为竹巷口码头、大码头、朱家巷码头和庙巷口码头。

自从邗沟贯通江淮，邵伯成为南北往来必经之路，船舶往来日渐繁盛，因此在邵伯镇明清大运河故道两侧形成了大量码头。18世纪时，修建邵伯运河东岸大堤，同时修建了竹巷口码头、大码头、朱家巷码头和庙巷口码头共4座码头。这4座码头的功能各自不同，大码头和朱家巷码头主运八鲜货和商店物资，竹巷口码头是装卸竹木器的，庙家巷码头主要是运输粮、蛋、桐油等物资。大码头又是官商两用的。邵伯镇在民国以前的繁荣，很大程度上依赖于这4座码头。1936年运河改道之后，这些码头也被逐渐废弃，现作为遗址展示，但从规模上仍能感受到当年的繁华

（2）商丘运河码头发现隋唐时期多个窑口的瓷器

隋唐大运河商丘码头遗址坐落在商丘市睢阳区商柘公路与105国道之间。隋唐大运河的开通，促进了运河两岸城市的发展，宋州睢阳城（今商丘）依靠大运河逐渐繁荣起来，成为繁华的商业大都会。到明代中期，隋唐大运河商丘段河道淤塞，该河道彻底废弃，后因黄河多次泛滥被掩埋于地下。2008年，文物保护部门开始了千年码头的挖掘工作。考古发现，北岸占地约24.5万 m^2，南岸占地约24.8万 m^2。已挖掘的北岸码头的一部分，约7800m^2，调查发现大量隋唐时期钧瓷、汝瓷以及哥瓷等多个窑口的瓷器。

图4-14 道口古镇的码头

图4-15 邵伯大码头

图4-16 商丘南关码头遗址

第三节　中国大运河粮仓建造技术

历史上，为适应漕运的需要，大运河沿线建有众多粮仓。运河上的仓储设施展现了不同历史时期，在大运河关键节点设置的仓储设施体系规模和形制，见证了大运河作为国家漕运通道的主体功能，也展现出粮仓建造与粮食保存技术。

现存粮仓遗址主要有两类：第一类是隋唐运河沿线的含嘉仓、回洛仓、黎阳仓等。这类修建于隋代和唐代的粮仓都是向地下挖掘后，建在地面以下的。第二类是元明清大运河沿线的富义仓、南新仓。这类粮仓建设于明清时期，是建于地面上的砖木结构建筑。其实大运河上还有一类粮仓就是宋元粮仓，在大运河申遗过程中曾经在镇江发现了宋元粮仓遗址，可惜因保护不力，没有完整地保存下来，未能作为运河遗产价值的支撑实证。

一、隋唐粮仓

大运河沿线的隋代回洛仓、隋沿用至宋代的黎阳仓、唐代皇城中的含嘉仓，都是国家性漕运粮仓。回洛仓仓城保存完整，规模宏大，仓窖已探明数量达 200 余个，仓城面积为 22m²；含嘉仓仓窖个体储量惊人（160 号仓窖发现时尚遗存 25 万 kg 粮食）；黎阳仓沿用时间由隋至宋达 500 余年，见证了由地下仓至地上库的粮食仓储方式变化过程。仓城内的水道与码头遗迹，体现了运河水道可直达仓城内部进行漕粮装卸的历史场景。仓储设施反映了不同历史时期，在大运河关键节点设置的仓储设施体系规模和形制，体现了大运河作为国家漕运通道的主体功能，也展现出在隋唐时期的粮仓建造与粮食保存技术，是大运河漕运文化的一个重要印证。

1. 含嘉仓

含嘉仓是隋炀帝建东都洛阳城时在城东所建，供东都百官、皇室之需。含嘉仓的规模有粮窖 400 座以上，每座粮窖储约 50 万斤粮食。据此推断，含嘉仓可储粮 12.5 万 t，并沿用至唐末。

含嘉仓建于隋大业元年（605），与通济渠开凿于同一时间，唐以后正式作为东都洛阳的大型粮仓沿用。文献记载，唐天宝年间，全国储粮约 1200 万石，而仅整个含嘉仓的粮食储量就达到 580 万石。

1970 年，洛阳博物馆对含嘉仓遗址进行了钻探和重点发掘，发现仓城的东西长

612m，南北宽 710m，总面积 43 万 m²，探出粮仓 287 座，发掘粮窖 40 余座。据统计，含嘉仓共有圆形仓窖 400 余个。大窖可储粮 1 万石以上，小窖也可储粮数千石。据《中学教学实用全书·历史卷》介绍："唐天宝 8 年总储粮量约为 5833400 石。仅唐德宗贞元十四年（798），一次出粜粟就达 7 万石。其主要积江淮之米，西运至太原仓，以实关中。"储存粮食最重要的是防潮湿。含嘉仓储粮的窖都在地下，最深为 12m，一般为 7～9m。粮窖口大底小，窖口最大直径为 18m，一般为 10～16m。窖底夯实后，用火烘干，周壁和窖底铺设草、木板、糠、席等物，然后储粮，粮入窖后，上面铺席，堆糠和垫草。窖顶为圆锥形，最外层是厚厚的黄泥。整个仓窖防潮、密封，温度又低，能很好地保存粮食。据《中国古代最大的粮仓——含嘉仓》一文介绍："在已发掘的仓窖中，出有刻字砖，记载仓窖位置、粗粮来源、入窖年月以及授领粟官的职务、姓名等。砖文所记大都是唐高宗、武则天和唐玄宗时期，有调露、天授、长寿、圣历和开元等年号。粮仓储存的粮食品种有糙米、粟、小豆等。其来源有苏州、徐州、楚州、润州（镇江）、滁州、隋州（邢台）、冀州（河北冀县）、德州、濮州（山东濮县）和魏州（河北大名）等地。其中一个窖里，存有北宋时放进的 50 万斤谷子，至 1969 年考古发现时大都颗粒完整。"

含嘉仓遗址中出土的大量炭化的谷物和记有粮食来源的铭文砖，说明这处唐代的皇家粮仓中，储存了大量来自中国南方长江下游几个省区的粮食，进一步佐证了运河与漕运的密切关系。

图 4-17　含嘉仓 160 号仓窖遗址

2. 回洛仓

回洛仓是隋代大运河沿线的大型国家性漕仓之一，全面反映了隋代漕运粮食储藏的情况，是隋代大运河漕运情况的实物见证。

回洛仓始建于隋大业二年（606），《隋书·食货志》载："炀帝即位……始建东都……每月役丁二百万人。徙洛州部内人及天下诸州富商大贾数万家，以实之。新置兴洛及回洛仓。"《资治通鉴》卷一八○记载："炀帝大业二年十二月，置回洛仓于

图 4-18　回洛仓仓窖遗址

洛阳北七里,仓城周回十里,穿三百窖。"

回洛仓后毁于隋末农民战争,使用时间较短,之后逐渐荒废埋于地下。回洛仓遗址位于隋唐洛阳城宫城以北 3.5km、今洛阳市北郊瀍河区邙山南麓,现为村民的耕地。2004 年 6 月,在第一拖拉机厂东方红轮胎有限公司整体搬迁改造工程中,考古钻探人员发现仓窖 71 座、古代道路 3 条、古代墓葬数百座。截至 2013 年 1 月,考古人员已布大小探方 11 个,发掘总面积 4000m²。

史书记载,回洛仓的粮食到了唐贞观年间依然可以食用,因此回洛仓保存粮食水平之高让后人叹为观止。

3. 黎阳仓

黎阳仓是隋代永济渠沿线规模最大的官仓,与洛口仓齐名,是隋代运河漕运的历史见证。位于河南省鹤壁市浚县伾山街道办事处东关村东,地处大伾山北麓,东邻黄河故道,东北距黎阳城遗址约 1km,西距卫河约 1.5km。遗址因地处大伾山山麓,总体呈南高北低地形。遗址多处断崖有砖瓦残块叠压,地表发现有绳纹瓦、方格纹瓦、绳纹陶片、带菱形花纹的薄砖、带有"官"字印记的布纹板瓦、带有装饰图的筒瓦碎块等。

2011 年 12 月,河南省文物考古研究所对黎阳仓遗址进行发掘。截至 2012 年 6 月底,共发掘大小探方 25 个,探沟 4 条,发掘总面积 2252m²。《探访浚县古文明之黎阳仓遗址》一文介绍:"通过勘探发掘,已摸清黎阳仓仓城平面布局近正方形,东西约 260m,南北约 280m,总面积约 78800m²;已探明粮仓中心区仓窖 84 座(其中发掘仓窖两个),占仓城面积的五分之四,仓窖直径多为 8～14m,按平均容积计算,黎阳仓总储粮量超 3000 万斤,可供 8 万成年人吃一年。出土陶、瓷标本残片万余件,编号在册出土文物 400 多件,其中建筑材料板瓦、筒瓦占 90%以上,带'官'字款板瓦 200 余件。"(《探访浚县古文明之黎阳仓遗址》)

从出土的陶瓷标本和地层叠压关系看,自隋代建立起,黎阳仓横跨隋唐宋三代,沿用了600年。隋开皇三年(583)置,利用黄河向京师长安转运关东粮食。黎阳仓规模很大,宋代张舜民《画墁录》:"余曾过大伾,仓窖犹存,各容数十万,遍冒一山之上。"元代汲郡王恽《游东山记》:

图4-19 黎阳仓发掘现场

"遥径北麓,穿苍(仓)城,按观隋唐廪制。"杨玄感在黎阳仓起兵反隋、瓦岗军攻占黎阳仓、宇文化及与瓦岗军争夺黎阳仓大战等一系列重大历史事件,更使黎阳仓名垂青史。唐宋两代沿用黎阳仓,利用大运河漕运河北粮储以供应京师。北宋政和年间(1111—1118)黄河改道,黎阳仓渐废。

大运河申遗成功后,鹤壁市文物部门对黎阳仓进行了整体保护与展示,建了考古展示大棚,向世人展示黎阳仓的独特工艺。

二、明清粮仓

1. 南新仓

南新仓位于北京东四十条22号,是明清两代皇家仓库之一。《皇家粮仓》一文介绍:"明永乐九年(1411),征调30万民工疏通元代的河道,开展漕运,使江南粮食得以源源不断运至北方,为此,后来在通州及北京逐步修建了包括南新仓在内的许多粮仓。清代仍实行南粮北运,官家仓廒仍盛。清初时南新仓为30廒,后屡有增建,到清乾隆时,已增至76廒。清乾隆中期以后,贮粮日益减少。到清道光年间,该仓贮粮比清初大幅度减少。中华民国时,南新仓改为军火库,中华人民共和国成立后成为北京市百货公司仓库。由于近十数年新建频仍,又拆了几座仓,现剩9廒。"

南新仓是中国仅有、北京现存规模较大、现状保存较为完好的古代储粮仓廒群落,具有较高的历史价值和文物价值。从南新仓的历史可以看出,南新仓是元、明、清时期南粮北运的产物,是南粮济京的重要代表性建筑,也是中国古代南北方生活资料调剂的见证。同时,南新仓还是南北大运河的终点所在,对研究中国运河史有着重大价值。

此外，南新仓是中国现存古建筑中的一个特殊类型的建筑，它巧妙的布局、结构和形制以及一套完整的运作方式和管理制度，代表了中国古代劳动人民高超的智慧，是研究古代仓储制度和仓房建筑的宝贵实物资料。

2. 富义仓

富义仓是江南运河杭州塘运河沿岸保存较完整的古代城市公共仓储建筑群，位于杭州市拱墅区运河主航道与支流胜利河的交叉口附近，便于粮食的收储与转运。

富义仓始建于清代光绪年间，占地约 2.36m²，是清代国家战略粮食储备仓库。原有四排仓储式长房，现尚存三排，基本格局尚存，卸货的码头仍在。它是杭州城北部地区重要的仓储建筑群，见证了历史上米市、仓储和码头装卸业等经济业态曾经的发展、繁荣。富义仓与北京的南新仓并称为"天下粮仓"，有"北有南新仓，南有富义仓"之说。

图 4-20　南新仓旧址　　　　　　　　　　　图 4-21　富义仓

三、大运河粮仓的科技价值

地窖储粮是我国古代劳动人民在长期的生产斗争实践中创造出的一种方法，其科技价值至今仍有借鉴作用。首先，地窖储粮窖仓形制结构科学，采用口大底小的设计，增大了仓窖稳固性和存粮容量；其次，地窖储粮采用了完备的防潮技术，窖仓刚性防水和多种防潮措施并用，粮食存储效果好；最后，低碳的仓储形式，确保自然状态下低温、恒温、低氧的绿色储粮效果。因此，含嘉仓、回洛仓的建造技术彰显了我们古代先民的储粮智慧，所展现的技术水平和建造工艺均超越了时代，并对后世窖仓建设工艺和粮食存储技术产生了深远影响。

1. 规划建设上与运河的关系

大运河沿线,建于隋代的回洛仓、自隋沿用至宋代的黎阳仓、唐代皇城中的含嘉仓仓窖,都是国家性漕运粮仓。从仓城内的水道与码头遗迹,人们可以想象运河水道可直达仓城内部进行漕粮装卸的历史场景。仓储设施展现了不同历史时期,在大运河关键节点设置的仓储设施体系规模和形制,实证了大运河作为国家漕运通道的主体功能,也说明隋唐时期的粮仓建造与粮食保存技术高超。

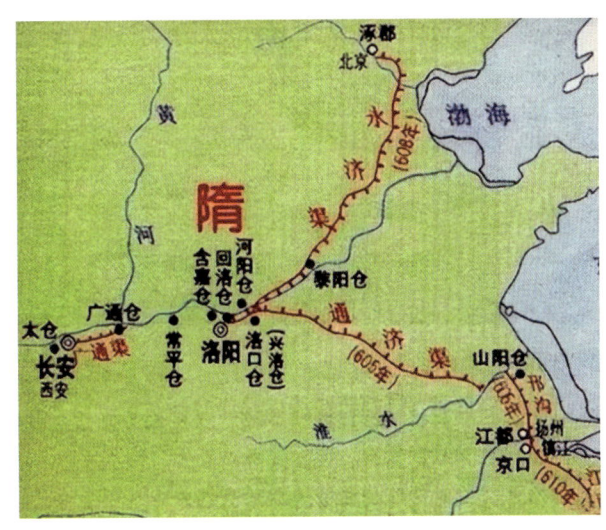

图 4-22 隋代大运河沿线的粮仓

隋开皇三年(583),开始设置水运仓储。其中黎阳仓建于隋代早期,位于今河南省浚县西南大伾山麓,西临永济渠,东临黄河。永济渠开通后,这里成为漕粮的集散地,并成为永济渠和黄河之间的转运仓。隋炀帝征辽东时,黎阳仓曾作为北运军粮的重要漕运枢纽起到重要作用。黎阳仓沿用时间由隋至宋长达5个世纪,在建筑工艺上,见证了由地下仓至地上库的粮食仓储方式变化过程。

回洛仓建于隋大业二年(606),位于洛阳北七里,规模宏大,仓城周回十里,包括两百多座仓窖,是隋代洛阳周边最重要的储粮仓库。含嘉仓还是一个转运仓,据记载,含嘉仓不仅供应当时洛阳城的粮食,还起着关东和关中之间漕米转运站的作用。到了唐代朝廷还规定,东都洛阳以东的租米都先集中在含嘉仓,再由含嘉仓通过陆路运至陕州(今属三门峡)。含嘉仓仓窖个体储量惊人,发掘时考古人员发现窖内堆积着大半窖的炭化谷物,按160号仓窖内出土的谷物量推算,该仓在当年储藏时的体量约250t。文献记载,唐天宝年间,全国储粮约1200万石,而仅整个含嘉仓的粮食储量就达到580万石。

2. 特殊的防潮技术

考古实践也表明,含嘉仓160号仓窖位于仓城中部。1972年经发掘清理,仓窖口呈圆形,直径11.1m,窖底有两层,上层为平底,下层为圜底,上层窖底是在下层窖底废弃后的面上填土筑成，窖总深 6.2m。

含嘉仓 160 号窖被发掘时，窖里的粮食粒粒分明，有的呈棕色、有的发黄。考古工作者利用仪器检测，发现这些粮食颗粒 48% 被炭化，52% 是有机物。其中在粮窖的木板缝隙中发现的谷子样颗粒，竟在取出的第二天发芽。惊讶之余，专家又将这颗发了芽的种子送往当时的洛阳农业科学研究所培养。不出所料，这些在地下埋藏了千年之久的种子所萌发的幼苗，竟神奇般地成长结穗，与正常新鲜的谷物一般无二。地下仓窖最大的技术难题就是防潮，究竟是什么使仓窖内的种子依旧保存完好，甚至千年之后仍然可以种植呢？

其一，考古学家与地理学家共同研究认为，含嘉仓的选址十分科学，含嘉仓所处的位置是洛阳城内地势较高的地方，地下水位较低土质较干燥。因此，仓储谷粒不容易受到湿气的侵袭而导致发霉。

其二，含嘉仓的建仓方法十分独特。施工时，先从地面向下挖一个口大底小、中部有点弧形外鼓的圆缸形土窖，并将窖壁和底部仔细夯实，防止窖底下沉。然后防水防潮处理：先把窖壁窖底进行火烤，让其变得相当坚硬致密，这样做能起到防潮作用并进一步加固窖体。再铺抹一层青膏泥防水层，窖底铺设木板和草，上面铺设防潮用的竹席。接着在四周窖壁镶砌护壁木板，有的窖在木板和储粮之间还夹有围席和谷糠。据研究，壁板的镶砌可能和储粮是同时进行的，随储粮随镶砌壁板。镶砌壁板可以使窖内所储粮食的压力通过壁板分散在仓窖的周壁上，减轻下层壁板的荷载，使仓窖更坚固。待装入粮食后，用席、谷糠、土盖顶密封。最后搭建窖顶建筑，常用木架圆锥

图 4-23　含嘉仓仓窖示意图

图 4-24　回洛仓仓窖遗址

形草顶结构，然后铺筑木板或草，上面再加铺谷糠和席，窖壁用木板砌成。

第三，在放置粮食时并没有一次性加入，而是在两层草席中间设置一层谷糠作为分隔层，粮食被分成了很多层，既保证了阻隔霉的扩散，又避免过厚的稻谷层发热的情况。

此外，当仓窖被封土封存后，人们还会在仓窖封土上方种上一棵小树苗，如果仓窖内的粮食发热或者发芽，小树苗就会随之泛黄。正是在这环环相扣的设计与保护之下，才成就了含嘉仓"储粮千年而不腐"的奇迹。

3. 先进的管理技术

隋代通济渠、永济渠的开通，形成了政治中心与经济中心的连通，作为水运枢纽的洛阳，成为漕粮与物资转运的集散地。为适应漕粮从江南各地集中运输到北方的运输中转，隋代开始建设一系列漕粮储存仓和中途转运仓场，并初步形成了水运储仓体系。到了唐代，这一体系不断完善，形成相对独立的管理体系。考古人员在含嘉仓先后发掘了19座粮窖，其中9座出土有刻铭砖。铭砖实际上是随同粮食密封于仓窖内的账簿。

图 4-25 含嘉仓遗址出土的刻铭砖

如含嘉仓19号仓窖中发掘出土的唐代记载仓窖储粮情况的刻铭砖，长、宽各33cm，厚6cm，上有10行字的刻文，记载了窖内储粮的时间、数量、品种、来源、仓窖位置及授领粮食的官员姓名，从中可以溯源漕粮的供应地。从含嘉仓窖内出土的刻铭砖上记载的内容看，含嘉仓的储粮来源主要是河北、山东、河南、江苏、安徽等地。从含嘉仓的刻铭砖记载的仓窖位置、粮食来源、品种、数量、时间及仓窖的管理人员等信息，可以看出当时粮食储存管理已经实现制度化、科学化。含嘉仓有粮窖400座以上，每座粮窖储约50万斤粮食。据此推断，含嘉仓约储粮12.5万t，并沿用至唐末。另一粮仓回洛仓是隋代大运河沿线的大型国家性漕仓之一，具有完整的仓城格局和众多仓窖遗址，全面反映了隋代漕运粮食储藏的情况。根据2012年最新考古成果，回洛仓仓城可分为管理区、仓窖区、道路等几个部分。

经过一系列漕粮仓储的建设，隋代初步形成了漕粮运输仓储管理体系。唐代的仓窖体系的布局，以隋代为基础，基本沿用。到北宋时期，首都汴京（今开封），居民加上几十万禁军有常住人口约 150 万人，对汴河漕运的依赖程度超过唐代。宋代漕运量在北宋太平兴国年间（976—984）约为 400 万石[1]，北宋至道初年（995）汴河漕运量 580 万石。北宋景德四年（1007）时为 600 万石，北宋大中祥符初（1008）为 700 万石，仁宗时多至 800 万石，后有所减少。每年各州为漕运造船 2000～3000 艘。自淮南入汴河，常有船 6000 只，可见宋代漕运规模的庞大。其相关的管理制度也不断完善。

4. 明清粮仓的建造技术

作为地上仓，明清粮仓的建造技术与隋唐粮仓又有显著的不同。南新仓又称东门仓，位于北京市东城区东四十条 22 号，始建于明永乐七年（1409），是明、清两代北京重要的粮仓之一。南新仓仓周用大城砖砌成瓦顶围墙，仓房亦为砖砌，五花山墙，悬山合瓦清水脊顶，前有罩门。合瓦屋面上施瓦条脊，两端原有蝎子尾。这些都代表了当时建筑的成就。仓内主要建筑有廒座、龙门、官厅、监督值班所、官役值班所、科房、大堂、更房、警钟楼、激桶库、太仓殿、水井、辕门、仓神庙和土地祠，以及巡警驻扎所。廒是储粮的库房，明清时期数十廒或百廒为一仓，每廒五间。

清代南新仓仓廒的建筑十分讲究，其技术较之元、明有较大改进。

一是在选址上，仓廒的位置选在地势较高、阳光充足、通风透气的地方建房舍，四周筑有高大的围墙，地下修有排水管道，各仓内外还凿有水井用于防火。

二是为了防潮，每座仓廒的地基都是三合土夯筑的，然后均匀铺撒一层白灰，再用砖铺作为地面，上加棱木，铺满松板；墙壁有护墙板，门辅以门罩。

三是为了保证廒内的空气流通，墙上部有窗，墙根双向都有气洞。屋顶开有气楼，房屋内周圈贴樟木板，以防止虫蛀。怕鸟儿啄食粮，窗上还插有竹篾编成的隔孔。

四是廒的墙体很厚，底部厚约 1.5m，顶部约为 1m，墙体收分很大，建造如此之厚的墙体，可以使粮仓内部保持相对恒温。南新仓的建筑方法和措施，既防潮又保证通风，使仓粮历久不坏。

从外表看，南新仓灰砖灰瓦类似普通民房，实际上廒房建筑有着许多科学的特殊设计，其建筑与普通民房最大的不同是可以用高、厚、斜来概括。高指的是廒房高度可以达到 7.5m，加上气楼超过 9m。房屋结构基本采用独棵圆木组合成中国传统木架结构，中间四梁八柱，五花山墙，两山插柁，前后有柱，中间排山柱直达屋顶。两边砖墙高大约 4m，不是一般民房可及。厚指的是墙厚，仓廒的墙厚度为 1.0～1.5m，

---

[1] 宋代 1 石合 92.5 宋斤，宋代 1 市斤为 640g，因此一石大米就有 59200g，即 59.2kg。（沈括的《梦溪笔谈》卷三有"凡石者以九十二斤半为法，乃汉秤三百四十一斤也"）。

可以保证内部温度恒定，而普通的民房墙厚最多 0.45m。斜指的是墙斜。为了承受巨大荷载，仓厫墙全部用大块城砖砌筑，每块砖长 45.5cm，宽 22.5cm，高 11.5cm，重 25kg。不但厫墙厚度下大上小呈梯形，四侧外墙立面也并非直立而呈梯形。

杭州富义仓选址在大运河与胜利河的交汇处，方便粮食的运输。富义仓的门厅坐北朝南，占地面积达 10 亩，主仓东西向排列，四列三进，一层砖木结构，硬山造。富义仓内部由五六十间粮仓组成，每间约 20m^2，可存储四五万石谷物。此外，还有砻场、碓房、司事者居室等辅助设施。作为古代运河仓储建筑群，防潮防霉是一道必须攻克的难题。因此富义仓的建筑跟民居、官府都很不一样。仓库南北向，都只有一层，砖木结构，尖尖的屋顶。每排平房都狭长而规整，面阔 8 间，宽度可达 30m 左右，方便空气流通。为了防止水淹，仓库室内地坪高出室外 60cm 左右，竟然达到普通人膝盖以上的位置。仓库四周还有排水明沟，沟宽约 3m，条石砌筑。夯土墙墙体厚达 60～80cm，转角、门边用砖墙加固，建造厚墙，可以使粮仓内部保持相对恒温，使仓粮历久不坏。储粮的 2～10 号楼地板先铺木档，然后用木板做隔层，与现在的装修打地垄一样。作为储粮的谷仓，防霉防潮很重要。富义仓的地板是用榆木做的，历经几百年的风雨，仍然非常结实。富义仓下面，曾经还发现过一层 50cm 高的防霉架空层。

图 4-26　富义仓仓房

第四节　中国大运河造船技术

水上交通离不开船，早在远古时代，我们的祖先就已制造并使用水上交通工具。古籍中就有黄帝做舟车的传说。商代甲骨文中的"舟"字，是用多块木板拼成的船的形象。目前发现的最原始的水上交通工具是桴和舟。在新石器时代的许多文化遗址中，都有陶制的船模型出土。考古人员在浙江余姚的河姆渡遗址中发现了船桨，在浙江萧山的跨湖桥遗址中发现了堪称"中华第一舟"的独木舟，距今已有 7000 多年。因为大运河在中国古代是最重要的内河航运通道，因此中国的造船技术也是随着大运河而发展成长的。

一、大运河造船技术发展历史

1. 春秋战国时期的运河造船技术

《左传》记载的秦晋"泛舟之役",是中国历史上第一次有明确记载的长里程内陆河道水上运输。早在邗沟开通的时期,吴国的造船业就发展起来了。《汉书·五行志》称"吴地以船为家,以鱼为食"。而当时的吴国所建造的船,单就运输能力看,"一船之载当中国数十辆车"。吴国打造了中国历史上第一支职业水军。当时的水师已拥有艅艎、大翼、小翼、突冒、楼船、桥船等多种战船,艅艎为史上著名的舟师旗舰,"艅艎鹢首,涉川之良器也"。战国时就已出现水军作战的楼船,船分两层,水手居下层划桨,为战船提供动力,战士居上层,击鼓、作战。而运河的开通,进一步加强了江河湖海之间的联系,伴随军事、漕运、贸易的需要,进一步促进了运河区域我国古代造船业的快速发展。

2. 秦汉魏晋南北朝时期的运河造船技术

秦汉时期,漕运和战争的需要,促进了造船业的发展。两汉时期,我国造船业尤其是运河区域的造船业迎来第一个高峰。最迟在秦汉时,帆船已经出现。据西汉《南州异物志》记载:汉朝的帆船设计有4个风帆,为使船只在逆风下依然能高速航行,风帆不直接迎风,而是横向且稍倾斜地迎风。西汉时期最大的船长20m,宽10m,可容纳700人或260t以上货物。《南齐书》卷五二记载科学家祖冲之(429—500)进一步改良了大船,装上桨轮,人以脚踏踩车轮推动船只前行,"于新亭江试之,日行百余里",为后来船舶动力的改进提供了新思路,在造船史上占有重要地位。

图 4-27 大翼船模型

到了三国时期，由于水战频繁，造船业迅速发展。曹操进攻袁绍时，开永济渠的前身白沟，组织了强大的水军。"建安十四年，王师东征，泛舟万艘。"[1] 当然，他的舰队还不是最强的，在进攻孙权的赤壁之战中就因指挥水军不力，被孙刘联军所败。而孙权所在的江东河道纵横，以水军为主，造船业在三国中最为发达。所谓"吴王浮江万艘，带甲兵百万"[2]。吴国的造船技术也更加先进，最大的楼船上下5层，可载3000人，这样大体量的船，放在今天也是航空母舰级别了。除楼船外，还有专供进攻用的蒙冲舰、斗舰，船体狭长，航行速度快。可以说，吴国能够偏安江南，主要靠的是强大的水军。除战船外，吴国还生产大量的客船、货船、官船，当时的造船业实力可见一斑。

东晋南朝造船业持续发展，东晋多次北伐，都是以水军配合陆军。刘裕灭后秦时，大将军王镇恶所率领的水军引起北军惊恐，因为"镇恶所乘皆蒙冲小舰，行船者悉在舰内，舰外不见行船之人，北士莫不惊惋，咸谓为神"，北军看不到行船的人，以为是神兵，所以不战而降。刘宋孝武帝渡六合"龙舟翔凤以下，三千四百五十艘。舟航之盛，三代二京无比。"[3]

3. 隋唐宋时期的运河造船技术

隋代南北大运河沟通之后，由于漕运的需要，水上交通运输业快速发展，造船业进入一个新的发展时期，造船的规模、数量、种类都有很大的增长。随着南北统一，我国运河地区的造船业进入成熟期，发明了许多先进的造船技术。隋代采用榫结合铁钉钉联的先进方法，建造出特大型龙舟。隋大业元年（605）炀帝要下江都，于三月遣黄门侍郎王弘等"往江南造龙舟及杂船数万艘"。这年八月，炀帝正式巡幸江都，王弘便"遣龙舟奉迎"。[4] 工匠们仅用5个月时间就造好了上万艘船，可见造船的速度之快。随着造船业的发展，造船的技术也得到很大提高。隋代的龙舟规模很大，但船体结构的强度是一个问题。当时造船工匠采用在船底铺龙骨，沿船舷纵向铺设大板，并用多根大木相连的办法，形成了船体的受力结构，从而解了这一问题。

唐初，为了进攻辽东，唐太宗李世民于贞观十八年（644）七月，"敕将作太监阎立德等诣洪、饶、江三州，造船四百艘以载军粮。"[5] 唐贞观二十一年（647）八月，"敕宋州刺史王波利等发江南十二州工人造大船数百艘，欲以征高丽"。这说明，唐代江

---

[1]《三国志·魏书·武帝纪》。
[2]《三国志·吴书·孙权传》。
[3]《初学记》卷25《舟十一》。
[4]《资治通鉴》。
[5]《资治通鉴》。

图 4-28　扬州工匠制作的金银细工摆件《大隋龙舟》

南地区已成为造船业的重要基地。

　　唐代后期,刘晏整顿漕运时,在扬州设立了 10 个造船场,制造大小不同、能适应各种水势和具有特殊结构的各类运船,适应于汴河航行的称为"歇艎支江船","每船受千斛,十船为纲,每纲三百人,篙工五十"。[1] 共 2000 艘,每艘载重千斛;适应于上三门险滩(砥柱)的是一种被称为"上门填阙船"的船(《新唐书·食货志》),可见当时运送漕粮的船队是相当壮观的。唐代的车轮战船在中国造船史上也是值得一提的,唐德宗时制造出的脚踏木轮推进船,船身小,不用风帆,用人力踏动转轮,由轮带动桨叶拨水,推进船前行。直到 15 世纪,欧洲才出现这类船。

　　1996 年 3 月,扬州施桥镇运河中出土了一艘唐代竞渡舟,长 13.6m、宽 0.75m、内深 0.56m,用整根楠木挖成。它所展现的技术反映了唐代扬州已具备高超的造船技术。唐宋时期,无论从船舶的数量上还是造船技术上,都体现出我国造船事业的高度发展。这一时期造船业的发达和变化,主要表现为三个特点:一是船体增大,结构合理;二是造船数量不断增多;三是造船工艺更加先进。唐代已普遍采用先进的钉接榫合的连接工艺造船,大大提高船的强度。于 1960 年在扬州出土的唐代木船已设置有水密隔舱,这是世界上至今所发现的最早的水密隔舱。水密隔舱技术是中华民族对世界造船业的又一个大贡献。

　　20 世纪末至 21 世纪初,人们在柳孜运河遗址出土了 8 艘沉船,其中有一艘唐代

---

[1]《新唐书·食货志三》。

货船。虽然出土时船头缺损，只留下部分船身，但是船体结构严密、工艺精良、用材合理，反映了当时运河漕船造船工艺的特点。更重要的是这艘唐代货船尾部设立了拖舵，武汉理工大学古船研究专家席龙飞教授研究，这个像大扫把一样的尾舵在中国造船史上有着重要的研究价值。这种尾舵是原始手握舵到北宋时期垂直转向舵的过渡型舵，实物为首次发现，席龙飞教授亲切地称它为"淮北舵"，并认为"淮北舵"的发现在船舶操纵器发展史上具有里程碑地位。

宋代的造船业甚为发达，造船作坊主要分布在运河沿线的江、淮、浙等地，临安、平江、镇江、楚州、泗州、秀州（今嘉兴）等都是当时的造船中心。1987年，广东阳江海域发现了一艘宋代沉船，后被命名为"南海一号"，这是一艘南宋初期由海上丝绸之路向外运送瓷器时失事沉没的木质古沉船，船上发现了众多陶瓷制品，出水文物共8万件，且有不少是价值连城的国宝级文物。当时这艘古船从广州港驶出，赴新加坡、印度等东南亚地区或中东地区进行海外贸易。这艘船充分说明宋代的造船水平之高。

宋朝时期的船舶已普遍设置水密隔舱，大船会设置数舱乃至数十舱。这一时期，指南针已被应用于航海，进一步提高了航行的准确度。宋朝还进一步发展了始于南朝的桨轮船制造工艺，制造出的大型战船，是现代轮船的雏形。宋代的造船业比较发达，在北方的东京（开封）、相州（河南安阳）等地都设有官办的造船厂——船坞、船坊；在南方的杭州、明州（浙江宁波）、温州、广州等地，也都设有这类官营船厂。民营的造船厂也十分发达。南宋的造船业，比北宋更为发达，当时的造船中心在临安（杭州）、建康（南京）和平江（苏州）三地，扬州、明州、温州、潭州（长沙）、衡州（湖南衡阳）、赣州等地也都设有造船厂，所造车船有的长达二三十丈。

图4-29　扬州博物馆展出的从运河中发掘的独木舟

图4-30　"淮北舵"唐代沉船

4. 元明清时期的运河造船技术

元明两代，我国造船业迎来第三个发展高峰。元代，随着大运河的再次贯通，漕运的需求更加旺盛，同时，元代致力于发展海、河运输和扩建水军，造船的能力和技术均较前代有所提高。元代初期仅水师战舰就有 17900 艘。元军往往为一次战役就能一举建造几千艘战船。元代时，阿拉伯人的远洋航行逐渐衰落，在南洋、印度洋一带航行的大多是中国的四桅远洋海船。中国在航海船舶方面居于世界首位，其性能远远优于阿拉伯船。元至正二年（1342），摩洛哥人伊本·白图泰来到泉州。他在后来的《伊本·白图泰游记》中说，在印度洋曾目击很多中国商船，"每一大船役使千人……此种巨船只在中国的刺桐城制造，或在广州制造"。

明代的造船业是中国古代造船业的顶峰。明永乐时迁都北京，漕运粮食的漕船用量大增。郑和下西洋也促进了造船业的发展，造船工场遍布于全国滨江沿海各地，尤以江苏、福建、湖广、浙江等地最为发达。除民办的以外，还有官办的。明洪武二十六年（1393），明朝政府规定："如或新造海运船只，须要量度产木、水便地方差人打造。"根据这个原则，各地出现了一大批官办船厂，其中最大的有南京的龙江船厂、淮安的清江船厂、山东的清河船厂等。《明史·职官志工部》则按用途，把船分为江海转运的漕船、江河交通的杂用船和海防备倭的江海兵船三大类。这些分类充

图 4-31　古代造船厂模型

分体现明代船型之多、分类之细。这些船厂规模大，组织严密，工种齐全。如龙江船厂，占地8100亩，仿照明代城市居民的坊厢组织，按专业性质分为四厢：一厢制木梭橹；二厢制造船木、铁件及缆；三厢修补旧船；四厢制造棕篷等物。

造船技术的完善，为海上远航提供了技术支撑。郑和下西洋是明永乐、宣德年间的一场海上远航活动，首次航行始于明永乐三年（1405），末次航行结束于明宣德八年（1433），共计7次。在7次航行中，郑和率领船队从南京出发，在江苏太仓的刘家港集结，至福建福州长乐太平港驻泊伺风开洋。

明初的造船业产能是惊人的。仅据《成祖实录》所做的不完全统计，明永乐时期中的12年，就造了2735艘海船。明代造船的特点一是船体增大，二是船型名目繁多。明代船舶最大的，要算郑和下西洋的大型宝船，"长肆拾肆丈肆尺，阔壹拾捌丈"。根据明朝规定的斛斗称尺制度，当时的1尺相当于31cm。换算下来，大宝船的长与宽约为138m和56m。据英国学者米尔斯推算，郑和大宝船的载重量约为2500t，排水量为3100t。这样的巨船，"盖古所未有"。

明代造船业的制造技术和船只生产量，都居于当时世界各国的前列，英国著名的科学史家李约瑟指出："在造船方面，中国曾远远走在欧洲的前面。"明朝造船工场分布之广、规模之大、配套之全，在历史上是空前的，达到了我国古代造船史上的最高水平。正是有了这样雄厚的造船业基础，才会有郑和7次下西洋的远航壮举。

明代的漕船大体上可分为河运和海运两类。河运的漕船一般称为"浅船"，即"转漕于河"的运船，通常多为"四百料"的浅船，也有"五百料"或"二百料"的浅船。海运的漕船称为"遮洋船"，即"转漕于海"的运船，通常多为"一千料"，载运量千石以上。

明初曾设龙江提举司修造运船。明永乐十二年（1414）则在淮安和临清分别"设清江、卫河两提举司"负责"督造运船"，始罢龙江提举司修造。清江厂主要承造南京、江西、湖广和浙江各总运船，每年"额造"运船650余只；卫河厂则承造遮洋海船并山东、北直隶三总运船，每年"额造"运船150余只。自明中期以后，由于每年派遣漕船任务越来越重，仅靠清江、卫河二厂承造已不敷供应，所以朝廷责成各地运军自行设厂承造。清江厂实际上成为明代最大的船厂。

进入清代，造船业继续发展，出现了沙飞船这样一种多用途的船。据说，沙飞船是扬州沙氏所造，骨架选用榆、樟树等杂木，旁板采用优质杉木，船体坚实。船型舱深宽大，稳定性良好。由于航速快如飞，故被称为"沙飞船"。康熙帝六次南巡视察，沙飞船就是伴驾船，乾隆时沙飞船被定为御舟之一。在杭州，用材考究的沙飞船则是演艺船，其长方形的棚顶以坚固著称，可供京、昆、越剧团演出。

清代后期，欧洲资本主义兴起，蒸汽动力船兴起。运河造船业吸引外来技术也得到了发展。漕运船也得到发展，无锡工匠独创了适合运河运输的"西漳船"。以无锡西漳这个地名命名。"西漳船"是无锡徐姓船场综合多种船型改良而成：船头船尾从方形改为圆弧形，减小了航行阻力；官船上也加装了"龙骨梃"，增加了船体强度；同时船体船舱加宽，扩大了装载量。船上固定顶棚也改为可拆装，方便了上下货。改进后的"西漳船"更为实用，具有自重轻、舱容大、吃水浅、阻力小、航速快、易装卸等特点，一般的可载货3万～4万斤，一只大船可载货物15万斤。尤其适宜在水浅湾多的江南航行，成为江、浙运河地区的主力货船。因优势突出，广受市场欢迎，很快被各船厂仿造，名噪大江南北。

二、大运河上的船

当大运河成为漕运的载体后，运河上的船以运送粮食的漕船为主。漕船需要长时间航行在运河上。当大运河成为人们旅行的通道时，运河上是万舟骈集，除漕船外，还有公务用船、商船、民船、贡船，以及载客的客船，甚至有皇帝的龙舟。

1. 皇帝的龙舟

皇帝的龙舟中，最出名的还得数隋炀帝下江南乘坐的龙舟。当时，随着大运河的贯通，漕运的兴起，使江南造船业进入一个新发展时期，无论是官府还是民间，造船的规模、数量、种类都有大的发展，造船技术更是得到不断创新。这就给隋炀帝下江都的船队提供了技术上的支撑。

图 4-32 纪念馆陈列的明代船模

图 4-33 复原的西漳大船

隋炀帝第一次下江都的船队气势非凡。《资治通鉴》卷180有一段叙述,大意是大业元年(605)八月十五日,炀帝到江都游玩。他从显仁宫出发,王弘派龙舟来迎接。乙巳(十八日),炀帝乘坐小朱航,从漕渠出洛口,乘坐龙舟。龙舟上有四重建筑,高四十五尺,长二百尺。龙舟最上层是正殿、内殿、东西朝堂;中间两层有一百二十个房间,都用金玉装饰;下层是宫内侍臣住的地方。皇后萧氏乘坐的翔螭舟规制比炀帝乘坐的龙舟要小一些,但装饰没什么不同。另有浮景船九艘,船上建筑有三重,都是水上宫殿。还有漾彩、朱鸟、苍螭、白虎、玄武、飞羽、青凫、陵波、五楼、道场、玄坛、板、黄篾等几千艘船,供后宫、诸王、公主、百官、僧尼、道士、蕃客乘坐,并装载朝廷内外各机构部门进献的物品。又有平乘、青龙、艨艟、艚、八棹、艇舸等几千艘船供十二卫士兵乘坐,并装载兵器帐幕。舟船首尾相接二百余里,灯火照耀江河陆地,骑兵在两岸护卫行进,旌旗蔽野。

2. 运河漕船建造技术

清代出使中国的朝鲜使臣徐有素在《燕行录》中记载了漕船的模样:"出东门观舟泊处,沿江上下十余里,舸舰簇列,皆施丹艧,设篷处施栏杆窗户,炕在其内,隔间分区。船上立大旗竿,高出于樯。以锦辐为旗,各书其标船上什物、樯桅橹柁之属。"除了普通漕船,每个船队都有一艘领运船。另一位朝鲜使臣申锡愚在《潞河漕船记》中描写了来自扬州的领运船的模样:"船长十余丈,上铺板建曾屋,雕栏画栋,文窗绣闼,宛若仙居。屋中排列椅床、帷帐、器玩、书画,俱极华美。"可见领运船更为豪华。还有一种专给皇宫进贡的贡船也引起了朝鲜使臣的兴趣:"上设船屋,有屋、

图4-34 仿古代的龙舟

图4-35 扬州乾隆水上游览线的龙舟

有房、有厨、有楼、有库。制极奇巧,彩亦鲜丽。衣粮家伙无不存焉。"运河贡船不但运粮食,而且运皇宫所需的一切物资,从吃、穿、用物品到建筑物资。

3. 运河上的客船

运河流域的人们以水上交通为主,陆上交通次之,最常见的是乘船。在以船为车、以楫为马的水乡,船是最主要的交通工具,按载重和体积可分为小船、大船,按船篷可分为篷船、袒船,按篷色可分为乌篷船、白篷船,按行船时间可分为埠船和夜航船。

宋代是人们沿运河旅行较多的年代。从张择端的《清明上河图》中可以看出,汴河中的船有货船、客船,还有游船。客船上设有舱室,四周有窗户,就像岸上的房屋。里面有桌椅床铺、茶水饮食,可供客人起居,随时可以打开窗户欣赏两岸风景。《清明上河图》中着重描绘了两艘客船:一艘是装潢特别华丽的纯客船,清一色的花格窗子,前后有两个门楼,船舷也比较宽。透过窗子,可以看到舱内有桌椅等家具,不但有舒适的客舱,而且可以在船上用餐。另一艘是正在行进的客货混装船,之所以有此判断,是因为其船窗板中间与两头不同。有 5 个人在岸上拉纤,船上可以看到有 11 个人。前后舱的窗门是向里支开的,中间舱则向外支开。其货物除了装在底舱之外,中间的上层舱也堆放货物。船上还有 3 个搭船的客人:第一个站在篷顶的前部,在身后有一张小桌,放着杯盘,可能正在饮酒;第二个在船尾敞棚里,背着双手,踱着方步;第三个在尾舱内露出大半个身子。在船的前舱内,一个妇女带着小孩趴在窗口往外看,应当是船主的家眷。由此可以看出,宋代运河上的客船规模还是很大的,有的货船也搭乘客人。

到了清代,运河流域人们外出旅行,最常见的还是乘船。除了南方的乌篷船,在北方的大运河上也有一种乌篷船。作家方言在《大运河情怀》一文中介绍过北方的一种载客的"小急船":"在运河上也曾经有载人的'乌篷船',但在我们这一带运河沿儿上叫作'小急船'。这种船船体不大,灵活方便,能承载三四十人。船上用苇席竹竿等物料搭上顶棚,用

图 4-36 运河上的客船

以避雨和遮阳，船舱内两旁设座，往来在独流、杨柳青、天津之间。"[1] 与南方乌篷船不同的是，小急船上有桅杆、船帆和拉纤工，一般都是四五个人使船，从运河边的独流镇码头到天津城西码头单程超过30km，每天要往返一趟。搭船的人大多是妇女和小孩，那时妇女裹小脚多，不便长途跋涉。

4. 大运河上货船的形制与功能

货船运输是运河的固有功能，除了漕运粮食的货船。到了唐宋时期，运河上还有很多装载其他货物的船。在宋代货船的功能是运载香货、杂物等。货船的舱室一般不开窗，船形制圆短，如三间大屋，户出其背，上下船要靠梯子。《清明上河图》虹桥部分，水面上许多载重货船一艘紧接一艘沿汴河溯流而上，其中一艘正待穿过桥洞。明代货船运送的物资逐步增多，有丝织品、瓷器、鲜活食品、建筑材料，还有木材等。

图 4-37　运盐船

此外，也有药材、茶叶、荸荠、竹笋、荔枝、葡萄等时令鲜果和鲜鱼鲜肉、野味、香油、调料等。清代还有专门的运盐船。

5. 古代运河上的食品保鲜技术

古代运河上也为皇宫和地方官府运送生鲜物品。在明代，仅是为皇帝运送鲜活物资的船就有160艘。因为运输时间长，在没有现代保鲜技术的古代，这些新鲜食品的保鲜成了问题。中国人很早就学会了储存和利用冰来保鲜，历史上各个朝代都开凿了冰窖、冰井用于存冰和为食物保鲜。古代制冰方法主要是在每年的大寒季节凿冰储存，然后把冰块运输到深山和地下的冰窖里，以保持冰的低温。不过因为难以保存，当时的冰很贵，唐代夏天的冰价等同于黄金的价格。因此，在运河上运送的生鲜物资，只有皇家使用的才有用冰冷藏的条件。在北宋时，朝廷有专门设置的"冰井务"掌管冰事。为了给贡品保鲜，朝廷规定，沿途各地都要设置冰窖，以供过往船只冷藏食品。到了

---

[1] 引自方言的《大运河情怀》。

明代，船上已普及了用冰保鲜技术。明人何景云在一首诗中说道："白日宛尘驰驿路，炎天冰雪护江船。"但更多的冷藏措施还是靠在运河沿线设置冰窖，仅清代在京城就设有4处18座冰窖。依靠冰鲜船和沿线的冰窖提供冰块保鲜，南方的生鲜物资可以通过运河送到京城，让权贵阶层享用到新鲜的水产、时令果品等。

6. 古代运河上的游船

古代在运河上就有游船。在《清明上河图》的虹桥部分画卷，有一条游船停靠在虹桥附近。从船的造型看，游船较货船更狭长，装饰似乎也更华丽，两舷有成排的窗户，方便乘坐的游客浏览风光。从这幅画上也可以看出，汴河上的游船并不多，可见北宋时，运河旅游业务并不发达。到了南宋，江南运河沿线的游船才多起来，"西湖画舫尽开，苏堤游人，来往如蚁。"（《梦游录》）明清时，运河上的游船就更多了，沈复在《浮生六记》中就多次写到运河上的游船。此外还有各种用于游艺的船，如苏州的灯船，每逢清明、七月十五、十月一日出会日，画舫悬灯结彩在河中缓慢而行，船上备有船菜、船点，还有艺人表演。

图4-38 运河水乡的游船

图4-39 运河演艺船

第五章
中国大运河建筑科技

中国大运河符合世界文化遗产列入标准中的第四条，就是"一种建筑、建筑群、技术整体或景观的杰出范例，展现历史上一个（或几个）重要发展阶段"。其实中国大运河就是一个建筑群，且不说众多的闸坝、码头、桥梁是建筑，就是一条条人工河道也是人类在大地上留下的杰作，不过我们现在理解的建筑是由地平面往上建的，而大运河河道则是由地平面往下开挖，然后再用夯土或者砖石砌成河渠，以供船只通行。大运河建筑科技也代表了同时代建筑科技的最高成就。

第一节　中国大运河建筑科技的发展历程

一、隋唐时期建筑科技的发展

隋唐时期由于大运河的连通，中国大运河沿线地区交通便捷，经济繁荣，人口流动频繁，信息传递迅速，所以著名建筑鳞次栉比，建筑科技更为发达。

1. 赵州桥与凉殿

洛阳向北，运河沿线最著名的建筑是李春主修的赵州桥（也称安济桥）。坐落在赵州（今河北赵县）南约3km的石桥建于隋大业年间（605—618），距今已有1400多年，是世界上现存最古老的单孔敞肩式石拱桥。该桥造型优美，设计科学，结构合理。长达37.02m的大跨度主孔与四小拱巧妙搭配，既减轻大桥自身的重压，又便于泄洪。28道平行并列的拱券构成大桥主身，承受重力均匀适度，便于施工和维修。又在拱面上置一层横向石板护拱，各券面间安放铁腰，在护拱石与拱背间加置轻拉纤阳钩石，使并列拱横向联系紧密，整个大桥严密合缝，联为一体。安济桥的主拱虽宏大，坡度却非常缓和、气度从容，远望如长虹卧波，近看却轻盈秀美，既古朴浑厚，又空灵有致，加上两侧42块精美浮雕的装饰，更给人以若飞若动，巧夺天工的感觉。

唐代对外开放的水平比较高，所以有许多建筑受到西域诸国影响，充满异国情调。如唐玄宗时期仿自拂林的避暑凉殿。当时，皇宫中避暑使用的"凉殿"（也称凉雨亭子），使人"体生寒栗"，盛夏居之，如处仙境。不少贵族家中也拥有这种消暑设备。这与《旧唐书·拂林传》中所说的拂林人"盛夏之节，人厌嚣热，乃引水潜流上徧于屋宇。机制巧密，人莫之知。观者惟闻屋上泉鸣，俄见四檐飞溜，悬波如瀑，激水成凉气，其巧如此"的方法是同样的。后来，清代圆明园中的某些建筑也采用了这一原理。

2. 园林

就园林而言，隋炀帝所建的洛阳西苑，又称会通苑，规模最为雄伟。唐高宗显庆年间（656—661）又耗资三千多万贯在西苑内新建宿羽、高山二宫，壮观华丽，一时无比。唐代高官的一些私家园林也秀美精巧。长安城南有樊川、杜曲，洛阳南郊有李德裕的平泉庄，周围十几里内有台榭一百多处。牛僧孺在洛阳城内的宅园也占一坊之地。白居易晚年以太子宾客驻守东都，在履道坊有一宅园，此园费时十年营建，占地十余亩，水池、石岛、小亭、竹径、楼馆、廊宇，布局精巧，匠心独运，诗情、画趣与山水、园林交融在一起，具有极高的艺术价值。

二、宋元时期建筑技术的发展

宋元时期，运河地区诸多气势恢宏、建造精巧的殿阁、楼台、庙宇、桥梁、寺塔等建筑，都出自当时能工巧匠之手，其中最突出的代表性人物有喻皓和李诫。

这一时期，在各个运河城市中点缀着大小不等、情趣各异的园林建筑。既有皇家园林、官府园苑，也有贵族官僚文人的私人花园，还有众多的园林式寺院庙宇庭院。

如北宋开封城内的皇家园林，大内御园有延福宫、艮岳等，皇城外则有琼林苑、玉津园、宜春园、含芳园等行宫御苑。宜春园又名东御园，位于汴河南岸，池沼美丽，花卉繁多齐全，宋初曾为宴请新科进士之所。含芳园也称瑞圣园，景致幽雅。琼林苑又称西青城，位于顺天门外道南，内有金明池，皇帝游琼林苑主要是在金明池看龙船争标。龙船争标的盛况曾被画家张择端收入《金明池争标图》画中。

图5-1 金明池争标图

图5-2 杭州西湖

到南宋定都杭州，偏安江南，统治者们更是耽于山水，竞造园林，在西湖绿水黛山之间，各类御园、王府、园囿数以百计。如西湖之南有聚景、真珠、南屏诸园，北有集芳、延祥、玉壶诸园。天竺山下有下竺御园，城南有玉津园，城东有景园、王柳园等。

此外，在苏州、扬州等运河沿岸城市，也有大量的官私园林建筑。如苏州除天平山、灵岩山、东西洞庭湖山等名山胜景建筑外，还有南园、网师园、沧浪亭、狮子林等著名园林。在这些园林中，多是集绘画、诗文、书法以及各种工艺的综合体，表现出运河南部城市园林建筑的艺术精华之所在。

在大运河北端，以大都园林为代表，则体现出北方园林建筑的艺术特色。元代大都园林以太液池为代表。太液池位于官城之西，以金水河为源，池中建有两个小岛，南北峙立。南岛称瀛洲，上建仪天殿。北岛称琼华岛，上建富丽堂皇的广寒殿，殿中有12根柱子，刻有云龙，以金绘饰。太液池畔还满栽芙蓉。池内有龙船，供皇帝在池中往来游览。琼华岛后改称万寿山，山水相映，更增添光彩。在万寿山与瀛洲之间，还建有长200余尺的玉石桥。瀛洲东、西两侧亦建有长桥，与陆地相通。

图 5-3　元太液池（今北海公园）

三、明代建筑技术的发展

明代运河区域既是政治中心，也是经济中心和文化中心。建筑也别具特色，特别是宫殿和园林建筑，充分体现了运河区域劳动人民的智慧和才干，在我国古代建筑史上具有重要的地位。

1. 建筑大师辈出

明代的运河区域出现了不少才华横溢的建筑大师。木工蔡信、蒯祥，瓦工杨青等都在营建北京城的过程中显示了杰出的建筑才能。故宫的技艺都凝聚着他们和同行们的智慧和心血。

蔡信是江苏武进人，从少年的时候就从事建筑业，永乐时被征至京，故宫建筑的一切调度，都由他负责。

蒯祥是江苏吴县香山人，有"蒯鲁班"的称号。香山的木工已久负盛名，当时有"江南木工巧匠，皆出香山"的说法。自永乐中期蒯祥负责营建北京宫殿，宫中的殿阁楼榭、回廊曲宇，皆由其设计。据记载，蒯祥能"以两手握笔画双龙，合之为一"。

杨青是江苏金山卫（今上海）人。永乐初营建北京时，他负责粉饰的皇宫墙壁栋梁，色彩华丽，别具一格，美观大方，具有很高的观赏价值。

2. 园林建筑技术

明朝由于运河区域经济的繁荣，园林建筑又有了进一步的发展。北京和江南的园林建筑无论在数量上还是在建筑水平上都居于全国的前列。

都城北京有许多著名的园林建筑，如故宫内的御花园是明代皇城内最大的园林，而私家园林以定国公园、英国公园、梁园、勺园、清华园等最为有名。

明代运河区域的园林建筑在江南地区最为兴盛。由于江南经济繁荣，再加上河道纵横、水网密布，气候温和湿润，适宜于花木生长，而民间建筑技艺精湛，又生产观赏价值很高的石材，所有这些都为当地兴建优美的园林建筑提供了条件，使明代成为中国古典园林艺术发展史上的高峰时期。

扬州位于长江和大运河的交汇处，自隋唐以来即是一座繁华的城市，私家园林数量很多。从明永乐年间修整大运河、开通漕运起，扬州便成了南北水路交通的枢纽和江南最大的商业中心之一。经济的发展带来了园林建筑的繁荣。明代扬州的园林见于文献著录的很多，绝大部分是建在城内的宅园和游憩园。这些大量兴造的"城市园林"把扬州的园林艺术推向一个新的境界。明末扬州望族郑氏兄弟的四座园林：郑元勋的影园、郑元侠的休园、郑元嗣的嘉树园、郑元化的五亩之园等，皆被誉为江南名园。

苏州城内河道纵横，地下水位高，取水方便。附近的洞庭西山是著名的太湖石产地，尧峰山出产上品的黄石，叠石取材也比较容易。因而苏州的园林建筑可和扬州媲美。除始建于宋代的沧浪亭、建于元代的狮子林外，明代又建了艺圃、拙政园、五峰园、留园、西园、芳草园、洽隐园等。苏州的拙政园，是嘉靖时所建，全园以水池为中心，环池建有亭台楼阁，并用漏窗、回廊相互联系，营造亭台楼阁掩映于山水之间的气氛。拙政园以植物之景为主，以水石之景取胜，充满浓郁的天然野趣。

苏州附近的常熟、无锡、湖州等地也建有不少名园，其中最著名的当推无锡的寄畅园。此园的特色就是充分与周围景观互为因借，把园外之景与园内之景天衣无缝地融为一体。绍兴园林也达几十处之多，城外东西南北也都有园林建筑。这些园林建筑

图 5-4 扬州影园旧址

图 5-5 苏州拙政园

图 5-6 无锡寄畅园

小巧玲珑别具洞天,具有很强的地方特色。

  明代运河区域的园林建筑达到很高的艺术水平,不仅能在有限的空间内因地制宜、开池堆山、种花木、建亭榭,而且能借回廊曲院分划空间,将全园划分为若干景区,各景区既相联系又主次分明,各具特色,形成"景外有景""园中有园"的特点。设计力求自然,富有曲折,较少采用简单的几何图形。设计者充分利用对景手法造景,即从一定的观赏点出发来取景、造景。在水面处理方面,有聚有分,以聚为主,以分为辅,理水技术包括引水、堰闸、瀑潭、溪涧、喷泉等。同时叠造假山,使园景更丰富多彩,这是我国独特的造园技术,叠山的做法有立峰、压叠、构洞等。建筑物相互构成对景,园内建筑所占比重较大,建筑物有厅堂、楼阁、榭舫、亭台、回廊、围墙、石舫等。绿化植物的栽种亦颇具匠心,多种植姿丰态美、色香俱佳的花草树木。

四、清代及民国时期建筑技术的发展

  清代传统建筑技术已达到很高水平,运河区域集中了清代不少建筑精品,无论是宫殿建筑还是园林建筑,都可在此找到杰出的代表。运河沿岸宫殿建筑的集中代表是北京的故宫。故宫是明清两代的皇宫,整个建筑群宏伟壮丽、气势磅礴,标志着我国历史悠久的木结构建筑技术的辉煌成就。

清代运河区域建筑技术的进步还体现在建筑材料品种的变化上。琉璃的品种花样有所增加,质量较前也有所提高,出现了代替整根大木料的加铁活拼合料。此外,建筑设计与施工开始分工,设置了主持设计的"样房"和编制预算的"算房",匠作则例等营建制度也设立起来。这些成就充分表明了清代的建筑技术已达到非常成熟的阶段。

1. 清代园林建造技术

与气势雄伟、规模严整的宫殿建筑相对照,大运河区域还有诸多旨趣幽雅、变化奇巧的园林建筑,其中皇家园林集中在北京,私家园林则以扬州、无锡、苏州、杭州等处为盛。康熙至乾隆年间(1662—1799),清代统治者先后在北京西北郊营建了香山静宜园、玉泉山静明园、畅春园、圆明园、万寿山清漪园等皇家园林,即著名的"三山五园"。这些皇家园林对技术水平要求极高,受江南私家园林的影响,很注意山水的处理,需水处挖池引水,需山处叠石为山,极尽曲折、廊腰缦回之能事。园内分为若干景区,每个景区又设有"景"(即风景区),景中有题名,整个园景丰富多彩,充满奇巧变化,其中圆明园还融合了欧式园林艺术,建有"西洋楼"。园内建筑是皇帝居住和理政的地方,多配合地形和景物来安排。江南一带巨商大贾和书香世家所建园林也很盛行。这些园林充分利用江南得天独厚的水乡优势,引水入园,或在园内就低凿池,形成众多水景,尽现独特的水乡风采,园内廊和墙的布置灵活巧妙,装饰色彩调和,山石用料考究,极富特色。这些园林是建筑技术与艺术的结晶,无论是皇家园林还是私家园林,布局都以不对称为根本原则,以"深远不尽"为极品,追求大小、虚实、藏露和深浅的互映,讲究"有法而无式"。运河沿岸地区的这些园林建筑体现了我国建筑技术的高度艺术化。

图 5-7 扬州个园

2. 晚清及民国时期建筑学

至晚清及民国前期,运河区域建筑学内容极其复杂,既包含着传统建筑形式的延续与变化，又体现了近代西方建筑形式的传播与发展，旧城镇的改造与新兴城市的建设相得益彰。随着西学传播的深入发展，新兴西式建筑给中国传统建筑带来了挑战，促使中国近代建筑技术也走上不断改良的道路。这一时期建筑出现新类型、新技术与新形式。

随着资本主义列强在华势力的深入与巩固，各国为了满足其需要，相继在运河区域的主要城市建造了一系列新兴的西式建筑。其中有为政治服务的公使馆、领事馆、总督公署、巡捕房、工部局、兵营；有为经济服务的银行、洋行、海关、饭店及其他商业建筑；有为交通运输及工业生产服务的码头、造船厂、火车站、仓库；有为生活服务的娱乐性建筑、花园、住宅等。这些房屋，大多以其本国建筑为蓝本，古典式、罗曼式、哥特式、巴洛克式、欧洲村宅式等相继引入。早期的西式建筑多是砖木结构，砖墙承重，附以木楼梯和木梁板。其造型比例和细部装饰都不太讲究，外墙以青砖砌筑，夹有红砖水平线条装饰，墙的外表不施粉刷。后期逐渐出现了五层以上建筑，建筑艺术也更为考究。以北京为例，19世纪末和20世纪初，在东交民巷、台基厂、御河桥一带形成外国使馆区，建有各国的使馆、银行、教堂、花园洋房和兵营。其中以英、美、法、日、俄等国的使馆规模较大，四周均有围墙，内部有宽阔的庭院，前面有庄严的大门，建筑布局与设计手法往往中西结合，不甚严格。

新式旅馆是晚清出现的一种重要公共建筑，从平面布局、建筑式样到内部结构都与中国传统客栈迥异。由法国人在北京长安街投资建造的北京饭店旧楼，主体高七层，为钢骨架外包混凝土结构，设有电梯。正立面为土红色面砖贴面，并在适当部位做檐口、阳台等古典细部装饰，总体造型新颖简洁、气势宏大，成为当时北京新建筑的代表。建于20世纪初的六国饭店（后改为国际饭店），外观完全仿造法国古典主义建筑形式，手法严谨，立面主体部分为三层，底部做成基座状，二三层用通长的柱式与窗间墙连成整体，顶部为陡峭的两折孟萨式屋顶，上面开有一排老虎窗，里面设有阁楼作为辅助用房。

图 5-8　运河城市扬州的新式旅馆绿扬旅社

此外，银行、工部局、俱乐部等的建筑多半也是采用西方古典建筑式样或欧洲中世纪的建筑手法。一般来说，早期比较简朴，后期随着规模增加，设计也逐渐豪华精致。如天津的义品放债银行、英国工部局、日本领事馆、德国俱乐部等都是此时期比较典型的西式建筑实例。

在西式建筑的影响下，运河沿岸地区出现了一些仿洋式建筑，如火车站、邮电局、政府大楼、劝业会场、学堂等。比较典型的有：京山铁路北京车站、北京的国会大厦、北京的万牲园（即北京动物园）大门、畅观楼、陆军参谋本部和清华学堂等。这些建筑除清华学堂建筑造型严谨、外观为欧洲文艺复兴式样外，其余建筑多是在西式门面上附以中国传统装饰，如国会大厦、万牲园大门等都在巴洛克门面上雕刻着云龙纹装饰。北京前门车站是一座比较典型的折中主义建筑，高耸的钟塔映衬下，是刻在拱形候车厅正立面两侧的升龙纹图案。

许多店铺和住宅的门面也模仿西洋建筑形式。当时所谓的"洋式门面"多半带有巴洛克式建筑的装饰，同时有雕刻着狮子滚绣球、福禄寿三星、刘海戏金蟾以及卷草、葫芦等中式装饰纹样。

随着西式建筑风格和技术影响的深入，运河沿岸的市政建设出现了许多新局面，如建筑格局讲究规划，公用设施趋于完备，有齐全的上下水道和合理的马路系统。建筑技术得到改良，一些城市建筑的地基多用砖石和钢筋混凝土，主体用砖（石）木混合、砖（石）墙钢骨混凝土、钢框架、钢筋混凝土框架等。

第二节　中国大运河官署建筑技术

元明清三代在运河沿线城市设置了一批治河、漕运的管理机构，在大运河的中段，运河"水脊"所在地济宁就有总督河道衙门，在淮安有漕运总督府，在扬州有两淮盐运使司衙署。这些机构需要建造官署房屋用于办公，于是形成了大量的运河衙署。

1. 济宁的运河官署建筑

济宁是明代和清代前期大运河河道总督府所在地，除了总督河道衙门，在济宁设置的治河从属机构还有运河道署、运河同知厅、管河通判署和泉河通判署等；军事机构有运河兵备道署、河标中军副将署、运河标营署、运河营守备署、卫署等。此外，还有朝廷派驻的抚按察院、巡漕使院、按察司行台、布政司行台、治水行台等机构。这些运河管理机构都建成了一批运河衙署建筑，这类建筑在空间格局上特别重视主次关系，强调轴线的严格对称，使其构成一个完整的整体。一般都坐北朝南，在一条南北向的中轴线上依次布置主要建筑，如照壁、大门、仪门和主体建筑大堂、二堂、三堂，其他附属建筑设在中轴线左右的副轴线上，基本保持对称格局。

据赵鹏飞在《运河文化与官式建筑的互动——以山东运河为例》一文中记载，运河衙署建筑，它的堂额牌匾就充分体现了运河特色，反映出运河衙署建筑的文化内涵。总督河院署大门外的东西二坊挂有"砥柱中原""转漕上国"之匾，对大运河国家命脉的作用进行了强调，同时宣示其职能之重。与此相似的匾额还有运河同知厅的"符分望国""饷转神京"；泉河通判署的"功分转运""任重虞衡"；济宁分司的"转漕要会""节宣国脉""飞挽京储""国赋通津""都水行台""砥柱中流"等。

2. 淮安漕运总督府的建筑技术

漕运总督府遗址位于江苏省淮安市淮安区，是明、清两代统管全国漕运事务的漕运总督的官署建筑群，规模宏大，布局严谨。主体建筑与淮安市标志性建筑镇淮楼、淮安府衙大堂在同一条中轴线上，当时，建筑规模宏伟，有房屋213间，牌坊三座，中间牌坊书写"重臣经理"，东西牌坊分别书"总共上国""专制中原"。中轴线上分设大门、二门、大堂、二堂、大观堂、淮河节楼。东侧有官厅，书吏办公处、东林书屋、正值堂、水土祠及一览亭等；西侧有官厅、百录堂、师竹斋、来鹤轩等。大门前有照壁，东西两侧各有一座牌坊。以上建筑，都被毁于20世纪40年代。目前仅存

图 5-9 淮安漕运总督衙门

房基、础石等建筑遗址。淮安有关部门在遗址旁建起了漕运博物馆,向人们展示漕运时代的辉煌。

3. 扬州两淮都转盐运使司衙署

盐运使是盐官名。元明清均置两淮都转盐运使司,总理两淮盐政盐务。主要任务是严察场灶户丁,稽核派销盐引,征收税厘,疏销积盐,兼辖行盐地方该管州县,兼管下河水利。盐场火伏和三江、青山二营,以及各巡察兵警、各处盐义仓也都归其管束。两淮都转盐运使司衙署遗址位于扬州明清老城区中部核心地段,是清代建筑。现仅存门厅,门前有两座石狮。两淮都转盐运使司衙署是大运河盐务经济史上官署建筑的重要遗址。

图 5-10　扬州两淮都转盐运使司衙署

第三节　中国大运河商业建筑技术

一、运河会馆

1. 大运河沿线会馆是怎么分布的?

在水运交通便利、商业发达经济繁荣的运河沿线地区逐渐发展出会馆、商行等商业设施,反映了大运河沿线经济的繁荣和由此而生的文化发展情况,见证了大运河带来的思想、文化、技艺的交流和汇集。作为古代中国最主要的商业线路之一,大运河沿线会馆的形成原因是河运发达带来的商业繁荣、商贸兴盛、商家云集、商事众多,同一地域或同一行业的商人需要一个载体来相聚议事、交易,在这种需求下,会馆应运而生。

2. 运河会馆建筑的特点

一是依水而建。运河边的城市水运发达、商业繁荣,贸易活动主要靠水运,因此,各地会馆主要建在水边,与水运密切相关。如著名的建在运河边的聊城山陕会馆;又如扬州古运河边的会馆群现存 10 处会馆遗存,分别是岭南会馆、安徽会馆、湖北会馆、湖南会馆、浙绍会馆、四岸公所、钱业会馆、场盐会馆、盐务会馆、徽州会馆。宁波的庆安会馆就建在中国大运河的入海口——三江口，同时又与海运文化相结合，供奉海运之神妈祖，成为妈祖庙。

图 5-11　临水而建的聊城山陕会馆

二是以地域而组。如上文所说，会馆大多数是同一个地域的商人出资兴建，会馆的地域性特征十分明显。运河沿线很多城市都有山西会馆、全晋会馆、岭南会馆等；湖广会馆在北京、天津等运河城市都有。山陕会馆作为山西和陕西商人的会馆，运河沿线多个城市都有，如聊城、扬州、开封等。也有几省联建的情况，如扬州四岸公所则是指清、民国初期湘（湖南）、鄂（湖北）、赣（江西）、皖（安徽）四省盐务通商口岸联合办公之所。

三是以行业而聚。有一些会馆不是某一地域的商人建设的，而是某个行业的商人出资建设。如扬州的盐务会馆、场盐会馆；扬州盐商分场商、运商、食商，分别从事产盐、运盐、销盐的业务，场盐会馆是产盐的盐商聚集的会馆；天津有浙江的纸帮会馆、商船会馆。杭州有绸业会馆。杭州素有"丝绸之府"之美称，随着杭州丝绸业的发展，一种为满足行业聚议和解决纠纷需要的组织——行会，及其建筑——行业会馆，也应运而生。杭州最早的丝绸行会，出现在清嘉庆二十二年（1817），并于忠清巷建立了行会议事之所——观成堂。

3. 重要会馆介绍

（1）运河文化和海洋文化的结合体：宁波庆安会馆

庆安会馆位于浙东运河沿线。既是会馆，同时又是供奉航海保护神妈祖的妈祖庙。

庆安会馆既反映了大运河沿线因运河而发展繁荣的贸易和工商业情况，代表了由于漕运维护修建的大运河的衍生影响；又反映了大运河与海上丝绸之路的关系，也是运河沿线文化传播与发展的见证。

宁波庆安会馆始建于清道光三十年（1850）至咸丰三年（1853），由甬埠行驶北洋的舶商组织修建。由宁波北号船帮集资十万两白银，历时三年建成，是一座融会馆和天后宫于一体的体量庞大的木结构古建筑群。会馆坐东朝西，平面呈长方形，建筑采用中国传统的院落和空间围合样式，中轴对称层层推进，形成了富有变化、层次分明的多个空间。沿中轴线依次有宫门、仪门、前戏台、前大殿、后戏台、后大殿等建筑，轴线两侧有厢房、耳房及附属用房等。大殿为庆安会馆的主要建筑，面宽为五开间。会馆内建有前后两个戏台，前戏台为祭祀妈祖用，后戏台为行业聚会时演戏用，这是在其他会馆建筑中所没有的。整座建筑最大的特色是大量采用了宁波传统的朱金木雕、砖雕和石雕的建筑装饰手法，使会馆雕梁画栋、富丽堂皇，巧夺天工，代表了清代浙东地区雕刻艺术的最高水平。

庆安会馆整座建筑的门楣、墙壁、马头墙上都有图案丰富、雕刻精美的各式砖雕，主要建筑中的梁、枋、雀替、藻井内部1000多处构件都大量使用了朱金木雕这一宁波特有的装饰技艺。这种在木雕表面朱砂作底、贴金、描画的古老工艺已被列入国家非物质文化遗产。雕刻题材非常丰富，多以民间故事为主，精美绝伦，金碧辉煌，一派华丽，尽显江南富庶，使得这座原本古朴的建筑熠熠生辉。会馆内的台阶御路、抱鼓石、柱础、内墙勒脚等石构件上，则以浮雕形式表现各种题材，雕刻精美，内容丰富精彩。

会馆里的两座古戏台尤为引人注目。为重檐歇山顶造型，屋面雕饰有人物、瑞兽等形象，屋顶选用筒瓦覆盖。戏台内顶有穹隆式的藻井，也叫"鸡笼顶"，藻井由16

图5-12　宁波庆安会馆

条斜昂螺旋式盘索与顶相接，有聚声效果，圈梁下有立体透雕"双龙戏珠"托枋。梁、枋构件均以朱金木雕装饰，金碧辉煌。

（2）近代中国史的见证：扬州岭南会馆

岭南会馆坐落于扬州市新仓巷4号至16号，是清代广东盐商们在扬州议事聚集的场所。岭南会馆建筑特色明显，是扬州规模最大、布局最完整的会馆建筑群。

岭南会馆坐北朝南，会馆原占地面积近5000m²，屋宇近百间，现尚存老屋50余间，原组群布局由东、中、西三路住宅并列，中间夹两道深巷相隔相通，现存中、西两条轴线。

中轴线上，前有照壁，大门为砖雕牌坊门楼，入内有照厅、大厅、住宅楼。岭南会馆保存的"岭南会馆章程"等石刻、"岭南会馆界址"石额，具有很高的建筑艺术、历史价值。岭南会馆匾墙内的四组角花，堪称扬州遗存中的角花之最。2011年，岭南会馆按照建筑原有的形制、风格进行了全面维修，已大致恢复会馆昔日的风貌。

（3）聊城山陕会馆：告诉你晋商为何这样富

聊城山陕会馆位于聊城城区的南部，始建于清乾隆八年（1743），是山西、陕西的商人为"祀神明而联桑梓"集资兴建的。据说当时建了66年，共耗银9.2万多两。在全国现存的会馆中，聊城山陕会馆的建筑面积不算很大，但是其精妙绝伦的建筑雕刻和绘画艺术却是国内罕见。山陕会馆的戏台吸引了大大小小的戏班都来这里演出，每年春节、端午、中秋三节更要演戏娱神，让当地百姓免费观看。

据介绍，建设会馆的过程本身就体现了晋商善于理财、严格管理的特点。会馆里现存19块碑碣，不仅记载了会馆置地、建设、重修所用的银两开支数目，其中的8块石碑的背面更是刻有所有商号的捐款数目，相当于现在的"财务公开栏"。这些都反

图5-13 扬州岭南会馆被改为民居客栈

图5-14 聊城山陕会馆中的戏台

映了山陕商人的特点：精于管理，讲究信义，目光远大，既一掷千金，又朴诚勤俭。这也是晋商从明朝始迅速崛起的一个重要原因。[1]

（4）开封山陕甘会馆有"三绝"

开封山陕甘会馆是大运河上又一处著名的会馆。它是在明代中山王徐达后裔的府第旧址上兴建，以砖、石、木雕艺术的"三绝"享誉全国，是中原地区明清时期建筑艺术的代表作。

山陕甘会馆位于河南省开封市龙亭区徐府街北侧，建于清乾隆四十一年（1776），由居住在开封的山西、陕西、甘肃三省的富商巨贾聚资修建而成，是清代山西、陕西、甘肃三省旅汴客商经商、贸易、联络同乡感情的场所。据说，这里起初是山陕两省的富商为扩大经营，保护自身利益筹结的同乡会，后又加入甘肃籍商人，遂名"山陕甘会馆"。会馆为四合院式布局，面积达 3870.29m²，主体建筑置于中轴线上，由南向北依次为照壁、戏楼、牌楼、正殿，附属建筑位于东西两侧，包含有左右掖门、垂花门、钟楼、鼓楼、厢房、东西跨院等。

韩顺发所著的《山陕甘会馆的"三雕艺术"》介绍了山陕甘会馆的三绝：砖雕、木雕、石雕。会馆的照壁上分布着精致的砖雕，其中有一组砖雕是一本打开、一本合拢的账本，寓意账户只进不出。石雕装饰大多用于柱础、栏杆、抱鼓、壁芯、香案和墙基等处。会馆照壁里侧壁芯中央雕刻有一块外为长方形、内为一椭圆形的高浮雕"二龙戏珠"。浮雕构图严谨丰满、华贵典雅，造型上下翻飞，扶摇飞翔、刚健威武，技法细腻精湛，充满了超人的神秘力量，为清代石雕佳作。照壁四周雕刻镶嵌有四条夔龙捧寿，照壁的须弥座束腰部分雕刻有行龙，富丽严谨，气韵生动。

会馆之内的大殿和厢房檐下的桁、枋、雀替、挡板、垂柱等，几乎遍布木雕装饰。采取的雕刻手法有圆雕、半圆雕、高浮雕、浅浮雕、悬雕、透雕等多种技法。值得注目的是大殿檐下的龙形木雕，金龙口中所含的珠子与龙的舌头之间的距离仅有 1mm 左右，却悬挂了 200 余年不曾脱落，足见工艺之精湛。[2]

（5）苏州全晋会馆成昆曲博物馆

全晋会馆位于中国苏州城内东部平江路中张家巷，为旅居苏州的山西商人所建，也是苏州原有的百余处会馆、公所中保存最为典型、完整的一处。全晋会馆始建于清乾隆三十年（1765）。光绪五年（1879），山西商人重建新馆。占地面积约 6000m²，坐北朝南，分为中、东、西三路。重建的全晋会馆在平江路中张家巷，直至民国初年，

1　山西戏剧研究所编写的《晋商会馆》。
2　韩顺发的《山陕甘会馆的三雕艺术》。

图 5-15　开封山陕甘会馆大殿前的牌楼　　　　图 5-16　苏州全晋会馆改为昆曲博物馆

这座陆陆续续修了三十多年，才有了今天的规模。

全晋会馆自 1958—1984 年曾被多家工厂征用，部分建筑则散为民居。1982 年苏州市文物部门启动了对中路、西路建筑全面大修，并移建正殿，重建庭园，复原了当年山西富丽堂皇与苏州精雕细镂建筑风格相融合的会馆旧观。1986 年 10 月，全晋会馆辟为苏州戏曲博物馆并对外开放。2003 年 11 月，中国昆曲博物馆在此挂牌。

二、运河钞关钱庄当铺

为了维护经营秩序，保证经营顺畅，同时也为了收取税费，历朝政府都在运河上设置了一些商业管理机构和服务机构。

1. 运河第一钞关在哪儿

有了商业经营行为就要缴税，大运河上的商船怎么缴税？古代运河上有专门收税的钞关。钞关是明代征收内地关税的税关之一，又称榷关。明代八大钞关中，收税最多的当数临清钞关。临清运河钞关位于会通河临清段西岸，15—19 世纪（明清时期）在大运河航线上设立的一个专门针对运河上来往的商用载货船只征收船税的机构，隶属于户部。

明代初期开始，临清是黄河以北运河沿岸南北货物的重要集散地《漂海录卷二·三月十四日》记载："在两京要冲，商旅辐辏之地。其城中及城外数十里间，楼台之密、市肆之盛、货财之富、船舶之集，虽不及苏杭亦甲于山东，名于天下。"[1] 当时临清也是大运河沿岸南北货物的集散地。因此，明代政府于明宣德四年（1429）在此设立向

1　《漂海录卷二·三月十四日》。

民用商船征税的机关。至明代万历年间（1573—1620），临清钞关年征收船料商税银八万余两，居全国八大钞关［崇文门、河西务、临清、淮安、扬州、浒墅关、北新关（杭州）、九江］之首，占全国钞关课税额的四分之一。临清钞关见证了通过大运河进行的规模巨大的水路运输量与繁荣的贸易活动。

临清运河钞关原为一组建筑群，自运河而西依次为河口正关、阅货厅、"国计民生"坊、关墩、仪门、正堂等。南北三进院落，置设穿厅、船料房、鼓铸坊等，占地四万平方米，厅堂坊舍室四百余间。占地东西长130m，南北宽96m。现存有仪门，南、北穿厅、公堂、巡栏房、船料房、官属舍房等80余间古建筑，占地面积约0.7ha，是大运河沿线保存最完整的钞关旧址。临清钞关见证了通过大运河进行的规模巨大的水路运输量与繁荣的贸易活动，是研究明清经济活动、运河城市的形成与发展及中国税务史的宝贵实证资料。

2. 运河第一钱庄

古代行商随身带着银两作为结算货币，随着生意越做越大，随身携带银两既不方便也不安全。于是为商人从事银钱兑换、存放款等业务的商业信用票号，即钱庄应运而生。当铺、钱庄、票号被称为金融三姐妹。在运河沿线也有众多的钱庄。

大运河畔的商业城镇南阳古镇就以钱庄出名。南阳古镇是微山湖上与古运河形成的一块孤岛，形成"岛在水中、河在岛上、镇在湖内"的独特景象。古运河从镇中间穿越，成为货物集散的重要商埠。南阳古镇兴旺昌盛达600余年，被称为明清时期运河四大名镇之一。

南阳现存的钱庄遗址为号称"运河第一钱庄"的胡氏钱庄。胡记钱庄创建于清朝

图 5-17　临清钞关

图 5-18　南阳镇的清代钱庄

中期,是南阳古镇最早、也是现存唯一的钱庄建筑。胡记钱庄为典型的四合院格局,由前厅、账房、银窖、银库、正房等几部分组成。前厅是办理业务的地方,也是户主要接待区。墙上钱匾上写着"承诺守信",门边悬挂有四个大铜钱上写"一本万利""日进斗金""汇通天下""通财惠民"。整个院落保存完好,其规模和装饰都胜过其他。

3. 高邮同兴当铺

做生意在资金周转不灵时,有些商人会典当货物获取资金,待有钱时再将货物赎回,这就产生了当铺。运河沿线因商业发达,当铺众多。在淮扬运河沿线重要城市高邮的北门大街,就有一座建于清代早期的同兴当铺,相传为乾隆时的权臣和珅的私产。

高邮同兴当铺房屋坐北朝南,平面近似方形,东西长约 60m,南北进深约 55m,占地面积约 3300m^2,建筑面积 2700m^2。建筑为传统砖木结构,青砖墙体、小瓦屋面,硬山顶,当铺采用合院式布局。该当铺经营时间最久,因地处高邮城北门外,当地人俗称北当典。

当铺外看像一座方形城堡,采用合院式布局。房屋四周是高大的风火墙,东西留有宽大的巷道和两边房屋隔开,整个建筑给人以森严神秘之感。风火墙、巡夜值班的更房、多口消防水井设施,构成了完整的防火防盗体系。当铺共有房屋 80 余间,其中柜房三间,客房三间,存箱楼 24 间,号房 30 余间,另有更房、厨房及其他生活用房 20 多间。当铺内另有水井五口,供防火之用。存厢楼又称首饰房,俗称走马楼,位于当铺的中心,是存放金银首饰和贵重物品的地方。楼为上下两层,平面呈"回"字形,由前后两进厅房及东西两侧厢房组成。前厅底层正中设大门,外有石库。东西各置边门,门上饰"八仙过海"砖雕。中央为长方形天井,四周以高大的风火墙围合,东西两侧为巷道,便于防盗、防火。楼东为客房和柜房,四合院式,主要梁架上有鲤鱼、莲花等吉祥浮雕纹饰。

图 5-19 高邮同兴当铺

和珅倒台后，同兴当铺数易其主。清末民初马士杰成为当铺最大股东，后由何梓独家经营。民国十六年（1927），当铺遭军阀孙传芳部抢劫而停业破产。后由宰姓"朝奉"等筹资复业，日军占领高邮时关闭，中华人民共和国成立后被用作为合作社的生产用房。

2006年，高邮同兴当铺被公布为第六批全国重点文物保护单位。2014年，在大运河申遗过程中，作为运河遗产的一部分，高邮当铺受到当地政府的重视，当地遗产保护部门对同兴当铺进行了整修，搬迁了住在里面的居民，恢复了部分建筑，现作为当铺博物馆对外展出。同兴当铺为研究当铺这一特殊行业的特殊设施功能提供了一个重要窗口，也为研究清代运河沿线的典当制度及民居建筑提供了实物资料。

第四节　中国大运河民居建筑

人类最初的居住形态是巢居和穴居，就是在树上搭巢和在地上挖洞，以此作为居住地。后来从巢居、穴居开始进化，古人把树木砍伐下来搭成房子，这就有了建筑。在建筑地点的选择上，因为生活离不开水，古人大多逐水而居，有河流的地方必有人居住，纵贯南北11个纬度的大运河流域，形成了南北不同的建筑风格和营造体系。以三、四合院为基本平面结构单元的各类组合形式是运河北方地区房屋的形制和模式，其中以北京四合院为代表。而南方枕河而居的运河人家，沿着运河建房，基于南方的气候特征，当地居民建筑厅井多为长方形，三、四合院共存。大户人家多以纵轴为经，层层铺展，形成了几进的建筑群，有的多至九进（九进为最高形制）。南方、北方沿运河地区因为经济发展迅速，都有不少世家建筑，逐步在运河沿线形成了一批名宅，有以扬州的盐商大宅为代表的南方风格，有以河南的康百万庄园为代表的北方风格，它们之间又相互影响。

1. 扬州最大的盐商住宅汪鲁门宅

汪鲁门宅位于扬州古运河边，始建于清光绪年间（1875—1908），是江南典型的盐商大宅，建筑面积1700余平方米，布局规整严谨、体量宏大、用料考究、装修精致，是扬州现存面积最大的盐商住宅。

汪鲁门宅原房主是刘赓唐，民国八年（1919），盐商汪泳沂（字鲁门）以白银5500两和大洋9750元从刘氏手中购得。汪鲁门是安徽歙县人，后捐职南河同知。由于处理漕河政务得力，深得历任漕运总督器重，曾在山阳县衙任职。他与其他人协作，呈请盐署于淮北苇荡左营地方，开辟盐圩二十一条，创建同德昌制盐公司，后改名为

图 5-20　汪鲁门盐商住宅

大德制盐公司，又主营扬州七大盐业公司。

汪鲁门宅现存老屋面阔三间，在同一中轴线上，前后九进，分别为门楼、大厅、二厅、住宅楼等，总长 115m。楠木大厅保存完好，在扬州盐商住宅中独一无二。大运河申遗成功后，汪鲁门宅被用作扬州大运河盐文化展示馆。

2. 卢绍绪盐商住宅有个"百宴厅"

卢绍绪盐商住宅坐落在扬州老城区康山街 22 号，始建于清光绪二十三年（1897），是大运河扬州段现存规模最大的盐商建筑之一，也是大运河沿线晚清盐商大型住宅的代表。卢宅前后共有九进建筑，房屋 200 余间，占地约 5000m^2，主要建筑及园林有正厅、藏书楼、意园等。其中有个可供 100 人同时就餐的楠木大厅，叫庆云堂，被当地百姓称为"百宴厅"。

卢氏盐商住宅临街朝南的大门气派而考究，门楣上的砖雕异常精美，虽经沧桑岁月，但仍可辨出砖雕上神态各异的人物活泼灵动，栩栩如生。从外表看古宅青砖黛瓦与一般住宅无异，但置身其中，一种"藏富不露"的恢宏之气扑面而来。置身老宅，淮海厅、兰馨厅、涵碧厅、怡情楼，厅厅相连，厅堂阔大，可设宴百席，气派非凡。漫步宅内，从第一进到第四进，天井两侧分布着小型花园，假山、花草、布局风格各异，构思精巧。深入后院，意园里盔顶六角亭、

图 5-21　卢氏盐商住宅

石船舫、水池等相映成趣。卢宅以绵延的建筑群落、精美的建筑风格成为扬州运河盐商住宅中最耀眼的一颗。

2006年，卢氏住宅修缮完毕，不但使古建筑获得了新生，往日盐商的富庶景象也得以重现。目前卢氏住宅作为扬州淮扬菜博物馆对外开放。

3. "中原活财神"的河洛康百万庄园

在河南巩义市康店镇的运河边有一处叫康百万庄园的建筑群，又称河洛康家。"康百万"是对"中原活财神"康应魁家族的统称，因慈禧太后的册封而名扬天下。

康百万庄园是康氏家族第六代传人康绍敬建造的宅邸，是一处典型的封建堡垒式建筑。它背依邙山，面临洛水，因而有"金龟探水"的美称，与刘文彩庄园、牟二黑庄园并称"全国三大庄园"，同时又与山西晋中乔家大院、河南安阳马氏庄园并称"中原三大官宅"。

康百万庄园临街建楼房，靠崖筑窑洞，四周修寨墙，濒河设码头，集农、官、商风格为一体，布局严谨，规模宏大。总建筑面积64300m^2，有33个院落，53座楼房，1300多间房舍和73孔窑洞。分为寨上住宅区、寨下住宅区、南大院、祠堂区、作坊区、菜园区、龙窝沟、金谷寨、花园、栈房区等十余部分，全庄园由19个部分组成，占地240余亩（约16ha），是一座集"古、大、雅、美"于一体的恢宏建筑群，被称为17、18世纪华北黄土高原封建堡垒式建筑的代表。

庄园在建造的过程中，逐步形成了寺沟、张沟等明代楼院，龙窝沟、寨上主宅区、南大院、栈房区、店铺、饲养区、祠堂、木材厂、造船厂、金谷寨等不同功能的清代建筑，辅以牌楼、牌坊、花园等建筑，从而形成了一个依山傍水、错落有致、功能齐全的大庄园。康百万庄园建筑有19种不同风格形式，既有明代的建筑楼院，又有清代的建筑群，是中原民居代表性的古建筑群。庄园里，住宅、商栈、作坊、学馆、祠堂、寨堡、花园、亭台，甚至

图 5-22　康百万庄园

关押犯人和豢养兵丁的建筑都设计巧妙，布局合理，功能实用。

中华人民共和国成立后，政府对庄园实施了改造，使其延续了"明时楼院清时廊"的旧貌。2008年2月，相关部门按照文物保护规划的要求，在充分保留庄园原始格局的基础上，对栈房区、南大院、作坊区、戏台等进行修复，并有效缓解了广场地面沉降问题。还对原有的花园、果园、庭院空间等按照历史样式进行维修和恢复。

4. 江南第一民宅：南浔张氏旧宅建筑群

南浔张氏旧宅是国民党元老张静江堂兄张石铭的私家住宅，位于江南运河湖州南浔镇段的顿塘故道旁，建于清光绪二十五年（1899）至三十二年（1906）。

整座建筑群占地面积5135m^2，建筑面积6137m^2，各类建筑风格的房间达244间。旧宅坐西朝东，分为南、北、中三部分，前面数进为晚清中式建筑，南、中部后进为西欧巴洛克式风格的建筑群。宅内各种房屋建筑风格类型俱全，砖、木、石雕极为丰富；中式建筑中的装修部分大量采用西欧的材料及工艺；保存有大量书法名家的手迹，在江南民宅中极为罕见。

张氏旧宅将中西建筑形制相互穿插、融会贯通，体现了清末运河沿线西风东渐的时代特征。它集东、西方建筑、文化、艺术于一体，具有较高的历史、艺术价值，堪称江南第一民宅。2001年，张氏旧宅被列入第五批全国重点文物保护单位名单。

图 5-23 南浔张氏旧宅

5. 大运河住宅建筑技术是如何相互影响的

大运河沿线的民居住宅可以分为四种类型。第一类是京津民居，以北京四合院和天津院落式民居为代表，都是合院式建筑，以青色为主，砖雕、木刻装饰考究。第二类是黄淮民居，以豫东、鲁西南、皖东北、苏北等地民居为代表，这些地方的民居以合院式建筑组合为主，同中求异，体现了融汇多地工艺的特点，具有南雄北秀的审美意向。第三类江淮民居以扬州、泰州等地为代表，也包括南京、镇江的一部分。横长的天井是这类民居的特征之一，形成于清末的扬州旧城区的民居，以院落串联房屋，大体分为入口院落、厅堂院落、内宅院落及服务用房院落几部分。扬州民居的厅堂有正、偏之分，方位东为上，西为下。第四类为江南民居，特点是以水系为脉络，形成水陆相邻、河街并行的水陆双棋盘格局。因邻水，为防潮湿，大多数为楼居，底层檐廊多为开敞式，而且沿运河边都有廊道。大型住宅大门正对处多设有影壁。

尽管这四种民居特点各异，但在发展过程中也互有交流传承，大运河沿线的建筑艺术正是在相互影响中不断走向成熟的。扬州的吴道台府就是仿照江南民居风格建造。吴道台府是光绪年间浙江宁绍道台吴引孙退休返乡后，聘请浙江工匠模仿宁绍道台府，在扬州修建的一座私人宅府，是扬州唯一一处浙派古住宅建筑群，也是扬州最大的官宅建筑。整个宅第为长方形大院落，建筑面积 2950 m^2，原有房 99.5 间，现在只剩 86 间。宅第规模宏大，结构精巧，雕工精致，保存完好，以浙江建造法则为基础，又糅合了扬州传统的建筑风格，为扬州古建筑中独具一格的住宅建筑群。特别是宅第东北角的藏书阁测海楼，几乎照搬了宁波天一阁的建筑风格，前后重檐，两山墙砌高耸"五岳朝天"防火墙，构架格调完全和天一

图 5-24　运河边的廊道

图 5-25　街南书屋中的小玲珑山馆

阁相似。原有藏书 8020 种，247759 卷。扬州街南书屋的小玲珑山馆与天津的古建筑水西庄也有相互影响。天津水西庄与扬州小玲珑山馆、杭州小山堂被并称为"清代中期三大著名私家园林"，水西庄在建造过程中对扬州小玲珑山馆也多有借鉴。

第五节 中国大运河园林建筑

一、大运河园林建筑的起源

1. 大运河带来的密布水网促进了运河园林的产生

运河离不开水，大运河沿线城市一般都位于水网密布的水乡，水系发达，无论是扬州、无锡、常州，还是苏州，古城水系都是大运河的支流水系，不仅承载着运输功能，也是城市居民的生活水源。大运河沿线的古城地形，一般都是西北高东南低，运河水由西北角流入古城，通过城市水网流经全城，再由东南角流出，为整个古城提供充足的生活、生产用水。无论是唐宋时期运河穿城而过，还是明清时期运河绕城而行，大运河都是城市的主要水源和运输通道。而中国的园林总是离不开水，历史上扬州曾有"园林多是宅，车马少于船"之说。清代谢溶生在给李斗的《扬州画舫录》作序时描述了清代扬州面貌："增假山而作陇，家家住青翠城闉；开止水以为渠，处处是烟波楼阁。"一方面描写了扬州这座运河古城发达的水系，另一方面也充分说明扬州园林的兴盛。苏州是一座由大运河及其城区水系形成的水陆双棋盘格局的城市，运河与古城水系融为一体，大运河通过山塘河、上塘河、胥江汇入苏州护城河，并与苏州城内的水网河道相连。大运河水系造就了古城水陆并行、河街相邻的城市布局，并直接促成了享誉世界的苏州园林。

图 5-26 扬州园林

2. 大运河园林的历史悠久

大运河沿线城市园林的历史十分悠久。春秋时，吴国就开始建姑苏台、馆娃宫，这是苏州园林建筑的开始；东晋顾辟疆所筑的辟疆园是江南地区最早的私家园林。南园始建于五代，当时，钱元轩在苏州以"好治园林"而出名。北宋末年，宋徽宗好奇花异石，在苏州广为采运。到了明清两代，许多致仕官员都在苏州建造了园林。清末，有记载可查的大小园林有 270 多处，至今保存尚好的仍有 69 处。其中著名的有宋代的沧浪亭、元代的狮子林、明代的拙政园、清代的留园，称为"苏州四大名园"。这些园林模拟自然景色，利用水面、奇石和花木，吸收了文学、国画、书法、雕刻、工艺美术等技巧手法，通过理水、叠山、绿化、建筑、陈设、装饰等形成建筑为中心的综合艺术，创造诗情画意的城市咫尺山林意境，具有独特风格，集中表现出我国南方园林建筑艺术的精华。

扬州园林久负盛名，早在西汉时的藩国吴国、江都国、广陵国就开始在今天的扬州城修建了宫室林苑。著名诗人鲍照在《芜城赋》中就描写过吴王刘濞的宫室林苑。扬州历史上有计划的造园活动可以追溯到南朝宋文帝元嘉二十四年（447）。据《宋书·徐湛之传》记载：南兖州刺史徐湛之于广陵蜀冈之"宫城东北角池侧""更起风亭、月观、吹台、琴室，果竹繁盛，花药成行"。如今瘦西湖小金山的"月观""吹台"等景点即是仿此遗意构筑而成。到了隋代，隋炀帝屡次巡游扬州，为了他纵情享乐的需要，地方官员在扬州大造离宫别馆，既有崇殿峻阁、复道重楼，又有风轩水榭、曲径芳林，将皇家建筑与山水园林巧妙地结合起来。清代康熙、乾隆皇帝的数次南巡均以扬州为主要驻跸之地。两淮盐商为接待帝王南巡，大建宫室、园池、台榭，城内园林名胜甲于天下。据记载：康熙帝南巡时，扬州先后建有八大名园，其中七座园林移到连缀历

图 5-27　苏州沧浪亭

图 5-28　扬州瘦西湖四桥烟雨楼

代城濠而成的瘦西湖两岸兴建，形成湖上园林。乾隆帝南巡时，扬州"官商穷尽物力以供宸赏"，名园比比皆是，形成了瘦西湖二十四景，并形成了完整的水上游览线路。[1] 现存扬州园林主要由湖上园林瘦西湖及城区的盐商私家园林何园、个园、汪氏小苑、小盘谷、二分明月楼等组成。

　　杭州西湖，旧称钱塘湖、西子湖，自宋代开始称西湖。公元610年以后，江南运河开通并与长江以北的运河相连，便利了杭州的交通，促进了杭州经济的发展，对西湖产生了巨大的影响。西湖的基本布局形成于吴越（907—978）和南宋（1127—1279）两个时期。五代十国时期，吴越王国建都杭州，在湖区周围修建了大量的寺庙、宝塔、神龛和石窟。扩建了灵隐寺、六合塔、雷峰塔、白塔等。这一地区也因此被称为"佛国"[2]。由于其地质特征，淤泥在西湖中迅速沉积，疏浚成为一项日常维护工作，927年，吴越王钱镠建立了一支1000人的清淤大队，负责割草、深泉，以保存湖的水体。南宋时，西湖园林基本成形。清朝的康熙皇帝和乾隆皇帝沿大运河到南方巡游，多次在杭州停留，加快了西湖的改造和修复。康熙皇帝曾五次巡幸杭州，并留下"西湖十景"的题字。此后，"双峰穿云""秋月映湖"等景点便固定了位置供观赏。乾隆皇帝曾六次巡游杭州，留有诗作，为"十景"立碑。他还为"龙井八景"题名。现在的杭州西湖三面环山，湖体呈椭圆形，水面面积5.06km²，岸周长15km。湖面由白、苏两堤分成外湖、里湖、岳湖、西里湖、小南湖五个部分。湖中有孤山、小瀛洲、湖山亭、阮公墩四岛。

图 5-29　西湖十景之"曲院风荷"

二、大运河园林建筑的特点

　　著名建筑学家陈从周先生在《陈从周园林随笔》中写道："中国园林如画如诗，是集建筑、书画、文学、园艺等艺术的精华为一体，在世界造园艺术中独树一帜。"[3] 在大运河沿线有一批享誉海内外的名园，既有北方的皇家园林颐和园，也有江南园林

1　吴晓敏等的《扬州园林初探》。
2　《西湖的五次重要历史变迁》。
3　陈从周的《陈从周园林随笔》。

的代表苏州园林,还有兼具北方之雄、南方之秀的扬州园林,更有秀甲天下的杭州西湖园林。它们各有不同的特点,集中了中国园林建筑艺术的精华。

1. 皇家园林颐和园——造园艺术的集大成者

颐和园既是北京的地标,也是北京水利系统的重要节点,更是集中国传统造园艺术之大成,万寿山、昆明湖构成其基本框架,借景周围的山水环境,饱含中国皇家园林的恢宏富丽气势,又充满自然之趣,充分体现了"虽由人作,宛自天开"的造园准则。颐和园亭台、长廊、殿堂、庙宇和小桥等人工景观与自然山峦和开阔的湖面相互和谐、艺术地融为一体,整个园林艺术构思巧妙,在中外园林艺术史上地位显著。其效法自然的布局、诗情画意的构思、因地制宜的处理、建筑为主的组景、园中有园的手法等造园艺术都分别在各个景点中有所体现。

2. 苏州园林——退隐山林的文人寄所

苏州园林又称"苏州古典园林",是运河园林文化的翘楚和骄傲,是中国园林的杰出代表。享有"江南园林甲天下,苏州园林甲江南"之美誉,被誉为"咫尺之内再造乾坤"。有人曾说:回避倾轧的官场、喧嚣的尘世,是苏州园林的起因;寻求返璞归真、悠闲养性的氛围,是苏州园林的意境;折射道家的哲学、文化的韵味,是苏州园林的底蕴;山水花木、亭台楼榭构成苏州园林的基因;粉墙黛瓦、栗柱灰砖染出苏州园林的基调。苏州园林在世界造园史上具有独特的历史地位和价值,以写意山水的高超艺术手法,蕴含浓厚的中国传统思想和文化内涵,是东方文明的造园艺术典范。苏州园林是城市中充满自然意趣的"城市山林",久居闹市的人们一进入园林,仍可感受到大自然的"山水林泉之乐"。[1]

苏州园林是浓缩的自然景观,使人"不出城廓而获山林之怡,身居闹市而有林泉之趣";苏州园林更是珍贵的人文景观,建筑家、哲学家、诗人画家、平民百姓各自从中体味到了他们所寻觅的线条、哲理、诗情

图 5-30 颐和园全景图

---

[1] 姜师立等的《京杭大运河历史文化及发展》。

和韵律。把苏州园林平面地展开是一幅最逼真的山水画；身居园中品茗抚琴吟诗插花最富灵感；在对中国了解甚少的国外旅游者眼里，苏州园林是最好的中国传统艺术博物馆。苏州园林虽小，但古代造园家通过各种艺术手法，独具匠心地创造出丰富多样的景致，在园中行游，或见"庭院深深深几许"，或见"柳暗花明又一村"，或见小桥流水、粉墙黛瓦，或见曲径通幽、峰回路转，或是步移景易、变幻无穷。至于那些形式各异、图案精致的花窗，那些如锦缎般的在脚下延伸不尽的铺路，那些似不经意散落在各个墙角的小品更使人观之不尽，回味无穷。[1]

3. 杭州西湖——自然山水园林的代表作

杭州西湖由西湖自然山水、"三面云山一面城"的城湖空间特征、"两堤三岛"景观格局、"西湖十景"题名景观、西湖文化史迹和西湖特色植物六大要素组成。该景观秉承"天人合一"哲学，在1000多年的持续演变中日臻完善，成为景观元素特别丰富、设计手法极为独特、历史发展特别悠久、文化含量特别厚重的"东方文化名湖"。"园外有湖，湖外有堤，堤外有山，山上有塔，西湖之胜得之。"陈从周先生一语道出了西湖风光与园林的和谐融合。[2] 杭州西湖风景区园林规划，在继承中国古代传统造园手法的同时，又力求发展、创新。在园林布局上，经历了借鉴、探索、创造的过程，从仅注意公园内部功能分区的合理性，逐步转向注重发挥中国园林传统特色，强调公园艺术形式的主题是山水创作、植物造景和园林建筑三者的有机统一，创作手法上注意现代游憩生活内容与民族文化的园林艺术相统一。在园林建筑上，主要是以继承传统的形式出现，对不同的园林建筑风格区别对待：凡是在文化艺术上有一定价值的古迹、古建筑，严格妥善地保护；对某些名胜古迹有传统精华，但不符合时代要求的建筑和构筑物，则扬长避短，保留精华，舍其糟粕；

图 5-31　杭州西湖：中国山水画的景观

1　引自《苏州园林——中国私家园林之最》。
2　引自王晓曦的《杭州西湖风景区园林规划评价》。

凡名不副实的风景点，修建时以富于传统的形式和格调为主，最终达到相互协调的效果。在植物配置上，以因地、因时、因材、因景制宜，从而营造园林空间的景变、形变、色变和意境上诗情画意，符合功能上的综合性、生态上的科学性、配置上的艺术性和风格上的地方性。

4. 扬州园林——南北融合的园林佳作

扬州园林不仅历史悠久，而且以其独特的风格在中国古典园林中占有重要地位。扬州园林两千多年的历史走向，大体上与扬州城市经济文化发展脉络相一致。著名作家朱千华先生曾在扬州何园生活五年。他说，扬州园林地处江淮，北有大气磅礴的皇家园林可借，南有苏州、杭州的江南私家园林可鉴，再加上大运河、长江在此交汇，阴柔阳刚结合，从而使得扬州园林具有南秀北雄相互融合的特点：既有皇家园林金碧辉煌、高大瑰丽的特色，又有大量江南园林小品的情调，自成一种风格。具体表现在：园林院落的组合处理、园林建筑的设计理念、园林水景的独特处理、园林山石的安排。有人认为，扬州园林是北方皇家园林和南方私家园林中的一种介体。

扬州园林北雄南秀的营造特点极为突出，陈从周先生在《扬州园林》中说："扬州园林是北方'官式'建筑与江南民间建筑两者之间的一种介体。"吴晓敏、范尔蒴在《扬州园林初探》一文中总结的扬州园林的四个方面特点与陈从周先生的观点异曲同工。一是深受皇家园林影响，颇具北方气象。扬州园林建筑不同于南方园林建筑素净明快，而是多仿官式，建筑体量巨大，色彩华丽，内饰豪奢，亦显见帝王审美情趣的影响，典型的如瘦西湖五亭桥和莲性寺白塔。二是兼具公共性与世俗化。瘦西湖是由隋唐至明清各代城濠连接而成的带状水景，与大运河水系相通。运河两岸盐商园林聚集，或依水而建，或引水入园，构成半开放式园林空间，不仅供普通市民游览，也是皇帝南巡必经的水上通道。三是出色的叠石技法与立体化空间营造技巧。《扬州画舫录》写道：扬州以名园胜，名园以叠石胜。"扬派叠石讲究""中空外奇"，空透奇异，在明清时享有盛名。运用假山叠石创

图 5-32　扬州瘦西湖五亭桥（北方皇家园林和南方私家园林的结合体）

造立体复合空间,并将叠石与建筑结合的做法是扬州园林所常用的。四是"旱园水作"与"铺地拟水"的隐喻手法。"旱园水作"本指缺乏天然水的北方园林旱地凿池,点缀山石,以摹写自然的理水做法。扬州园林也采用这种理水做法,如寄啸山庄在入园处凿一汪曲水,驳岸参差蜿蜒至读书楼。铺地拟水并不挖池引水,而是巧妙利用基地地势平缓的特点,以平地模拟水意。二分明月楼就是在低平地面上置黄石为基,筑厅于其上,似水上孤岛立屋,水意自现。[1]

5. 开封金明池——宋代的市民公园

金明池位于北宋开封府顺天门外,与皇家园林"琼林苑"隔街相望,原是宋太宗开凿用来训练水师的一个军事设施。到太平兴国末年,这个军训基地被改成了供宴游的皇家园林。从宋画《金明池争标图》可以看到,从金明池东门进去,有座面朝北的临水殿,这是太宗皇帝驾临金明池观赏水戏的建筑,到了宋徽宗政和年间建成临水楼阁,从临水殿再往西是一座虹桥,虹桥尽头,"五殿正在池之中心,四岸石甃向背,大殿中坐,各序曲御幄,朱漆明金龙床,河间动漫水戏龙屏风。"这就是水心五殿。虹桥的南端,建有棂星门,当金明池举办龙舟争标赛时,彩楼上就有歌妓弹唱助兴。北岸正对水心五殿的地方是皇帝龙舟的船坞,每年春季举行龙舟争标赛时,大龙舟才会出来表演。与其他皇家园林不一样的是,金明池不仅供皇帝游玩,也是供市民游玩的市民公园。宋人笔记《清波别志》记载:"三月一日,三省同奉圣旨,开金明池,许士庶游行,御史台不得弹奏"。到后来,春季游金明池成了开封府的一大民俗。所以每年三月一日至四月八日,金明池内游客如蚁,观者如堵。

可惜,随着南宋时的黄河决口,金明池也与开封城一样淹没在黄土之下,我们只能从古画中一睹金明池的风采。

三、大运河园林建筑的技术特征及相互影响

大运河园林的整体特征主要体现在四个方面。一是师法自然。在造园的总体布局、形象组合上都合乎自然。山与水以及假山中的各种景象要素的组合要符合自然界中山水生成的客观规律。每一处山水景象之中要素的形象组合要合乎自然规律。如水池常作自然曲折、高低起伏状。二是融于自然。运河园林用种种办法来分隔空间,其中主要是用建筑来围蔽和分隔空间。分隔空间力求从视角上突破园林实体的有限空间的局限性,使之与自然融合。因此必须处理好形与神、景与情、意与境、虚与实、动与静

---

[1] 吴晓敏等的《扬州园林初探》。

等种种关系，把园内空间与自然空间融合起来。比如漏窗的运用，使空间流畅，视觉流畅，隔而不绝，在空间上起相互渗透的作用。三是讲究亭台轩榭的布局和假山池沼的配合。亭台轩榭在布局上"绝不讲究对称"，充满自然之趣的布局美。假山的堆叠有自然之趣，池沼大多引用活水，石岸总是高低屈曲任其自然，还布置几块石头或种上花草，使得运河园林中的假山与池沼虽出自人工，却能宛如天成。四是讲究花草树木的映衬和近景远景的层次。花草树木的映衬同样着眼于画意：既讲究树木的错落有致，又照顾到季节的变化，修剪技巧上取法自然。巧妙运用花墙和廊子，使大运河园林显得层次多，景致深，景物不是一览无余地展现在游览者的面前，而是逐次展露，游览者可以领略到移步换景的乐趣，获得的审美享受也更为深长。[1]

清朝皇帝的多次南巡，使北方园林也深受影响，之后的承德避暑山庄、清漪园（颐和园的前身）、圆明园等皇家园林就是体现。被称为"万园之园"的圆明园也是文化融合的产物，乾隆六次南巡，都有如意馆的画师随行，将南方的园林景观绘成画作带回北京，在圆明园中仿建，艺术地再现江南风光。可以说，圆明园的每座园子都以江南名园为原型，有仿西湖的苏堤春晓、花港观鱼，有仿苏州狮子林，有仿宁波天一阁，有仿扬州的趣园。与此同时统治阶级的审美风格又影响到南方的园林，不少南方的园林建筑又融合了北方皇家的建筑风格。如扬州瘦西湖的白塔就是仿照北京北海的白塔，瘦西湖的五亭桥、钓鱼台等建筑都具有北方皇家园林的风格。

图 5-33 扬州瘦西湖钓鱼台

图 5-34 瘦西湖白塔（扬州盐商为迎接乾隆南巡仿北海白塔而建）

---

[1] 姜师立等的《京杭大运河历史文化及发展》。

大运河园林建筑之间的影响与借鉴更加广泛。颐和园作为园林艺术的集大成者，对苏州园林、扬州园林和杭州西湖的造园手法都有借鉴。颐和园亭台、长廊、殿堂、庙宇和小桥等人工景观与自然山峦和开阔的湖面相互和谐、艺术地融为一体，整个园林艺术构思巧妙，是中国园林建筑艺术的充分体现，在中外园林艺术史上占有显著的地位。著名建筑学家陈从周先生在其随笔《园日涉以成趣》中写道："每一个园都有自己的风格，游颐和园，印象最深的就是昆明湖与万寿山。颐和园仿西湖，又不尽同于西湖。亦有利用山水画的画稿，参以诗词的情调，构成许多诗情画意的景色。在曲折多变的景物中，还运用了对比和衬托的手法。颐和园前山为华丽的建筑，后山却是苍翠的自然景物，两者给人以不同的感觉，却又相得益彰。"[1] 颐和园诗情画意的构思、效法自然的布局、因地制宜的处理、建筑为主的组景、园中有园的手法等造园艺术都分别在各个景点中有所体现。

第六节　中国大运河宗教建筑技术

大运河在源源不断滋养中国古代以木石结构为主的城市建筑、并使其达到登峰造极境界的同时，也通过宗教文化的传播对中国古代建筑产生了积极的影响。

一、佛教建筑技术

佛教在西汉后期传入中国，就对中国建筑产生影响，到魏晋南北朝时期，随着佛教在运河流域的广泛传播，寺塔逐渐成为佛教建筑的主要形式。建于公元64年、位于洛阳的中国第一古刹白马寺，就是第一座佛教寺塔。寺庙包括佛塔、殿堂、僧舍等建筑。自唐朝起，殿堂成为寺庙的主要建筑，佛塔多建在寺外。寺院坐北朝南，主要殿堂依次分布在中轴线上，层次分明，布局严谨。至明朝，佛寺建筑格局已经定形，在中轴线上由南向北依次建造山门殿、天王殿、大雄宝殿、法堂、藏经楼、毗卢阁、观音殿。大雄宝殿是佛寺的主体建筑，东西两侧的配殿为钟楼与鼓楼，伽蓝殿与祖师堂，观音殿与药师殿相对应。大的寺院有五百罗汉堂、佛塔等建筑。北京的雍和宫就是这种建筑的典型代表。随着在运河流域的传播，佛教建筑与中国建筑不断相融合，逐渐本土化。

1. 运河沿线四大名塔

随着佛教的传播、寺院的兴建，大运河沿线也建造了众多的佛塔，其中大运河沿

---

[1] 陈从周的《陈从周园林随笔》。

岸就有"四大名塔"的说法,这就是通州燃灯塔、临清舍利塔、扬州文峰塔、杭州六和塔。这四大名塔不仅是运河沿线建筑艺术的杰出代表,也是明清时期运河区域繁荣的见证。

(1) 通州燃灯塔

通惠河通州段是大运河最北方的河段——通惠河在北京通州境内的一段河道,是通惠河与北运河交接的重要河段。享誉中华的燃灯塔是古城通州的象征。燃灯塔又被称为燃灯佛舍利塔。始建于北周,唐、元、明诸代都曾有过维修。通州燃灯塔在民间又称为"镇水塔",意在防止洪水泛滥威胁运河,保护两岸人民免遭水灾。燃灯塔的结构为八角十三级密檐式实心砖塔,高约45m。须弥座双束腰,每面均有精美的砖雕。塔身正南券洞内供燃灯佛,故名燃灯塔。其余三正面设假门,四斜面雕假窗。塔身以上为十三层密檐,第十三层正南面有砖刻碑记"万古流芳"。整座塔上共悬风铃2224枚,雕凿佛像415尊。

(2) 临清舍利塔

作为大运河沿线城市,临清曾有过辉煌的历史。位于临清市城北南运河东岸的舍利塔,又称临清舍利塔,就是一位沉默的经历者。此塔建于明万历三十九年(1611),塔高61m,九级八面。塔为楼阁式,通体近垂直,仿木结构,刹顶呈将军盔形,基座

图5-35 通州燃灯塔

图5-36 临清舍利塔

八面，每面长 4.9m，底面积为 186m²，其空间面积达 7000m²。外檐砖木结构。临清舍利塔是真正与大运河相伴生的建筑，它见证了明清时期临清这一运河名城经济的发展。明清两代漕运兴盛之时，客商学子登塔览胜者众多，留有多首题咏。如今，尽管临清的繁华不复存在，但临清舍利塔仍然是运河沿线四大名塔之一。

（3）扬州文峰塔

在扬州城南古运河东岸文峰寺内有一座塔叫文峰塔，当地的地名——宝塔湾就是因为此塔而命名。文峰塔建于明朝万历十年（1582），相传是为镇住扬州之文风，使学子在科举场上出头而得名。其实，在运河边的塔都是镇水之用。文峰塔砖砌塔身，高 40m，登顶可南望大江，北眺蜀冈，绿杨城廓尽收眼底。文峰塔为文峰寺最早的建筑，寺也因塔而名。塔由知府虞德晔修建，僧人镇存募化三年资财得以建成，当时的扬州按察御史邵公题为"文峰塔"，取"文风昌盛，文脉顺达"之意。文峰塔为七层八面砖木结构楼阁式宝塔，塔身红木青瓦，下为砖石须弥座，底层回廊围绕，二至七层为挑廊做法，塔顶为八角攒尖屋顶，通高 44.75m。古塔庄严厚重，成为古运河畔的显著标志。塔上的灯龛，亦起到航标的作用，明清粮船盐艘多从塔前来往，帆樯林立，盛极一时，此河湾遂改为宝塔湾。现在的文峰塔与文峰寺一起成为扬州古运河畔一道靓丽的风景。

图 5-37 扬州文峰塔

（4）杭州六和塔

六和塔，又名六合塔，是取天、地、东、南、西、北六方以显示其广阔的含义，即"天地四方"之意。六

图 5-38 杭州六和塔

和塔位于钱塘江畔月轮山上,是吴越王为镇钱塘潮而建。据《杭州六和塔的传说》介绍,此地原为五代吴越王的南果园。北宋开宝三年(970),钱弘俶舍园造塔,派僧人智元禅师建造了六和塔,并建塔院,建塔的目的是镇压江潮。现在的六和塔塔身重建于南宋,清光绪二十五年(1899)又重建塔外木结构。塔名取佛教"六和敬"之义,命名为六和塔。而今,在六和塔这座我国古代建筑艺术的杰作旁,新建了一座中华古塔苑。走进塔苑,各个朝代、各个地区的一百多座古塔,集中展现了中国塔文化的精华。

除了这四大名塔,在大运河沿线还有许多有名的佛塔。

2. 开封铁塔是用铁造的吗

在运河古城开封,有一座被誉为"天下第一塔"的开封铁塔。铁塔位于开封市东北角归远门里原开宝寺东侧。据《图说中国文化》一书介绍:"相传释迦佛舍利被古印度的八个国王均分,其中摩陀国获得的一份在200年后被信仰佛教的阿育王所有。

图 5-39 开封铁塔

据说他取出佛舍利运送到各地,分藏在8.4万个小塔内,其中一部分传入中国。浙江宁波的阿育王寺就是因为得到其中一份佛舍利而建造的。到了五代时期,吴越王将阿育王寺的佛舍利迎入杭州供奉。吴越降宋后,宋太祖赵匡胤就沿运河把佛舍利运到东京,供奉在滋福殿中,后来又命人在城内开宝寺的福圣院中修建了当时被称为"京城之冠"的13层木塔,用作供奉,这就是开宝寺塔。[1]

宋仁宗庆历四年(1044)木塔遭到雷击焚毁。皇祐元年(1049)重修,按木塔式样,用铁色琉璃瓦重建,改名"灵感塔",亦称为开宝寺塔。因塔的外表呈铁褐色,故俗称"铁塔"。该塔也是八角13层,砖塔身细而高,

---

[1] 《图说中国文化》。

据测整座塔高在 60m 左右。塔的外部用经过精密设计、专门烧制的各种形状结构的琉璃砖砌成，所用砖数十种式样，规格各异，以子母槽互相扣合，使塔身十分坚固。砖面上又刻铸有释迦佛像及其他飞仙、伎乐和各种动植物花纹，造型生动，具有极高的艺术价值。登铁塔可由底层北面洞门盘旋而升，至第五层可目睹城内景色，至第七层可看到城外平原和大堤，至第九层即可将广济河、汴河、金水河等如玉带般的诸运河尽收眼底，至 12 层，目力所及，青霭缭然，即为汴城八景之一的"铁塔行云"。塔身仿木结构，以许多形状大小各异的结构砖相结合，严丝合缝。历史上经历大小地震，民国二十七年（1938）又遭侵华日军炮击，中弹数十发，都巍然屹立。

二、伊斯兰教建筑技术

伊斯兰教是唐代从陆海丝绸之路传入中国的，然后通过南北大运河在中国扩大传播，至宋元明时达到高峰，运河流域的城市留有很多伊斯兰建筑的印记。济宁的东大寺、沧州的泊头清真寺和扬州的仙鹤寺，都颇具规模。明代扩建后的仙鹤寺，与杭州的真教寺（凤凰寺）、泉州的麒麟寺、广州的狮子寺，并称"东南沿海伊斯兰教四大名寺"。宋代，越来越多的信奉伊斯兰教的阿拉伯、波斯商人、传教士、工匠来到中国，在运河城市扬州、杭州、苏州、宁波、济宁、北京等地，纷纷建造起规模宏伟壮丽的清真寺。在大运河南端的杭州，明弘治年间（1488—1505）扩建始建于宋代的凤凰寺；运河北端终点的北京，明代又在前朝的基础上兴建了锦什坊清真寺、安内清真寺、花市清真寺等，成为伊斯兰教在北方地区的传播中心。此外，天津的金家窑大清真寺，河北沧州的清真北大寺、泊头镇大清真寺，通州的常营清真寺，山东德州的北营清真寺、临清的老礼拜寺和大清真寺、临西（明代属临清）的洪官营清真寺和张秋镇的清真东寺、济宁的清真东大寺，均建于明代。另外，江南的镇江、常州、嘉兴也有许多清真寺建于明代。清真寺建筑在运河沿线发展过程中，绝大多数采用中国传统的四合院形式，并且往往是一连串四合院制度，于是结构体系和建筑形制具有了中国的特点，其突出表现在清真寺的大门、邦克楼和礼拜大殿等主体建筑上。

1. 扬州仙鹤寺

扬州仙鹤寺全名清白流芳清真寺，位于江苏扬州南门街。宋德祐元年（1275）由至圣穆罕默德十六世裔孙西域先贤普哈丁创建。仙鹤寺形如仙鹤，并且保存完整，巧妙融合了中阿建筑风格。普哈丁在兴建清真寺时，按照仙鹤的体形来布局：大门对面的照壁为鹤嘴，大门堂为鹤头，向北的露天通道为鹤颈，礼拜殿为鹤身，南北两厅房

图 5-40 扬州仙鹤寺望月亭

为鹤翅,南北两古井为鹤眼,南北两棵柏树为鹤腿,大殿后的竹林为鹤尾。仙鹤寺因此而得名。

2. 泊头清真寺

泊头清真寺位于泊头清真街南端,北距沧州市 40km,自京沪高速公路出"南皮"口西行 5km。该寺始建于明永乐二年(1404),占地面积 11200m²,房屋近 200 间,建筑面积 2919.78m²。

图 5-41 泊头清真寺

大殿正门两侧有楹联一副;原有明清两代皇帝、达官显贵的题匾 18 块,现仅存"清真光明"匾一块,藏于邦克楼内。大殿南侧有女寺宅院一座,坐北朝南。

泊头清真寺的建造就与运河有关。传说元末时,一支元兵押运运送木材的船队到大都

（今北京）修皇宫，走到泊头镇时，元大都已被明军攻破。这支元军无家可归，于是就地解甲归田，在当地定居下来，后来用这批木材建起了泊头清真寺。因为使用了这些高大的木材，泊头清真寺与北方砖石结构的清真寺不一样，完全是砖木结构的南方风格。可以说，泊头清真寺从一个侧面证明了运河文化的传播效应。

三、天主教与基督教建筑技术

天主教在元代传入中国，至明清时影响达到高峰。传教士在传教时建立的教堂至今依然分布在全国多个省份，而东南沿海城市及运河沿线城市尤为集中。目前留下来的天主教堂中，有纯西式的，也有中式的。而在运河沿线城市，被列为第七批全国重点文物保护单位的就有北京东堂、辅仁大学本部旧址、河南总修院旧址、嘉兴市圣母显灵堂和文生修道院五处。河南总修院旧址位于开封市，占地 38000m^2，主体建筑楼高两层，呈椭圆形，与北京辅仁大学本部旧址都是葛斯尼神父的中西合璧设计的杰作。

1.嘉兴教堂和文生修道院

嘉兴的圣母显灵堂，又称嘉兴天主教堂，建于 1930 年，融合了罗马式与哥德式建筑风格。嘉兴天主堂基本上保持了西方建筑的"原汁原味"，只是在平面入口及建筑朝向上，没有按西方教堂圣坛在东门朝西的传统，而是遵照中国坐北朝南为尊的习惯

图 5-42　嘉兴天主教堂

布置。嘉兴天主教堂遗存反映了当时西方建筑的艺术价值及社会文化积淀，为相关考证、研究提供了最具体的实物例证。其精致的建筑艺术具有很高的研究价值，建筑技术和造型风格堪称同时代、同类型建筑中的上乘之作。遗址现存面积近 1600m^2，高达 57m 的钟楼一度是嘉兴市的地标建筑。

坐落在大运河畔的嘉兴市文生修道院，1903 年由遣使会传教士修建。文生修道院地处嘉兴市区东北角，前临大运河，院地面积 47.5 亩，建筑面积超过 5600m^2，为西式建筑群，有教堂和欧式环楼。修道院建筑群左右对称分布，坐东朝西，主体部分平面呈倒"凹"字形，正面部分二层九开间，东西两翼各十二开间，整个建筑面阔 59.6m，进深 46.6m。主体建筑的正中有一小钟楼，钟楼有圆窗。两翼建筑中，东翼两层，西翼三层。底层是开敞式的拱门长廊，廊外共有 30 个砖砌的拱形门。楼层为封闭式长廊，各层都为长条木地板，素面门窗。东、西、南、北均设木制楼梯。

2. 北京西式教堂

鸦片战争以后，西式教堂在运河沿岸出现，教堂式样以北京和天津为代表，主要有哥特式、文艺复兴式和巴洛克式。

康熙年间（1662—1722）建于北京蚕池口的天主教旧北堂采用的是哥特式建筑风格，光绪十三年（1887）因宫廷扩建，旧北堂迁建于西什库，仍然保留了原有建筑风格。该教堂于次年建成，俗称西什库教堂，亦称新北堂，成为北京地区最大的天主教堂。建筑墙身全用城砖砌筑，表面用汉白玉石料装饰细部，做工精致，形象准确，但教堂前的平台栏杆、石狮和一对碑亭则为中式风格，形成典型的中西结合格局。此外，光绪二十三年（1897）重建的天津望海楼天主教堂、光绪二十六年（1900）在天津泰安道建造的基督教礼拜堂（安哥利教堂）也都是哥特式建筑的实例。

北京八面槽天主教堂是典型的仿文艺复兴式教堂，原名圣若瑟堂，俗称东堂，建于清初，康熙末年毁于地震。光绪十一年（1885）重建时采用了仿文艺复兴风格，正面向西，立面上采用了严谨的西方古典柱式和分层的檐部，顶上还做有钟楼和凸出的穹顶。建成不久又遭毁坏。现存的东堂为光绪三十一年（1905）重建，基本上按原样修复，总体结构尚严谨，只是两侧略有改动，细部掺入了中国传统建筑手法，只是做工比较粗糙。

光绪三十年（1904）重建的北京宣武门天主教堂，俗称南堂，是一座带有巴洛克风格的教堂，造型活泼秀丽，建筑外墙全为青砖砌筑，立面上应用了明显的卷涡和曲线装饰，山墙顶部与入口上部的小山花都做成了对称的卷涡状，在装饰细部上也采用了中国建筑传统手法。

3. 天津西开教堂

西开教堂位于天津和平区滨江道独山路，坐西南朝东北，全称天主教西开总堂。西开教堂是民国五年（1916）由法国传教士杜保禄（1864—1944）主持修建；建筑面积1891.95m²，可同时容纳1500人。

西开教堂的建筑风格属于罗曼式，平面呈拉丁"十"字形构图，三个高达45m的巨型圆顶错落排列成"品"字形，三座穹窿顶均略向上拉长，表面以绿色铜板覆盖，巨型圆顶为木结构支撑，高达45m，每座圆顶上有一个青铜十字架，20世纪50年代一个十字架被雷劈下，以后补装了避雷针。

图 5-43　天津西开教堂

西开教堂的结构是带厢堂长殿式，教堂横殿和长方形教堂相交构成十字连拱廊。大门采用拱门形式，用石头做材料，在石门上凿出一个拱券，一个套一个拱券由表入里，逐渐减小，最里层实木制大门。正厅从正门两侧到底部的祭台，有两排（每排7根）共14根立柱，形成三通廊式。中殿以叠式复合方柱廊，支撑大小半圆券顶。室内八角形的穹窿顶及侧窗均以彩色玻璃嵌作画。内墙彩绘壁画，装饰华丽，充满宗教神秘气息。西开教堂入口左右筑有塔楼，建筑主体是用红黄色花砖砌造的，教堂内有许多壁画和大管风琴，前院中有圣水坛，有左右两道大门，信徒分男女从不同的门入内。

第六章
中国大运河与城市规划

中国大运河的规划技术还体现在运河城市的规划上。运河城市的建设，包括城址的选择和城市规模的扩展、城内道路的兴修、水道系统的建设、园林囿苑的修造、居住设施的兴建等，皆形成系统，标志着运河城市建筑规划技术的全面进步。隋唐时期的洛阳城、元代大都的建设，都是在国家意志下，与运河的修建同期规划、同期实施的宏大工程，城市规划者将漕运的便利、统治阶级的需求与城市的景观统筹考虑，从而诞生了与运河密不可分的、在世界城市规划史上具有典范意义的城市，并通过漕运带来的经济繁荣，使之成为人口超过百万的大都会。沿线人群聚集和财富的积累，直接导致了一批运河商业城市的兴起，隋唐大运河带动了东南地区的规划建设，促进了一批沿岸城市的兴起与繁荣。汴州、宋州、楚州、扬州、润州、常州、苏州、杭州等是当时著名的运河城市。宋代以开封、杭州为中心的运河体系的建立，以及农业、手工业的进步，将运河沿岸城市的发展推向一个新的阶段。开封、杭州、苏州、扬州、真州、楚州等是这一时期运河城市规划繁荣发展的见证。

第一节　中国大运河都城的规划设计

大运河与城市互动的第一种类型的就是都城。都城是一个国家的心脏，要供养皇室、军队、官僚机构及市民这样庞大人口，需要大批的物资，而中国都城所在的北方往往都不是经济中心，需要从南方农业发达地区调动物资，这就需要一个稳定的粮食运输系统，借大运河行漕的漕运成为最佳的手段，这就形成了大运河与都城的特殊关系。都城是中国古代一种特殊类型的城市，它既是政治中心，又是商业和文化中心，在中国古代城市体系中处于最高层级。因此，大运河的出现是中国古代王朝政治的产物，主要是为都城服务，以满足都城的物资需求为目标。大运河自开通后，就成为历代都城的命脉，并与都城相互依存，互为推动。以都城为中心的运河系统组成一个庞大的漕运之网，紧密地将经济发达地区与都城联系在一起，为都城的发展提供各种资源。正是这种关系，都城的规划设计与大运河产生了密不可分的联系。自中国大运河于隋代全线贯通之后，作为中国古代具有战略意义的交通大动脉，对于此后中国各朝代的都城及沿线其他城市的发展都产生了巨大影响。

一、洛阳城的规划设计

洛阳地处河南省西部，黄河中游的南岸，这里群山环抱，地势平坦，土地肥沃，气候温和，河流纵横，地理形势非常优越。据《隋书·炀帝纪》记载，隋炀帝即位后，认为洛邑"控以三河，固以四塞，水陆通，贡赋等"，便于大业元年命尚书令杨素、将作大匠宇文恺营建东京。负责规划的宇文恺根据洛阳山川、河流的自然条件，集政治、经济、对外交通和观赏于一体，把东都洛阳城规划设计得十分宏大。如此巨大的工程，居然在一年内完工，这是古代建筑史上的一个奇迹。在营建新都的同时，隋炀帝下令开凿通济渠，自都城西面的西苑引谷、洛水达于黄河，构成通济渠的西段。宇文恺将谷水引进紫微城，并依水建造了众多池沼，其中最大的池沼即是位于紫微城西北隅的九洲池。由于通济渠不仅供炀帝出巡各地，更要把东南与其他地区的租粮漕运到东都皇家梁仓，然后转输西京大兴城（今西安），因此宇文恺在规划设计时巧妙地利用黄道渠让谷洛水与通济渠连通，把通济渠的停靠码头延伸到皇城，在东侧太阳门外与承福门外形成一个宽阔的广场，隋炀帝多次出巡活动都是由此处乘船而行的。

隋炀帝将洛阳作为都城，是看好洛阳的地理位置，便于加强同关东、河北以及江淮的经济联系。故在营建东都的同时，即着手开凿通济渠和邗沟，接着又凿通了永济渠，修治了江南河，这使得东都作为政治中心的位置更加重要。正是因为洛阳城的规划专门考虑了通济渠的漕运功能，根据考古发掘推测的隋唐洛阳城平面图显示，宫城、皇城以及郭城内的建国门大街等重要建筑，都位于郭城的西半部，即城市中轴线偏西，这与同为宇文恺规划设计的中轴线位于城市中央的西京大兴城很不相同。608年，隋炀帝又下令开通了永济渠，形成了以洛阳为中心，向东北（永济渠）、东南（通济渠）辐射的庞大的中国大运河网络。

隋东都洛阳城有外郭城、皇城、宫城、东城、含嘉城、圆壁城和曜仪城。外郭城北倚邙山，南对伊阙。据《河南志》记载，全城"周回五十二里"，外郭城又称作罗城，是官吏的住宅和居民区，也是商业区。皇城位于城西北部，周回13里余。皇城又称太微城，是王公宅第、中央官署所在。

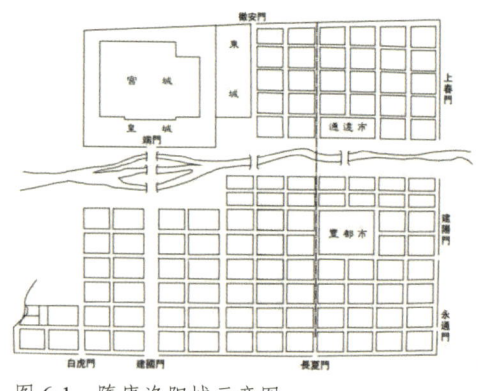

图 6-1　隋唐洛阳城示意图

图 6-2　大运河洛阳段

图 6-3　历史上繁华的隋唐洛阳城国家遗址公园夜景

宫城在皇城之北,周回 13 里余。宫城又称作紫微城、禁城,是皇帝议事和寝宫所在。宫殿建筑的宏伟,汉、魏故城不可比拟。计有乾阳殿、大业殿、文成殿、元清殿、仪鸾殿、观象殿、观文殿、含凉殿,等等,而以乾阳殿尤为华丽。乾阳殿基高九丈,总高 17 丈。此殿是皇帝举行大典和接待重要外国使团的地方,而大业殿、文成殿则是皇帝召见朝臣、商议军国大事之所。宫城东为东城,东城北是含嘉仓城;宫城北是曜仪城,曜仪城北为圆璧城。宫城的正门应天门与皇城的正门端门、外郭城的建国门形成洛阳城的中轴线。

东都的西部建西苑,周回 200 里,"其内为海,周十余里;为蓬莱、方丈、瀛洲诸山"。"堂殿楼观,穷极华丽。宫树秋冬凋落,则剪彩为华叶,缀于枝条,色渝则易新者,常如阳春。"

洛阳城内纵横有 10 条大街,坊和市分布在洛水两岸的皇城东、南两面。有三市,是指丰都、通远、大同。丰都市在洛河南偏东,因称"东市";通远市在洛水之北,因称"北市";大同市在外城西南部,因称"南市"。洛阳地处大运河南北交汇处,交通便利,这里不仅是隋朝的政治中心,也是经济和文化中心。

东都的商业繁荣是可以想见的。因为东都是大运河的中心枢纽,商业格外繁荣。当时的商业交易在三市中进行,特别是通远市靠近漕渠,"其内郡国舟船舳舻万针",经漕渠入运河,"可通大船入市"。洛阳成为全国水陆交通枢纽,工商业空前繁盛,逐渐成为全国的商业中心和对外贸易中心。同时,皇帝还下令把洛阳故城的居民及各地富商大贾等迁入新城,使洛阳人口达到百万以上,规模在当时的世界上首屈一指。

唐代继续建都长安,由于其所在的关中地区人口不断增长,而当地出产逐渐无法满足其官俸、军饷和宫廷用粮的需要。因此唐朝政府在隋代大运河的基础上,经过局部变更和整修,建立起发达的运河交通网络,位居大运河交汇处的洛阳的重要性再次

图6-4 今天洛阳城的九州池

图6-5 武则天建的天堂（复建）

凸显，城内中外商贾荟萃，手工业发达，城内市场甚至远较长安大。唐高宗时恢复了洛阳的东都地位，并经常往来于两都之间，以方便就食于富庶的东南地区。武则天当政时期，更长期驻跸洛阳，改洛阳为"神都"。正是运河的沟通使政治中心与经济中心密切联系在一起，整个帝国名副其实地凝结为一个坚强牢固的整体，为大唐盛世奠定了基础。

二、开封的规划设计

开封地处中原腹里，周围平原广阔，河湖交错，战国时即是魏国都城（称大梁）。当时，魏国为争雄称霸，对鸿沟进行挖掘改造，北接黄河，南边沟通了淮河北岸的几条主要支流，构成了黄、淮之间的水路交通网络，而开封也因此成为中原地区的水陆交通要冲。大运河沟通后，开封（称汴州）西通洛阳，南达江淮富庶之地，是南来北往商旅漕船的必经之地，从唐开元年间逐渐繁荣起来。

安史之乱以后，由于藩镇割据局面形成，北方地区的大部分赋税被地方留用，唐王朝的财政收入主要依靠江南，通济渠成为了其生命线，使开封作为交通漕运枢纽的地位得到进一步确立，并对其城市发展起到巨大的促进作用。此外，作为保护洛阳的屏障，开封也具有巨大的军事价值，成为唐王朝统治东部地区的重镇和兵家必争之地。经济与军事地理格局的变化也带来了政治地理格局的变化。907年，朱温在开封称帝，建立后梁政权，立开封为国都，洛阳被改为西都。五代时期（907—960），虽然国都仍然在开封、洛阳之间来回变动，但多数时间以开封为主，洛阳则降到从属的地位，从而开启了中国都城史的"运河时代"。960年，赵匡胤建立了北宋政权，并通过一系列战争结束了唐末以来的割据局面。由于当时中国经济文化重心的南移已经完成，因而宋廷在选定都城时，必须考虑如何既能照顾到北部和西北部边防的安全，又能较容易地取得江、淮地区的漕粮供给，以满足上述需要。开国之初，宋朝就采取加强中央集权措施，将各地方政府的军、政、财、法和监察大权，全都集中到中央，在开封设置了庞大的官僚机构，并在京师驻扎了数十万的精锐部队。出于上述配置，宋朝一开始就制定了"国家根本，仰仗东南"的国策，即国家的财赋收入，主要依赖东南地区对京师的漕运。北宋朝廷曾数次讨论过是否迁都洛阳的问题，结果因洛阳离东南地区较远，漕运不便而被否决。

当时开封的水运交通条件十分优越，由于大运河的开凿，到了五代时期，开封已经成为"接引河、汴，南通淮、泗，北接滑、魏，舟车之所凑集"的北方大城市。北宋汴梁是当时漕运的四条河——金水河、惠民河、汴河、五丈河的汇聚点，有"四达之会"的称号。因此，通过汴渠的漕运，可以便捷地运来江淮地区的粮食，完成政治中心和经济中心的贯通。除汴河（宋朝称通济渠）外，还有向南经陈、蔡地区通往淮河流域的惠民河，向东经曹州通往齐鲁地区的五丈河，以及向西经中牟通往荥阳的金水河。这一以汴河为主的运河系统构成以开封为中心的放射状河网，为北宋漕运的发达和京师开封的繁荣，提供

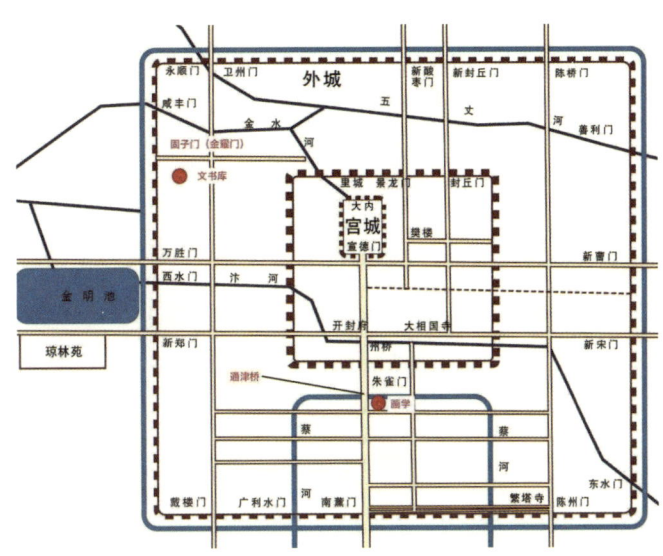

图 6-6　北宋汴梁城示意图

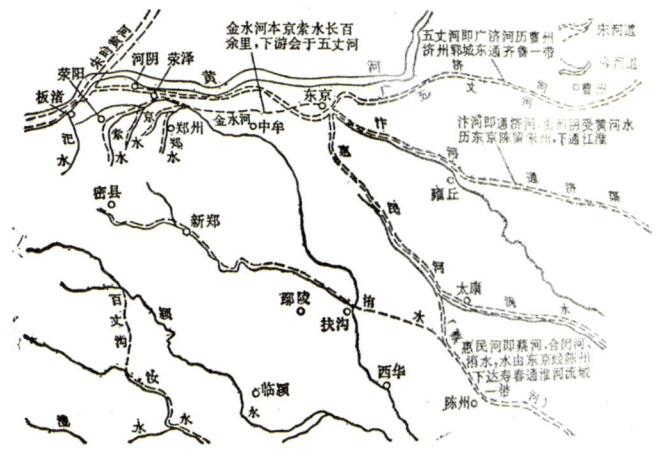

图 6-7　北宋四大漕渠示意图

了良好条件。

尽管开封地势平坦无险可守,由于其地处大运河东南部分北端的重要位置,赵宋君臣几经反复研讨,最终还是不得不继五代(后唐除外)之后,确定开封作为国都。而开封作为漕运中心和水陆交通枢纽,发挥了集东南之粮辐御北方兵马的重要作用,在兵事紧急的时候将漕粮转运到国防前线。因此,开封成为首都的不二之选。

北宋开封从周围20余里,扩大为周围近50里。整个城市分为宫城、里城和外城三部分。宫城也称皇城,是宋朝皇帝及后妃居住之地,也是中央官府机构所在地,宋人习惯上称大内。宫城在北宋建隆三年(962)至开宝元年(968)扩建,达到周围五里的规模,内部诸殿尤为壮丽。真宗大中祥符五年(1012)又将板筑的宫城土墙改为砖墙,是历史上宫城砖筑之始。整座宫城略呈方形,坐落在全城中央略偏西北。其基本布局以东西华门之间的道路为轴线,分为南北两大部分。其南部为皇帝大朝会、中央主要办事机构所在,包括大庆殿、文德殿群、政事堂与枢密院建筑群等。后半部分的西区包括紫宸与垂拱等殿群、崇政与延和等殿群、福宁与坤宁等殿群、龙图诸阁群、旧延福宫与广圣宫群,是皇帝和后妃们的居住区。宫城北半部之东区是"内诸司"集中地,也是与皇帝后妃居住区的安全、生活关系密切之所。另有后苑区为皇宫帝妃们宴游之处,有金水河注入,并有太清楼、玉宸殿等建筑,又有诸假山池沼、奇花异木,呈现出山林野趣与宫殿群体之间的和谐,表现了高度的规划设计力与建筑技巧。

里城即旧城,宋初也称阙城,周围长20余里。汴河、金水河流贯其中。外有护城河即城濠,以运河水为源。北城濠即景龙江,东西城濠为金水河水,南城濠引蔡河水。

外城,又名新城或罗城,宋初也称国城,始建于后周,北宋屡有扩修。其中以神宗时的修建费时最长,消耗的人力与物力最多。此役由内臣宋用臣主持,增加了城墙

图6-8 开封的"宋都御街"

图6-9 现代仿建的开封龙庭

的长度、高度与墙基宽度，完善更新了城墙上的战守设施。到哲宗时又续修了楼橹、战棚、马面等。建成后，城墙"望之耸然"。

尤其需要指出的是，东京开封的修建比较好地解决了城市的排水、饮水问题。新旧城内共开挖大小水沟253条，分注各河，并定期浚修以保持水道畅通。为解决城市供水，宋初即引金水河入城并贯穿皇城，沿河各处作井，供居民等取水饮用。

开封城既以运河诸水为盛，横越运河诸水的桥梁建筑也颇具特点。城内贯穿汴河、金水河、广济河、惠民河等诸河。据载，惠民河上有桥13座，汴河上亦有13座，广济河上有5座，金水河上有3座。诸桥中尤以虹桥最为

图 6-10　开封北宋东京古城西城墙新郑门考古遗址

图 6-11　开封仿照《清明上河图》建的清明上河园

有名，因而被画家张择端收入《清明上河图》中。此桥跨径达25m，水面上高近6m，宽约8m，是汴河上最大的一座桥梁，也是汴河漕船进入京城的门户。此桥为木结构，桥形如拱，用两组拱骨交错而成。这种长跨径木桥建筑是桥梁建筑史上的杰作，在世界桥梁史上也是罕见的。在汴河穿越里城御路上还有一座称为"州桥"的石头平桥，宽广平直，桥洞低短，亦非常有名。"州桥明月"亦成为著名的"汴京八景"之一。

三、杭州城的规划设计

杭州地区始兴于隋代，隋唐大运河的南北贯通和东南经济的迅速发展，尤其是江南运河与钱塘江及浙东运河的沟通，使杭州从一个滨海小邑一跃发展成为重要的经济都会。唐朝时，杭州已成为国内外通商口岸，贸易兴盛，呈现出"骈樯二十里，开肆三万室"的繁荣景象。907年，在唐政权被后梁政权取代的同时，唐地方将领钱镠建立吴越国，以杭州为都城。经钱氏数十年的经营，使杭州成为一座规模宏大的名城，

并在北宋时期成为全国最重要的工商业城市之一,是对外贸易主要港口,经济、文化十分繁盛。

1132年,在经过开封陷落后的数年颠沛流离之后,宋朝统治者终于在临安府(今杭州)安定下来。考虑到杭州自身优越的经济条件和物质基础,以及它作为江南运河、浙东运河及钱塘江三条水路交汇点的便利水运交通条件,宋朝廷于1138年正式将其定为行都,之后的宋政权被称为南宋。

南宋对城市的规划设计也离不开运河的功能发挥。南宋时期的杭州城分为内城和外城两大部分。内城也称皇城,周围长9里,东临钱塘江,有东华门(东)、丽正门(南)、西华门(西)、和宁门(北)四门。城内殿宇亭阁,星罗棋布。基本布局分为南内、北内。南内为皇帝、后妃等居住生活区以及中央官府主要机构所在地。北内主要为德寿宫,是宋高宗引退后所居宫殿。南内建筑主要利用凤凰山东麓的自然山水和地形以布局,故山水形胜,错落有致。

杭州外城也叫罗城,共有旱城门13座,水门5座。许多城门建在运河上。如丰豫门是从杭州到西湖游览的必经之门,门外也就成了游客上下船的码头。又如余杭门,便是南北大运河自杭州的起始点,由此上船沿运河至浙西、苏、湖、常、秀以及两淮诸水道,更是商旅往来,繁华无比。城内亦水道纵横,并借西湖水作井,供市民饮用。运河与西湖成为整个杭州城市环境中牵动全局的至关重要的组成部分。运河与西湖的治理也极大地促进了杭州城市建设,使之"生齿日繁,湖山表里,点饰浸繁,离宫别墅,梵宇仙居,舞榭歌楼,彤碧辉列,丰媚极矣"。

南宋政权偏隅南方,北有强敌,但仍然维持了150多年(1127—1279),且经济持续发展,全靠其坚实的财政基础的支撑。而正是由于运河对于各地财赋的转漕,才

图6-12 南宋杭州郊坛遗址

图6-13 杭州仿古街道

保证了朝廷的财政需求，并成为其布达政令、遣发军旅、流通物资的重要通道，运河也由此成为南宋得以偏安的重要因素。南宋经济、文化、社会各方面的高度发展，促成了京城临安的极度繁荣。作为全国最大的手工业生产中心，杭州的工商业发达，手工业门类齐、制作精细，造船、陶瓷、纺织、印刷、造纸等行业都建有大规模的手工业作坊。杭州还是当时全国商业最为繁华的城市，城内城外集市

图 6-14　杭州的香积古埠

与商行遍布，天街两侧商铺林立，早市夜市通宵达旦；城北运河樯橹相接、昼夜不舍，城南钱江两岸各地商贾海舶云集、桅杆林立。经过南宋政府 100 余年的精心营建，杭州发展成为百万人口以上的大城市，鼎盛时曾达 160 万人，成为当时亚洲各国经济文化的交流中心。即使是 1274 年沦陷于蒙古军队之后，马可•波罗仍然认为它"无疑是世界上最为华丽高贵的城市"。

四、北京城的规划设计

北京古称蓟，战国时即为燕国的都城，为北方一大都会。作为中原进入北方和东北地区的门户，北京逐渐成为区域政治中心。随着大运河在隋代开通，第一次开辟了从江南直达涿郡（今北京南郊）的运道，解决了漕运问题，从而不仅提升了北京地区的政治、经济和军事地理价值，还为其后来上升为全国政治中心奠定了基础。隋唐王朝对高丽的多次用兵，都以北京为基地。

中唐以后，契丹、渤海、女真等少数民族相继崛起于东北，北京的政治地理价值日益凸显。10 世纪上半叶，契丹族在建立辽朝后升北京为五京之一的南京，是辽国经济文化最发达的城市，几可与宋都开封相媲美。12 世纪上半叶，由女真族建立的金朝取代辽，并攻灭北宋，占有淮河以北的领土，与南宋形成南北对峙的局面。鉴于北京的交通发达、物产丰富，公元 1153 年，金朝统治者正式将都城迁至北京，改称中都，并随即恢复了以中都为中心、以御河（即隋唐时的永济渠）为主干、以黄河北流诸水为辅的漕运体系。

1264 年，在即将重新统一中国的前夕，元朝皇帝忽必烈下令在金中都东北郊另建

新城，并于 1272 年把新城命名为大都，定为全国的都城。元大都的确立与兴建，使北京由北方区域中心第一次上升为统一国家的政治、经济、文化中心，成为北京城市发展史上的一次飞跃，对中国历史发展产生重要影响。元大都皇城的建设参考了金中都的建造特点。元大都的皇城坐落在大都城南方偏西的位置上，以太液池为中心，东岸建有以大明殿为主体的宫城，宫城后面为御苑；西岸建有以光天殿为主体的隆福宫和以兴圣殿为主体的兴圣宫以及西苑。在皇城内还建有仿照瑶池仙境的瀛州（今团城）；在大小宫殿间，还建有负责警卫的宿卫直庐，负责饮食的庖人、酒人之室，负责缝纫的女红之室，以及各种储物的仓库、办事的衙门等。负责设计及建造大都的刘秉忠，参照汉族传统的风水理论，按照"前朝后市，左祖右社"的格局进行布置，有九经九纬的街道和标准的纵街横巷制的街网布局，历时 24 年方才建成，这也奠定了如今北京城的轮廓。

大都城的山形水系，在其规划设计之初便被认真考虑在内。设计者首先选择了城内最重要的水源积水潭东北岸定为全城的中心点，立"中心台"，又建"中心阁"。从"中心台"向南，紧傍积水潭东岸，垂直南下，形成设计上的元大都示意图上的城市中轴线。在此中轴线上，依太液池的东岸，建造宫城"大内"，又以积水潭的东西宽度，作为全城宽度的一半，以确定东西两面大城城墙的位置。元大都的最大特点是规模宏伟，规划整齐，有高峻的城墙和角楼，融有多民族建筑风格的宫殿、寺庙；有美丽的万岁山和太液池，有皇家园囿和动物园，有宽敞整齐的街道和扬名中外的胡同。

大都城方圆 60 余里，为南北略长的长方形。与传统城市建筑布局不同的是，大都城的基本形状呈东西对称而南北不对称，城四角建有巨大的角楼，城外绕以宽深的护城河。城墙用土夯筑而成。全城的中轴线南起丽正门，穿过皇城灵星门、宫城崇天门和厚载门，经万宁桥、中心阁，直抵健德门和安贞门之间。街道布局是在南北向的主干大道的东西两侧，等距离平列着许多东西向的胡同。

除大都城和皇城、宫城、宫殿、官署的建筑外，尤其值得一提的是为解决大都供水、

图 6-15 北京元大都遗址

排水的几项主要水利工程都与运河有关。一是至元三年（1266）为配合都城的修建，重开金代已经堵塞的金口工程；二是开凿金水河工程，经过开凿的运河渠道，引玉泉山诸泉之水流入城内；三是开凿通惠河工程，以保证由运河和海道漕运的物资供应大都之用。这些都是大都建设过程中的重要配套工程，这些工程的实施与完成，也使大都成为大运河北端最具代表性的运河城市。

图 6-16　北京什刹海

在大都建成之后，为解决南粮北运问题，元代朝廷对大运河进行了一次大规模的整治和开发，重新开通的大运河以大都为起点，直穿山东、江苏全境，径抵江南，沟通了河、海、江、淮、钱塘五大水系，把南北方各大经济区更直接地联系起来，由此奠定了此后中国大运河的基本走向及其规模。明清两朝相继建都北京，继续沿用元代大运河作为连接北方政治中心与江南经济中心的水运通道。为确保这一交通大动脉的畅通，明清两朝都不遗余力经营运河，使运河的功能和作用得以充分发挥，进而将古代运河的发展推向高峰。

明清两代使用的北京皇宫现在叫故宫，是明代建筑的突出代表，显示着我国具有悠久历史的木结构建筑技术的辉煌成就。

北京故宫是我国现存最大最完整的古建筑群。明成祖取得帝位后，决定迁都北京。故宫始建于永乐五年（1407），竣工于永乐十八年（1420），历时14年之久。为改建北京城，明成祖不断派遣官员到湖广、江西、浙江和山西等采办建筑用的木材和石料等。并将全国各地特别是运河区域的优秀工匠征集到北京从事宫殿的营建。

故宫占地面积72万m^2，内有房屋近万间，外有高达10m的城墙围绕，四角各修一座造型秀丽的角楼，环绕紫禁城的是一条护城河。故宫从形式到内容，都为了体现皇帝的尊严和封建的等级制度。

各建筑物大都用大理石做台基和栏杆，建筑物中的木结构如木柱、门、窗等，都漆成红色，横额都以蓝绿两色绘成彩画，屋顶用黄色的琉璃瓦，显得富丽堂皇、精美绝伦。其中奉天殿（太和殿）、华盖殿（中和殿）、谨身殿（保和殿）是中心建筑，占地8.7

图 6-17　北京故宫

万多平方米。三大殿的台基各由高达二丈余的三层重叠的须弥座构成,俗称"三台",使三大殿显得更为雄伟壮观。奉天殿(太和殿)高达 26.92m,东西宽 63.96m,南北深 37.20m,殿内共有 72 根柱子作为支承,每根柱子高 14.40m,直径 1.06m。华盖殿(中和殿)高 18.87m,屋顶四角攒尖。谨身殿(保和殿)高 20.87m,屋顶为歇山式。每殿的周围都用汉白玉雕刻的各种构件垒砌而成,更显得庄严雄伟。

故宫宫殿的建筑设计十分严谨,这与当时的建筑技术是分不开的。我国木构建筑的设计虽然早已有了一定的规范,到明朝就更加规格化、程式化。殿式建筑以"斗口"为基本模数,只要规定一种斗口的等级,整个建筑的各部分用料尺度就可以确定了。斗拱功能的减弱以及木构砍割手法的简化等,也是这一时期木结构的明显变化。拼合梁构件是明代木结构技术的一项成果。由于掌握了木材易于拼合的性能,使小块木料经过并合、斗接、包镶之后仍能发挥大料的作用,达到节省木料的需要。

除皇宫外,北京皇城内还建筑了供帝王祭祀天地、祖先、神灵用的天坛、社稷坛、山川坛、太庙。其中天坛最为有名。天坛的主要建筑为祈年殿和皇乾殿、皇穹宇、圜丘。祈年殿是皇帝祭天以求谷物丰收用的;皇穹宇和圜丘主要供祭祀皇天上帝用。这些建筑的石刻、绘画和木结构,都很精美。它们的四周是一片广阔的苍绿色的翠柏劲松,搭配建筑物为琉璃瓦的蓝瓦,给人以一种异常肃穆宁静的感觉。天坛中的几处建筑至今仍有独特的吸引力,如存放皇天上帝牌位和皇帝祖宗的皇穹宇的圆形围墙,通常称为"回音壁",人们站在它的一端,可以清晰地听到站在墙壁另一端的人的话音,它不是靠声波通过空气的传导,而是经过墙壁的反射传过去的。圜丘是一个高台,四周环以石栏杆。人们站在高台中心的那块石上说话,可以听到很响的回音。"三音石"是回音壁圆心处铺在地上的一块石头,站在它上面鼓一下掌,可以听到几声回响,这也是声音反射现象。以上几项建筑中声学现象的利用,反映了我国古代劳动人们的聪明才智。

清代统治者定都北京后,于顺治二年(1645)开始对明皇宫的皇极、中极、建极三大殿重建修缮,更名为太和、中和、保和殿。此后清代又对皇宫进行多次重修和扩建,逐步形成了中国现存最大最完整的皇家古建筑群。清代对皇宫的重修扩建,以康熙八年(1669)对太和殿的重建最为引人注目。经重建,太和殿由原来的9间改成了11间,殿宽60.01m,深

图 6-18　北京天坛

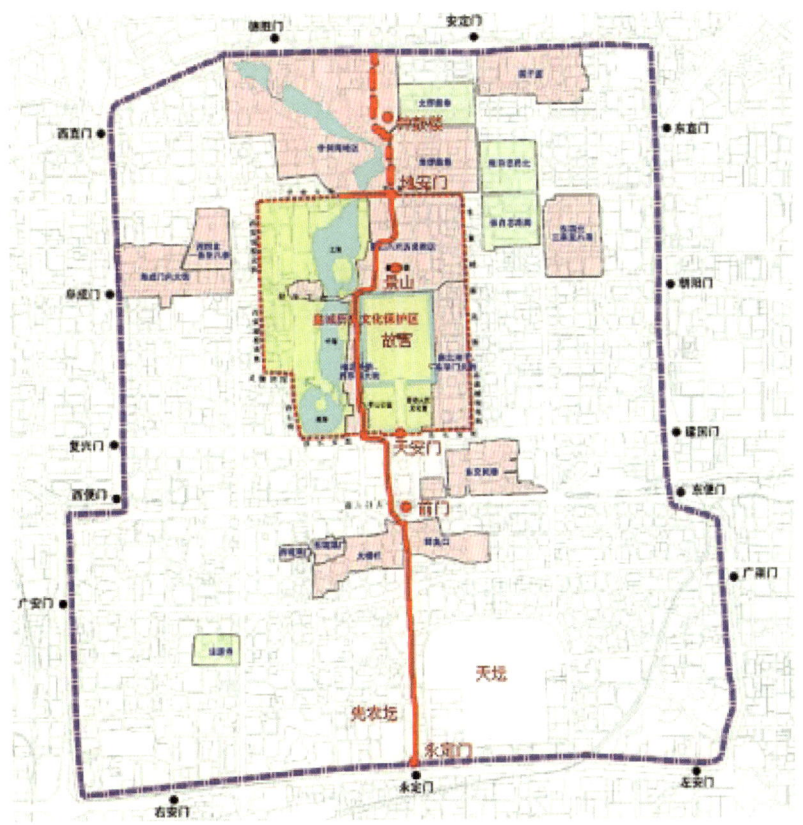

图 6-19　北京中轴线示意图

图6-20 故宫的太和门

33.33m，高37.44m，是我国木结构建筑中最高大的一座。整个大殿装饰富丽堂皇，尽现皇家气派，殿内的金龙和外檐的彩画交相辉映，地面用金砖铺墁，墙裙由绿琉璃缀饰，门窗皆为鎏金的金廓、金琐窗，殿顶垂脊上饰以形态各异的走兽，整个太和殿气派庄严、光彩夺目。太和殿的重建工程，由老技师梁九主持。他常先按缩小的尺寸制成模型，然后按此施工。如曾按照等比例缩小的方法做出大殿模型，使大殿的修缮工作得以顺利进行。"乾隆花园"的修建是清代皇宫扩建的又一重大成果。"乾隆花园"是乾隆为养老而修建的，位于皇宫内宁寿宫的西侧。全园面积约 6000m²，虽限于空间，但在造园技术上发挥了变化多样的技巧，设计新颖，游廊婉转，亭阁玲珑，为皇宫增添了新风景。

从元大都到北京城的演变反映了建筑科技的高度发展，也反映了中国各民族劳动人民的智慧和创造才能。元大都奠定了今天北京城的基础，它不但是当时中国最大、最繁华的城市，也是当时世界上所公认的最大城市。它规划科学，建筑规模、布局安排、建筑艺术等充分利用了地理条件和人才优势，不仅在中国都城建筑史上无比辉煌，而且在世界都城建筑史上也占有不可磨灭的重要地位。

第二节 中国大运河商业城市的规划设计

中国大运河自春秋时期初创开始，即推动着沿线城市商业的兴起与发展，而隋代大运河的开通更是掀起了运河沿岸城市商业、手工业发展的第一波浪潮。隋唐大运河不仅带动了东南地区的开发建设，提高了东南地区经济文化水平，而且促进了一批沿岸城市的兴起与繁荣。宋代以开封、杭州为中心的运河体系的建立，以及农业、手工业的进步，将运河沿岸城市的发展推向一个新的阶段。元代大运河的重新开通和南北取直，为运河沿线城市发展开辟了一个新的时代。尤其是自明中叶以后，随着封建社

图 6-21 北南运河天津三岔口

会商品经济的进一步发展,社会生产力水平有了较大提高,社会分工进一步扩大,手工业诸如冶炼、制瓷、纺织、造船、染色、制盐、造纸等行业有较大发展,国内外市场不断开拓,由此将运河城市规划设计推向一个繁荣发展阶段。在当时全国著名的工商业较发达的 30 多个大中城市中,就有顺天(北京)、镇江、苏州、松江、淮安、常州、扬州、仪征、杭州、嘉兴、济宁、德州、临清 13 个为运河城市,几乎占了半壁江山。其他运河沿线城市如天津、徐州等也都具有相当规模。

大运河沿线的众多城镇,由于漕运的影响而逐渐发展成为工商业发达的地区性中心聚落。位于大运河与长江交叉口的扬州,自隋至清,一直是大运河枢纽。扬州城与大运河的邗沟段同期修建,至今可见运河对城市格局的影响。至唐代,扬州已成为全国最发达的商业都会。元代,扬州则成为重要的国际性都会,到明清两代更由于盐业的发达而更加繁荣。苏州、杭州的历史也与 6 世纪时江南运河的开通息息相关。宋代的苏州城更由于以水系为脉络,河道为骨架,形成了杰出的双棋盘式格局,将大运河之水引入家家户户,形成了独特的"水陆相邻、河街平行"的设计模式。农业、丝织业的发达加之漕运带来的便利和商贸机会,使苏杭两地在宋代即被誉为"上有天堂,下有苏杭",以形容其富庶与美丽。明清时期,苏杭两地更成为工商业极为发达地区。北方的天津、南方的宁波(明州)均是大运河与海运的交汇点,也由此而成为历史上全国南北货物的集散地与重要的对外港口城市。

一、扬州城的规划设计

扬州地处大运河与长江的交汇处,自春秋吴国于公元前486年开邗沟、筑邗城起,即成为运河咽喉之地。正因为与大运河同生共长的关系,扬州城历经春秋吴邗城、楚汉六朝广陵城、隋江都宫和东城、唐扬州子城和罗城、宋扬州三城、明清扬州二城等主要阶段,其城池的始筑、扩建、发展、形成与历代开凿的运河以及长江北岸线南移所带来的陆地向南扩展有着非常密切的关系。扬州的兴盛始于隋唐,大运河的开通使扬州成为全国最重要的水陆交通中心之一。

隋唐时期扬州城的规划设计也很有特色,隋唐时期扬州城的形制既受当时两京形制影响,又具有以运河为中心围筑城池、交通水陆并行等诸多南方城市的特色,还带有从封闭型里坊制城市,向开放式的商业城市过渡的特征。隋代江都已有"重城"之称,其所指或为隋江都宫和东城。唐代以前,扬州的城池位于蜀岗之上,唐时方在蜀岗之下修筑了罗城,形成了蜀冈上的子城(即官府所在地)与蜀岗以南的罗城(商业街区)并存的局面。罗城的出现促进了扬州经济继续繁荣发展。南北商人和物资多汇集于此,江淮荆湖与岭南的物产,特别是东南一带的海盐,大都在此集散。唐中后期,扬州不仅是唐朝财赋所赖的重镇,更是商贾如织的国际大商埠,时人称"扬一益二",即除了都城长安和洛阳,扬州之繁盛天下第一。

扬州唐罗城的形成是因河而市、因市而城,城市规划与其周边水系的发展变化有着相辅相成的关系,罗城内的街道和河道构成了基本呈斜网格棋盘状的水陆交通网。在修建城池之前,罗城范围内已经有包含运河在内的众多河道,水运也早就成为当地经济生活的重要组成部分,因此修建城池可以按照正方形规划并修建城墙,还可以因地势、地貌来规划城内街道,这也是罗城内道路网的平面呈斜网格棋盘状的原因。沿

图 6-22 扬州唐城遗址

图 6-23 扬州南门遗址

着唐罗城中轴线的汶河一线就是隋唐时期淮南运河唐罗城段。唐代官河一线基本上是罗城的中轴线，其与流经东水门的城内水系以及城南的扬子津、七里港运河等连通，与罗城的关系相对更加密切。唐代官河沿线有较多与漕运相关的卸货码头，因此在罗城内的唐代官河沿岸形成了繁华的"十里长街"。这才有了杜牧的"春风十里扬州路，卷上珠帘总不如。"

图6-24　扬州宋夹城遗址

宋元之时，扬州有宋堡祐城、宋大城和宋夹城三座城池，互为犄角。都是沿着运河展开。因为运河的影响，扬州商业繁盛著称于世。是时，"百川迁徙贸易之人，往往出其下，舟车南北日夜灌输京师者居天下之七"。

明代，扬州沿运河建城，有旧城和新城之分，都依运河而建。旧城以政府管理机构为主，而新城就是在运河边的盐业仓储及盐商住宅的基础上建设起来的，方便货物运输和人员往返。因此，盐商大多住在新城，各类商业会馆也聚集于新城，所以新城发展速度超过旧城。优越的地理位置，便利的交通，使其成为当时漕粮北运的门户，扬州的经济和文化再度出现空前繁荣，"四方客旅杂寓其间，人物富盛，为诸邑最"。作为两淮盐运使的驻地，扬州集中了大量的盐商及其资金，成为全国的金融中心，时云"扬州富甲天下"。扬州的商业除盐业外，米行、木行、造船业、南北货业、铜器业、茶食业、刺绣、漆器等手工业也很有名。

明末清初，扬州虽一度遭受重大损失，但由于其漕运枢纽地位和盐业发达，经济迅速得到恢复和发展。清代康熙、乾隆皇帝的数次南巡均以扬州为主要驻跸之地。两淮盐商为接待帝王南巡，大建宫室、园池、台榭，对扬州城市发展起了重大作用。清朝将漕、盐、河称为"东南三大政"，

图6-25　扬州明清城东门遗址

扬州兼三者之利,号称"东南一大都会"。据统计,到清后期,仅江苏苏松道、浙江、江西、湖南、湖北通过扬州漕船总计 2659 艘,共计运丁 26590 名。这些数量巨大的运丁及众多官兵为扬州带来极大商机。同时,清代对漕船携带土宜的限制逐渐放宽,土宜数额伴随商品经济发展屡次增加,为扬州带来各种物资,使扬州成为当时全国商品经济最为发达的城市。扬州的繁华使其成为达官、富商、缙绅、豪门的聚居之地,各色商业服务行业如商铺、茶馆、酒楼、戏园等鳞次栉比,城内园林名胜,甲于天下。

二、苏州城的规划设计

位于江南运河与娄江交汇处的苏州,濒太湖,依长江,素有江南水陆交通枢纽之称。自吴王阖闾筑城(前 514)起,就为东南重镇。苏州建城后不久,历代统治者就以苏州为起点,陆续向西、北、东、西北、南等方向开凿运河,构成了苏州与外界联系的四通八达的水道。其中,向北、向南两个方向的运河经隋大业年间的进一步开凿,成为大运河苏州段的重要组成部分。运河之水,一部分汇入护城河;一部分先进入城内水系,以三横四直的主干水系构成主要水网,成为城市居民重要的生活水源,然后再从城门泻出后汇入运河。苏州也因此成为受运河水滋养的城市,整个城市与运河连成一体。唐宋以降,随着经济重心南移,苏州经济快速发展。至明清,苏州发展成为全国的棉织、丝织业中心和刻版印刷业中心,以及全国最大的粮食市场和丝棉织品贸易中心之一。明清时期,"苏州江南首郡,财赋奥区,商贩之所走集,货物之所辐辏,游手游食之辈,异言异服之徒,无不托足而潜处焉。名为府,其实一大都会也。"作为粮食、丝棉织品贸易中心,苏州与扬州、杭州、淮安并称为"天下四聚",市场上

图 6-26 扬州城

不仅有全国各地的各种名优特产，而且还有大量的外国商品。这一时期，苏州城内水系也是大运河漕运体系的一部分。明清两代的漕运，皆依托苏州密集的水运网络运到苏州城内粮仓储存，而后由苏州发运北上，苏州古城成为漕粮的重要征集地和起运地。依靠运河的滋养，作为明清时期全国工商业最发达的城市之一，苏州的发展规模仅次于北京、扬州。

《平江图》为宋代平江（今苏州城）城市地图。系南宋绍定二年（1229）郡守李寿朋主持刻绘，《平江图》展现了苏州自南宋即已经形成的水路、陆路并行的双棋盘格局。从现存的《平江图》上可以看出，当时的苏州城周围有太湖、阳澄湖等，点缀在绿色的原野之上，大运河、吴淞江、元和塘、胥江贯穿其间，水网交织。景色秀丽。环城内外有护城河，城内主要河道纵有6条，横有14条，皆通过水门与城外河道息息相通。城内道路大致与河道相并行，东西对称，南北平行，排列整齐。城开6门，西门胥门城楼上还标有"姑苏台"字样。城内民居多前门临街，后门凭河，粉墙映照，绿窗映水，呈现出一派"朱门白壁枕弯流，家家门外泊舟航"的景象。城内有桥398座（或称"画桥四百"），是典型的运河水上之城。

苏州运河水系造就了古城

图 6-27 大运河苏州城区段

图 6-28 今天的苏州山塘历史街区仍可看出河街并行格局

水陆并行、河街相邻的城市布局,并对享誉世界的苏州园林产生深远影响。这种水上园林城市景观,在大运河沿线城市中独一无二。其中,平江历史文化街区和山塘河历史文化街区较为完整展示了运河城市水道体系原貌,反映出苏州这座运河古城的历史风貌,是水城苏州水陆并行、河街相邻的典型区域,代表了河街并行的苏州城"双棋盘"格局。是《平江图》的真实体现,是研究古代城市规划、城市建设的重要范本。

三、北方运河城市的规划设计

除了南方的运河城市,大运河的繁忙还带动了北方运河城市的发展。尤其是元朝重新开通大运河,为运河沿线城市发展开辟了一个新的时代,一批新兴的运河城市,如天津、临清、济宁、淮安等,在中国北方逐渐崛起。1214年,为保障金中都(位于今北京城西南)及漕、盐储运安全,金朝政府在三岔口建立了军事设施直沽寨,成为天津城最早的建制。作为河、海漕运的交通枢纽,元代重开大运河和开展海运,使天津一跃成为京师门户。漕运、海运相汇集,使其呈现出"晓日三岔口,连樯集万艘"。漕运废止后,位于渤海之滨的天津也凭着海运码头和京师门户的地位,继续成为北方最重要的工商业都会。

位于会通河与卫河交汇处的临清是因运河而兴起的又一重要工商业城市。明代大运河全面通畅后日趋繁盛,四方物资毕集于此,人口急遽增长,集市繁荣,手工业发达,一跃成为区域性商业贸易中心。作为北方最大的粮食市场,临清每年贸易量达千万石

图 6-29　济宁太白楼

图 6-30 淮安清晏园

之巨。此外还有不少的盐店、典当店、皇店、官店、旅店、榻房等。大大小小的商业街市几乎遍布全城,店铺种类、数量繁多。明、清时期城内店铺在五六百家以上,如加上各种类型的市集商贩、作坊,临清各种商业店铺可达千余家。商业的兴盛还带动了手工业的发展。临清的制砖业、毛皮手工业十分发达,砖窑多达 380 余个,工匠近万名。临清工商业的繁荣给人留下深刻印象,明代著名的传教士利玛窦曾说:"临清是一个大城市,很少有别的城市在商业上超过它。不仅本省的货物,而且还有大量来自全国的货物,都在这里买卖,因而经常有大量旅客经过这里。"

济宁作为会通河上的重要枢纽,城内外也是商业街区遍布,其人口比例最大的部分是商人,其次是手工业者,是一个典型的因转口贸易而发展起来的城市。据《济宁直隶州志》记载,明末时,济宁位于"南北咽喉、子午要冲,我国家四百万漕艘皆经其地。仕绅之舆舟如织,闽、广、吴、越之商持资贸易者,又鳞萃而猬集。即负贩之夫、牙侩之侣,亦莫不希余润以充口实。冠盖之往来,担荷之拥挤,无隙晷也"。

淮安地处黄、淮、泗、运众河交汇之地,为运河航运交通枢纽,每年数以万计的商船、漕船云集码头,牵挽往来,百货山列。明清两代在淮安设有漕运总督,总管天下漕粮。淮安城的空间结构也在明代发生重大改变,围绕着运河河道形成了三城相连的格局。

淮安旧城自东晋筑城，明清时期聚集了漕运总督、漕运总兵官等众多军政官署，城内有专储白银的"淮库"，常年储存和调配的数量达30万～40万两，规模仅次于京师银库。新城在旧城北一里，古末口之旁，扼守着淮河的对渡码头，明代成为大河卫治所。两城之间原不相联属，粮船屯集湾泊于此，后为了防范倭寇侵扰，修筑联城（又称夹城），将新旧二城联为一体。清康熙十七年（1678），又将河道总督迁至淮安，淮安遂成为全国性的经济调控中心。水路交通的发达，也为淮安商业的繁荣提供了有利条件，明清时期，淮安与扬州、苏州、杭州并称运河沿线的"四大都市"，是当时具有全国影响力的特大城市。

大运河对城市规划设计的影响还表现在城市街区、商业设施等方面，这些均见证了漕运对城市聚落形成发展的推动作用，及其对区域性经济和贸易的影响。其历史街区是城市发展历史中运河影响的佐证。在水运交通便利、商业发达经济繁荣的地区逐渐发展出会馆、商行等商业设施，反映了大运河沿线经济的繁荣和由此而生的文化发展情况，见证了大运河带来的思想、文化、技艺的交流和汇集。

第三节　大运河与古镇规划

大运河作为中国古代具有战略意义的交通大动脉，对于沿线城市和集镇的发展都产生了巨大影响。人们沿着大运河逐水而居，大运河也给两岸城镇的规划打上了鲜明的烙印。在北方，古代的运河催生了一批市镇的繁荣，如临清、张秋；在南方，至今运河水系与城镇水系仍旧巧妙连接，如今塘栖、震泽等古镇形成了独特的"枕水人家"居住模式，形成了一批历史城镇和运河街区，甚至一些大户人家的豪宅大院也沿运河而建，生动展现了大运河对生活方式的塑造。大运河穿越城镇时成为城镇水道的一部分，沿线重要的枢纽城镇也凭借与大运河的密切联系发挥出巨大的辐射作用，使得大运河成为真正沟通南北的母亲河。研究大运河古镇规划对大运河文化带建设会发挥重要的推进作用。

河流是人类古代文明的摇篮。历史上，河流是雕刻大自然的工具；由于河流两岸往往土地肥沃，河水为人们提供了充足的水源，用以饮用和灌溉土地；河流也为人们的交通往来提供了方便，于是，人们在河边定居下来，形成村落，以后，逐渐发展成一座座城镇。河流哺育了城镇，城镇也改变了河流的面貌，为河流增添了无限生机。大运河沿线临水古镇的形成与发展都与大运河有着密切的关系。大运河对沿线城镇的兴起繁荣起了很大的作用，并创造出独特的运河文化与生活。运河聚落规划的共同特点都是沿河而居,但形成的原因各异。有的是作为交通枢纽的地位,如因渡成镇的瓜洲古镇、因驿成镇的界首镇、湖中运道微山湖南阳镇;淮安在清江浦的辐射下,依托运河河道设施或公署机构,自东而西兴起了河下、板闸、王家营、马头等小城镇。有的是因为水利设施而成镇,如长安镇因为长安三闸,邵伯镇因为邵伯埭,高堰古镇因为高家堰;有的因商业繁荣而兴镇,如滑县道口古镇、新沂窑湾古镇、杭州塘栖古镇;有的是因为特色产业而带来的经济繁荣,如十二圩作为盐运集散地逐渐成为商业名镇,还有杨柳青因年画产业、南浔因湖丝产业成镇。

一、运河交通枢纽成镇

从交通枢纽的角度看,运河古镇中最出名的要数因渡成镇的瓜洲古镇。瓜洲镇位于江苏省扬州市最南端,处于古运河入江口处,作为大运河南下入江的交通要冲,从唐代开始,要沿运河行船北上,绝大多数要经过长江边的瓜洲古镇。瓜洲有"江淮第一雄镇"和"千年古渡"之称。自唐末起,瓜洲建设城垒,南宋乾道四年,瓜洲规划筑城,明代瓜洲城周长一千五百四十三丈九尺,高二丈一尺。元代设置行省于此,明代设同知署,清代设巡检行署、漕运府、都督府等。瓜洲从唐代直到现代都是文人荟萃之地。唐代的李白、白居易,宋代的王安石、陆游,明代的郑成功,清代的郑板桥等,都曾在瓜洲寻幽探胜,并留下了大量吟咏瓜洲的篇章。

与瓜洲类似的还有北京通州的张家湾古镇。张家湾镇位于北京市通州区东南部,是因航运而繁荣起来的运河码头。辽代萧太后运粮河的河口即在此处港湾,海船至此,易小船驳运,此湾成为朝廷漕运码头。元世祖建大都城,粮用依赖江南。至元二十二年(1285),万户侯张瑄首次指挥海船运输漕粮自渤海溯海河而上,再沿潞河(时称白河)逆舟至此湾,于张家湾调用大车陆运至大都城。此处用作码头,直至清嘉庆七年(1802)潞河(北运河)改道止,形成巨大村落,因张瑄督海运至此而名张家湾,用作大运河北端码头达700余年。张家湾古城建于明代,明清时城内商号林立,有"大运河第一码头"之称。现存的通运桥坐落在张家湾古城墙边。

图 6-31　瓜洲古渡

图6-32　微山湖中的南阳古镇

湖中运道微山湖中的南阳古镇位于山东济宁市微山县境内，位于南四湖北侧的南阳湖中，由于大运河穿湖而过，在狭长的湖面上伴河建起了曾经显赫一时的运河名镇。由东西长3500m，南北宽500m的主岛和多个自然的小岛组成的，周围碧水环抱，运河从中间穿过，犹如一幅美丽的水墨画。

南阳古镇始建于元朝至顺二年（1331），明隆庆元年（1567）漕运新渠竣工，南阳成了运送货物的码头。其后明清两代，南阳"渔船、酒船、商船、米面船、往来相接、群聚檐樯林立如街市"。清政府曾在此设守备及管河主簿。乾隆皇帝下江南也曾在镇上逗留，并为马家店题写匾额，他走过的门槛被珍藏了230多年。南阳镇有皇宫所（现存）、皇粮殿等十多处名胜古迹。南阳街有史以来就以商贸交易繁华而著称，至今仍然经久不衰，老街上大大小小的老字号商铺仍非常活跃。

二、运河商业繁荣成镇

古人有诗云："十里人家两岸分，层楼高栋入青云。官船贾舶纷纷过，击鼓鸣锣处处闻。"人群聚集和财富的积累，直接导致了一批运河城镇的兴起，围绕漕运而产生的商业贸易，促进了大运河沿线地区的兴起、发展与繁荣，造就了大运河沿线地区一个个繁荣的集镇

道口古镇。卫河边的道口镇有1000多年悠久历史，并于清朝乾隆年间逐渐发展为商贸重镇，水路畅通，上可达百泉，下可达天津。因特色"道口烧鸡"而闻名国内外，"道口烧鸡"以其独特的"色、香、味、型"，被誉为"中华第一鸡"。明清时期运往天津的药材、棉花等货物，都需经卫河。而道口正是一个集散地"。水陆大宗货物汇聚到道口，使得道口显得格外繁忙。据民国二十年（1931）的记载，当时道口河段"船桅如林"，每日可经3000船次，其中大船吨位在150吨以上，基本沟通了冀、鲁、豫等省的30多个大小城镇，道口也因此获得了"小天津"的美誉。

杭州塘栖古镇。塘栖历史悠久，始建于北宋，自元代商贾云集，至明清时已成为"江南十大名镇"之首。塘栖镇位于杭州市北部，大运河穿镇而过，使其成为苏、沪、嘉、

湖的水路要津。四邻八乡的物产都顺着河流来此贸易，集散于镇上。据胡玄敬《栖溪风土志》记载，塘栖"财货聚集，徽杭大贾视为利之渊薮。开典、囤米、贸丝、开车者，骈臻辐辏，望之莫不称财富之地"。清代至民国，镇内集市贸易尤为兴旺，朝市、晚市、香市、庙会市支撑起半壁江山，成为江南著名的水路码头。塘栖古镇的设计很有特色，除了沿运河一侧顺长设置的街巷外，塘栖人还在运河上架了一座广济桥，将运河两岸连成一体，形成了一个跨运河的大镇。

窑湾古镇。窑湾古镇坐落于徐州新沂市窑湾镇境内，位于徐、宿交界处，窑湾古镇素

图 6-33　河南道口古镇

图 6-34　杭州塘栖古镇

有"东望于海，西顾彭城，南瞰淮泗，北瞻泰岱"之说，号称"黄金水道金三角"之美誉及"小上海"之称。随着明清漕运和盐业的兴盛，窑湾店铺栉比，商贾云集，街上行人如织，水上舟楫连绵。清末民国初期，窑湾镇有商号、工厂、作坊等 360 多家，其中钱庄就有 13 家。东北的货物经窑湾远销南洋、日本等地。英国、法国、荷兰等国的商人、传教士来窑湾经商传教，当年镇上甚至设有美孚石油公司、亚西亚石油公司和五洋百货等外国公司。外国的汽艇、国内的小货轮在窑湾码头来往穿梭，河面桅樯林立，街道人流如织。当时有商铺、宅院、教堂、庙宇 8000 多间。窑湾古镇的建筑很有特色，因这里位于大运河与骆马湖交汇处，在商业繁荣的同时，每到动荡年代匪患就严重，在这里经商的商人每到太平时节，就置地建房，而到了动荡年代就回老家躲土匪。匪患解除了又来窑湾经商，置地建房。因此，窑湾这里大户人家的房屋是分几次建成的，街巷就出现了弯曲的形态。此外，窑湾古镇临骆马湖也建起了瞭望的高楼，以防匪患。

三、运河产业特色成镇

因湖丝兴镇的南浔古镇。南浔镇位于頔塘东端,是頔塘故道上最知名的运河古镇。明清时期,南浔由于蚕桑业、手工缫丝业而发展繁荣,并依靠大运河支线——頔塘运河的交通便利,发展形成了基于頔塘运河的独特十字港架构格局。20世纪初,南浔古镇依托大运河及周边地区发达的蚕桑与农耕经济,成为名甲天下的南浔辑里丝的主要产地和集散地。这里的商人也因此成为国内最大的丝商群体,南浔也因此一跃而成为江南重要商业城镇。据记载,孙中山就职临时大总统的第二天,就曾正式宣布南浔镇升级为市。在这个熙熙攘攘的古镇上,有着号称"四象"的江南四大首富。又有类如《红楼梦》中宁国府、荣国府那样八家公爵似的,号称"八牯牛"的大富之户,以及拥有充满了民间嘲讽意味的,号称"七十二只金黄狗"的豪门、财主。

因年画成镇的杨柳青古镇。位于天津市西青区的杨柳青镇,因木版年画而名扬天下。明代永乐年间(1403—1424),大运河的全线贯通以及天津漕运的兴起,使杨柳青镇成为南北商品交易的重要集散地,周边地区的木版年画艺人先后迁至杨柳青镇。后来,人们发现杨柳青镇外盛产的杜梨木非常适宜雕版,杨柳青木版年画随即兴起,出现了"家家绘点染,户户擅丹青"的繁荣之势。天津杨柳青木版年画与苏州桃花坞并称中国版画界的"南桃北柳"。

四、运河水工枢纽成镇

邵伯古镇。邵伯镇位于扬州市江都区,历史上就因埭成镇。因东晋太元十年(385)著名政治家、军事家谢安于此筑埭造福于民而得名。邵伯镇有众多的大运河水工遗产。

图6-35 湖州南浔古镇

图6-36 天津杨柳青古镇

从唐代的"斗门单闸",宋代的"二斗门式船闸",清代的"邵伯船闸",1949年前的"新式船闸",直到今天的邵伯三线船闸,邵伯见证了我国船闸的演变历史。邵伯明清大运河故道位于邵伯镇西,前身是邗沟的一部分。1600年,为避免湖面的风浪影响漕运,人们在邵伯湖东侧修建堤坝,使大运河的主航道与邵伯湖彻底分开,成为独立的航道。邵伯古堤始建于宋代,用于防止邵伯湖湖水外泄,保持运河水位。在清朝曾经有过两次大的维修,并留下"金堤永固""甘棠保障"两块石刻铭记。古堤上有邵伯铁犀,是为了镇水于康熙四十年(1701)浇铸的。邵伯码头是一个码头群,保留至今的有四个,其中保存最完整是"邵伯大马头"。"大马头"三个字据说是乾隆所题。邵伯的码头与古镇的布局关系密切,码头沿着运河一字排开,每个码头都有一条街巷通往中央大街,因此,邵伯古镇就形成了鱼骨状的结构。

长安古镇。长安镇位于浙江嘉兴海宁市,长安镇因古代水利工程长安闸而出名。长安闸始建于唐贞观年间(627—649),为江南大运河交通和军事上的枢纽。宋熙宁元年(1068),长安堰改建成长安三闸,成为复式船闸。历史上包括长安新老两堰(坝)、澳闸(上中下三闸和两水澳)。长安闸是古代连接长安塘(崇长港)和上塘河的一个重要枢纽及管理机构,为宋代江南运河三大堰之一。其采用三闸两澳复式结构,通过各设施的联合运用和严格的管理措施,达到引潮行运、蓄积潮水、水量循环利用的多重目的,代表了当时水利航运设施建设的世界先进水平,比欧洲同类船闸早400年。以长安闸为中心,既有管理机构,又有驻军及役夫,逐渐形成了一座繁华的市镇,这就是今天的长安镇。

图 6-37 邵伯古镇

图 6-38 长安古镇

第七章 中国大运河区域科技发展

中国大运河流域是古代中国政治、经济发达地带，自然也成为古代中国先进的科研文化中心。不仅直接串联起南北、沟通了黄河与长江，对中国文化大格局的形成具有十分重要的作用，也对中国古代科技的发展起到了重要的推动作用。中国古代科学技术有了大运河的滋养，变得如虎添翼。中国大运河区域经济发达，文化交流频繁，也是科学技术发展最快的地区。无论是天文历法、数学、地理学、物理学和化学，还是医学和生物学、农业科技、手工业与建筑技术都十分发达，为中国科技的发展作出了突出的贡献。

第一节　春秋秦汉时期运河区域的科技发展

一、春秋战国时期的运河科技

春秋末年到战国时期，在运河区域社会生产进一步发展的情况下，科学技术有了明显的进步。这个时期人们的数学知识已经十分丰富，产生于运河区域的诸子著作中，提出了许多抽象的数学概念和合乎逻辑的命题。如《墨子》一书对圆、直线、中点、平面等下了比较严格的定义。《庄子》中提出了"二尺之棰，日取其半，万世不竭"的命题，今天讲授数列极限时仍常引用这个命题。墨家对于几何光学的实验研究在世界几何光学发展史上具有重要的地位。

运河区域又是我国天文学发达最早的地区，在这里出现了许多专门观测星象、研究天文的学者和著作。比较著名的有战国时齐国人甘德著《天文星占》八卷，魏国人石申著《天文》八卷，后人将这两部书合编，称为《甘石星经》。甘德、石申所测定的恒星记录汇编，是世界上最早的恒星表，它比希腊伊巴谷的欧洲第一个恒星表早了大约200年。

二、秦汉时期的运河科技

随着经济的发展和技术的进步，运河区域的科学技术取得了重大的成就，代表了当时中国的最高水平。数学、天文学、农学、医学、地理学等方面都有相当的发展。

秦汉时期有许多数学家，他们大都出生、生活在运河区域，如秦时为"柱下史"、汉初任"计相"的张苍是阳武（今河南原阳县东）人。任太史令的大科学家张衡，为南阳人。陈留圉县（今河南杞县西南）人蔡邕、北海高密（今山东高密）人郑玄也都精通于数学。成书于西汉时期的《周髀算经》《九章算术》在世界数学史上都具有十分重要的地位。《周髀算经》中已有了周密的分数运算和著名的勾股定理（勾方加股方等于弦方）。《九章算术》代表东汉算学的最高水平。全书记载了几何学、代数学上的重大成就，解决了二元一次方程式的整数解法，处理了各种三元一次和四元一次方程式的问题，提出了勾股定理。全书由246个算术命题和解法汇编而成，标志我国古代数学完整体系的形成。

秦汉时期政府设置专门机构，负责观测天象，制订历法。《汉书·五行志》所载成帝河平元年（前28）"日中有黑气，大如钱，居日中央"，是世界上最早有关太阳黑子的正式记录。张衡总结过去和当代的自然科学成果并亲自进行观测，写出了天文学著作《灵宪》，并发明了利用水力转动的天文仪器——浑天仪。

汉武帝命司马迁与射姓、邓平、唐都、落下闳等人改造历法，新历法于太初元年（前104）颁行，称为《太初历》，以正月为岁首。西汉末，刘歆等人又据此制成《三统历》。这个历法完整地保存在《汉书·律历志》里，它规定一年为365又385/1539日，一月是29又43/81日，每19年置7个闰月。这是我国保存下来最早的一部完整的历法。

汉代关于地震的测量也取得了重大成就。顺帝阳嘉元年（132），杰出的科学家张衡发明创制了"地动仪"，它是世界上第一架测量地震方位的仪器，比欧洲地震仪的诞生早1700多年。我国从公元132年开始有了准确的地震记录，这也是世界上最早的地震记录。

西汉时期，在农业生产经验积累的基础上，农学已成为一种专门的学科。代表农学发展水平的著作分别是西汉的《氾胜之书》和东汉的《四民月令》。中国医学发展到西汉，已大体上建立起完整的体系。两汉出现了许多名医，他们大都是运河流域人。淳于意（仓公）最有名，《史记》记载了仓公诊籍20余例，这是我国历史上最早的病历记录。东汉出现了著名医生张仲景和华佗，都是运河沿线地区人。张仲景写成《伤寒杂病论》16卷，后由西晋王叔和整理为《伤寒论》和《金匮要略》二书。华佗发明"麻沸散"、为病人作全身麻醉，成功地施行剖腹手术。他还精于针灸，对养生导引之术颇有研究，创作了"五禽戏"，以此增强人的体质。东汉时编写的《神农本草经》是我国最早的一部药物学著作，记载了365种药物的性能和用途，在临床上有很好的疗效。

第二节　魏晋南北朝时期运河科技

魏晋南北朝时期运河区域的科学技术较前又有发展，天文历法、数学、机械制造、农学、医学等，都超过了以前的水平。

在天文历法方面，会稽余姚（今属浙江）人虞喜的"岁差"理论和范阳（今河北涞水县北）人祖冲之的《大明历》代表了当时天文历法方面的最高水平。祖冲之根据自己的长期观测和计算，证实了虞喜所发现的岁差的存在，并将它应用到自己所制定的《大明历》中。《大明历》规定一回归年为365.24281481天，与近代科学测定日数相差不到50秒，一交点月为27.21223日，也与现代测定基本一致。

数学方面的成就十分突出。祖冲之在刘徽"徽率"的基础上，经过长期钻研，求得圆周率为3.1415926～3.1415927，是世界上第一个把圆周率准确数值推算到小数点后第6位的人。他又用355/113（密率）和22/7（约率）表示圆周率。直到1573年德国人鄂图对圆周率的计算才达到了这个水平，比祖冲之晚了1000多年。

机械制造方面，马钧改进了翻车和织绫机，用差动齿轮机械构造原理制造了指南车。据说祖冲之还曾经改造过诸葛亮发明的木牛流马，使之借助机械力量自转，创造了用机械发动的日行百余里的"千里船"，在杜预发明的连机碓和水转连磨的基础上，将二者结合起来，研制出水转连碓磨，提高了功效。

农学方面，这个时期最显著的成就是出现了总结农业生产技术的集大成之作《齐民要术》。作者贾思勰是山东益都（今山东寿光）人，他总结了汉代以来北方各族人民特别是运河区域人民的农业生产经验，写出了一部不朽的农业科学著作。

运河区域医学研究也取得新发展，出

图 7-1　祖冲之像

图 7-2　指南车

现了不少著名的医学家，如王叔和、葛洪、陶弘景等。丹阳句容（江苏镇江）人葛洪，著有《金匮药方》100卷，书中谈到有关于天花、恙虫病的治疗，这是世界医学史上关于这两种病的最早记录。丹阳秣陵（今南京）人陶弘景，著《本草经集注》七卷，共记载药物730多种。首创按药物的自然属性和医疗属性分类的方法，这种方法后来也成为中医药物的标准分类法。

第三节　隋唐时期运河区域科技发展

隋朝的建立，结束了300余年南北分裂的局面。国家的统一，经济的恢复发展以及大运河的开凿与贯通，都为城市经济的繁荣创造了条件，也促进了科技的发展。隋唐时期，运河岸畔的科学技术成就硕果累累，在天文、历法、医学、建筑和印刷等方面都做出了重大贡献。

一、天文历法

隋唐政府均十分重视天文历法，中央设太史局为领导机构。300多年间，天文历法的水平比魏晋南北朝时期有了长足的进步。

1. 隋代的天文历算

开皇四年（584）二月，文帝将张宾奏进的新历诏颁全国，这就是《开皇历》。开皇十七年（597）改用张胄玄所定历法，仍名《开皇历》。仁寿四年（604）刘焯制成《皇极历》呈进，最早提出运用二次等间距内插法推定五星位置和日、月食等，未能实行。大业四年（608），炀帝颁行《大业历》。

隋朝的丹元子，依周天各星的步位、编成一筒七字长歌，名《步天歌》，共七卷，文字通俗浅近。丹阳（今江苏丹阳）人耿询"伎巧绝人"，刻意造深天仪，不假人力、以水转之。施于暗室中、外候天时，合如符契。此外，庾季才、庾质也都是当时著名的星历学家。

2. 唐代的天文历算

唐初天文学家李淳风，于贞观七年（633）制造了一种新的铜质浑天仪——浑天黄道仪。他将原来二重的六合仪与四游仪之间又加了一重叫作"三辰仪"的装置，可以直观地演示黄道、白道和赤道的运行情况、既具实测功能。

唐代最杰出的天文学家是一行和尚。一行生于运河边的魏州昌乐（今河南南乐），他发明了黄道游仪,并成功进行了子午线的实测。

唐玄宗开元十二年(724),梁令瓒研制了一架能直接观测太阳运动情况的浑天仪器——黄道游仪,该仪器在李淳风浑天黄道仪的结构基础上有所改进,即在外重六合仪上去掉赤道以卯酉圈替换;在赤道环和黄道环上每隔一度留有一孔,

图 7-3　浑天黄道仪

使黄、白道环均可移动,用来观察日、月和五星的运行。通过观察,一行发现了恒星位置移动的现象。这比英国天文学家哈雷在 1718 年所提出的恒星自行的观点早了约 1000 年。一行、梁令瓒和工匠们还制造了用来表示天象的水运浑象。利用水力推动,令其有规律地自转,一昼夜运转一周。日月运行的情况,清晰可见。又设计了自动报时系统,用两个木刻人,每逢一刻击鼓,每逢一辰蔽钟。其巧妙的构思、合理的结构在古代天文仪器制造中具有独特的地位。

唐玄宗开元年间(713—741),为了编撰《太衍历》,一行和尚建议唐玄宗在全国设 12 个测量点进行实测。所选点南到交州,北至铁勒。所测内容包括每个测点的北极高度和春分、夏至、秋分、冬至的正午日影长度。测量中,一行还绘制了《复矩图》,标示出各点北极的相对高度。这一用科学方法实测子午线的办法在世界上是最早的,比阿拉伯天文学家阿尔·花剌子模早了约 90 年。在实测的基础上,僧一行编制了《太衍历》。这是当时最先进的历法,对后世产生了很大的影响。

二、医学

隋唐政府十分重视医学发展。隋文帝保存大量医学文献,隋炀帝创设太医署教授医学,并诏修《四海类聚方》《诸病源候论》等医学著作。唐高宗主持编撰并颁行我国第一部药典《新修本草》等。孙思邈(581—682),博采众家之长,独立发明创新,医学成就斐然。孙思邈还十分重视医生的职业道德,认为:"人命至重,有贵千金、一方济之,德逾于此。"他将自己的医学著述命名为《备急千金要方》和《千金翼方》。孙思邈身体力行,其高尚的医德,生前身后一直为人们所称颂。孙思邈尤其重视针灸与药物的综合治疗。他还精心绘制了彩色针灸图——《明堂三人图》,标定 650 多个

穴位，记载了治疗100多种病的400多条针灸处方，对后世影响很大。

在药物的采集和应用方面，孙思邈的《千金方》共记载了800多种药物，并对200多种药物的采集和炮制进行了专门记述。由于孙思邈对药物学做出的巨大贡献，后人尊称其为"药王"。孙思邈认为，作为一名良医，食疗重于药疗。《千金方》中有"食治"卷，其中饮食禁忌，均具有一定的科学道理。他所制定的"五脏所宜食法""五味所配法"和"五脏病五味对疗法"都属食疗方面的专论。他还非常重视养生，特别是对老年人的养生提出了一些方法。据说，孙思邈本人活了101岁，证明了其养生保健理论所具有的科学性。

第四节　宋元时期运河区域的科学技术

大运河区域社会经济的发展，尤其是运河城市经济的繁荣为运河地区科学技术的发展，奠定了雄厚的物质基础，使宋元时期运河区域涌现出一大批杰出的精于科学技术的专家和众多的发明创造。这些科技发明，在许多方面已达到历史的最高水平，在当时世界范围内也称得上居于领先地位，极大地促进了社会经济的发展。

在医药学领域，宋元时期在各都城设置太医局和太医院等专门机构，以掌医药之政，编校医书、本草，并教授医学生，大大促进了中医诸科，尤其是儿科、妇科、骨伤科等科的发展，涌现出如北宋钱乙、金元刘完素、张从正、李杲、朱震亨等一批著名医学家。一批本草学著作的问世，成为宋元时期自然科学获得全面发展的标志之一。

在造船技术、制盐技术、纺织技术等方面，运河区域也处于全国的领先地位。在博物学领域，如园艺种植，动物、家禽类饲养，鱼虾养殖等方面，也都获得突出成就。所有这些都集中反映着运河区域在宋元时期科学技术发展中所处的前沿地位，体现着运河区域在中国古代科学技术发展史上的突出贡献。

一、天文历算学

1. 天文观测

宋朝沿前制，在首都开封设司天监，元丰官制改革时改称太史局，以掌测天文，考定历法，凡日月、星辰、风云、气候、祥眚之事。其所属分支机构又有天文院、测验浑仪刻漏所、钟鼓院、印历所等，以分掌各项具体事务。北宋的天象观测卓有成绩，其中对天空31大区（即三垣：紫微垣、太微垣、天市垣和二十八宿）恒星位置的观测，先后进行过六次，尤其是对有关修订历法的二十八宿距度的观测最为细致，测定的精密度也日益提高。北宋还有两次超新星的观测。还有对狮子座流星雨、哈雷彗星的观测，北宋治平元年（1064）提举司天监沈括曾对陨星进行观测。

南宋设太史局于杭州，金朝在燕京设司天台，元朝于大都设太史院职掌天文观测、历法修订、钟鼓漏刻等。到元代则有至元年间大规模的天文观测活动。元代大运河的设计师、著名天文学家郭守敬参加了从大都经河南府直抵南海的实测活动，在测定黄赤大距和恒星观察等方面，皆取得了丰富的成果。

2. 天文仪器的创制

宋元时期多次大规模的天文观测活动，促进了天文仪器的研制。宋代的许多大型天文仪器，无论是在数量上，还是在质量上，都大大超越前代。最早的浑天仪，是在太宗太平兴国四年（979）司天监学生张思训于开封所造，置于宫城内文明殿之鼓楼下；至道元年（995），司天监秋官正韩显符又主持制造浑仪一座，并放置司天监筑台，同时还造铜候仪一座；皇祐元年（1049）又有日官舒易简等人再造铜浑仪一座；熙宁年间，沈括又主持制定"熙宁仪"；哲宗元祐年间，润州丹徒人（今镇江）吏部尚书兼侍读苏颂奉旨提举创制新浑仪，他与吏部令史韩公廉等一起，制造水运仪象台。这是把测量仪器浑仪、表演仪器浑象和计时仪器合为一体的一项划时代创制。苏颂为此还撰《新仪象法要》一书，详加论述。

图 7-4　郭守敬纪念馆

至元代，郭守敬用了约三年的时间研制了简仪、仰仪、圭表、景符、窥几、正方案、候极仪、立运仪、证理仪、定时仪、日月食仪、悬正仪、座正仪等仪器。其中，简仪应用滚珠轴承装置，使之转动灵活，这比达·芬奇发明滚珠轴承要早400多年。简仪也是各类天文仪器中的精品，比世界上同类仪器的制造要早三四百年。圭表测量的精确度也就大为提高。此外，郭守敬还创制了七宝灯漏、柜香漏、屏风香漏等计时设置，都有较高价值。

3. 历法的修订

宋元时期是我国历法改革最频繁的一个时期，其中宋朝历法就改了19次，反映了这一时期在天文历法方面所取得的成果。自北宋初年起，沿用后周的《钦天历》。后来采用了开封人楚衍与掌历官宋行古等人编撰的《崇天历》。神宗熙宁年间，提举司天监沈括又推荐精于历算之学的卫朴修订新历。他将反复观测所得数据修成新历《奉元历》，使用了18年之久。与此同时，沈括还提出了"十二气历"的编制方法。800余年后，太平天国所行历法，便与此历基本一致。19世纪英国气象局采用的萧伯纳历，其实质也与"十二气历"相似。到徽宗大观初年（1107），又有著名天文学家姚舜辅主持修历，编成《纪元历》。南宋的《统天历》定一回归年的长度为365.2425日，与欧洲1582年采用的格列高利历完全一致。后来元朝修《授时历》便沿用这一数据。

元灭金后，至元十三年（1276），忽必烈命置局修历，历时四五年，修成新的历法，定名为《授时历》，于至元十八年（1281）颁布实行。《授时历》最主要的成就，即"考正七事"和"创法五事"，都是对天文数据的重新测定。《授时历》还废除了用复杂分数表示天文数据的方法，运用招差法创立了定、平、立三次差内插公式，比二次差内插公式前进一大步。其次又引进了球面直角三角形法，运用去圆术，进一步导出了一些新的关系式，创立了天文推算的新方法，反映了宋元时期我国数学的高度发展。

二、数学的进步

与天文历法学联系密切的数学，宋元时期也有很大进步。尤其是运河区域出现了几位有成就的数学家。北宋元丰七年（1084）秘书省刻印了《九章算术》《算经》《辑古算经》和《周髀算经》等各种流传下来的数学书籍，颁行为各级学校的教科书。在北宋时期，著名的数学家有贾宪，从南宋到元初，有秦九韶、李冶、杨辉、朱世杰等数学四大家。

贾宪著有《黄帝九章算经细草》一书。沈括在数学方面的造诣也颇深。他的贡献主要有二，一是隙积术。他从计算"酒家积罂""层坛""累棋"等体积出发，得出了正确的求解公式，开辟了我国古代高阶等差级数求和的方向。二是会圆术。即已知弓形的弦和圆径求弧长，首次提出了由弦、矢的长度求弧长的近似公式，为我国古代平面几何、球面三角学的发展做出了重要贡献。另外，沈括还发明了指数相乘的法则，指出了用数量级的概念把握大数的方法等。南宋著名数学家秦九韶晚年定居吴兴（今浙江湖州）完成数学专著《数学九章》（或作《数书九章》），被人称为"数学大略"。继秦九韶之后，在数学上做出较大贡献的是临安钱塘（今浙江杭州）人杨辉。完成《详解九章算法》12卷、《日用算法》两卷、《乘除通变算室》三卷、《续古摘奇算法》两卷、《乘除通变本末》以及《田亩比类乘除捷法》等数学专著。他在数学上的发明和贡献主要有垛积术、捷算法与素数的捷算法、纵横图、杨辉定理、四法推类等。

其他著名的数学家还有李冶（1192—1279），他先后完成了《测圆海镜》和《益古演段》两部数学专著。元代数学家朱世杰发明了四元术。著有《算学启蒙》《四元玉鉴》等专著，朱世杰还第一次正式提出了正负数乘法的正确法则，并对球体表面积的计算进行了探讨，这是我国古代数学典籍中唯一一次。在实用算术方面也有很大进步，特别是在运河沿岸城镇中，在商业等领域的计算技术方面，如斤两换算中创造出斤求两和两求斤诀。在算学方面出现了完整的算码，尤其是"苏州码子字"的发明使用以及算盘的普遍使用等。

三、宋代运河区域的医学

两宋时期是我国传统医药学获得较快发展的时期。这一时期不仅官府设立了比较完备的医药机构，促进了医学教育、理论研究、临症诊治以及本草学的全面发展，而且涌现了一批卓有成就、声名四播的医学家，其医疗活动，进一步推动着传统中医诸科的进步。

从北宋初年起，宋政府即在首都开封设立主管医政的太医局。熙宁年间（1068—1077）扩大其功能，置提举及判局、管勾官。判局由知医事者充任，掌教授生徒，如同学校。有九科医学生，每科置教授，选高明医官或有造诣的民间医生充任。到徽宗崇宁初年（1102）正式建立医学。南宋朝廷在杭州复置太医局，仍招收医学生。同时，北宋和南宋朝廷皆在宫廷中设翰林医官院[元丰时（1080—1082）改称翰林医官局]、御药院、尚药局等机构，而兼顾公私的则另有在开封所设太医局卖药所。元丰三年（1080），宋政府即颁行了《太平惠民和剂局方》。这是我国历史上第一部药剂配方专书，也是当时全国制药的标准方书。为发展医学，宋政府还在开封专门设立校正医书局，集中一批有名望的医学家校刊医学典籍，刻版印行，传播医药文化。如太宗雍熙年间

(984—987)，沧州南皮著名医学家贾黄中等人编辑《神医普救方》一书，达千卷之多。仁宗天圣四年（1026），尚药御王惟德编辑出版《铜人腧穴针灸图纸》三卷，并在开封刻石。又铸铜人，刻画经穴传授。从太平兴国三年（978）开始，著名医学家、宋城（今河南商丘）人王怀隐主编《太平圣惠方》100 卷，按 1729 种症状，收集 16834 个处方，分 1670 门类编排。

医学的发展也使分科更细，北宋时已分有九科，即大方脉（内科）、小方脉（儿科）、风科、产科、疮肿兼折伤科（外科）、眼科、口齿兼咽喉科、针灸科、金镞兼书禁科等。在其他诸科，如北宋泗州人（今江苏盱眙）医学家杨介著《伤寒论脉诀》，在病因学上也是一项重要成就。南宋浙江青田医学家陈言长于方脉，治病立效，著《产育宝庆集方》两卷，对妇科学多有研究。又著《三因极一病证方论》十八卷，综论病因。开封名医成无已在北宋亡后，随金军北上。他对《内经》《伤寒论》等古典医籍都做了系统而深入的研究，并进行注释，著有《伤寒论注》和《明理论》，直接影响了金元医学的发展。

金元四大家。由宋入金元，中医学继续得到发展，医学分科更细，已从宋代的 9 科至金代的 10 科，再到元代的 13 科。金元时期，中医学流派以运河区域的四位著名医学家刘完素、张从正、李杲和朱震亨为代表，在我国医学史上有"金元四大家"之说。他们都以《内经》为基础，从不同侧面发展了《内经》的医学理论。刘完素用药主寒凉，张从正主攻伐，李杲主补土，朱震亨主养阴，由此打破了因循守旧、一味崇古的局面，开创了中医学术的讨论、交流与争鸣。其不同的学术主张，极大地推动了中医学理论的发展。

四、本草学

宋元时期是本草学发展的重要时期。包括药物学以及植物学、动物学、矿物学等内容的本草学的发展又以运河区域最为突出。其中以官私所修本草学著作和植物专谱，成就最为卓著，是运河区域自然科学获得全面发展的标志之一。

北宋时期，朝廷在开封设立校正医书局的机构，集中大批医学家和科学家校正出版了大量古典医籍，同时也编修了许多本草著作。开宝六年（973），即有沧州临津（今沧州东光）著名医学家、翰林医官刘翰与道士马志、医官翟煦、张素、吴复珪、王光祐、陈昭迈等人同修《开宝本草》20 卷，在唐本草所载药物 850 种的基础上增 133 种，达到 983 种，是入宋以后所编第一部较完备的药书。仁宗时，许州郾城（今属河南）学者掌禹锡、润州丹徒（今江苏镇江）学者苏颂等人被任命为校正医书官，在校定《灵枢》《素问》《甲乙经》《千金方》《广济方》《外台秘要》《神农本草》等古典医籍的同时，又在《开宝本草》的基础上，增加药物百余种，于嘉祐六年（1061）成书，史称《嘉祐本草》。次年，苏颂在编修本草的基础上，又撰《图经本草》20 卷，是刊本本草有图之始。《图经本草》共收药物 780 种，图 933 幅，绝大多数为写实图，至今仍有较大的参考价值，许多图可用作鉴别植物科、属、种的可靠依据。苏颂继承前代本草学的优良传统，创造性地全面记录了关于各种药物的产地、形态、性状、收采季节、炮炙方法、主治功能以及变迁等内容。如药物炮制，即介绍了各种食盐制取法、制茯苓酥法、汉中干姜法等。苏颂十分注意所载药物的实用性，在每一种药物的后面，都附上以该药为主要成分的方剂，开创了以药带方的本草学体例，为以后的医药学所继承。

《嘉祐本草》和《图经本草》对后来的本草学影响甚大。元祐七年（1092），医学家陈承将两书合并，添加注释，编成《重广补注神农本草并图释》一书。之后唐慎微又增加药物 628 种，撰成《经史证类备急本草》32 卷。宋徽宗大观年间和政和年间再加增订，修成《大观本草》与《政和本草》，广为流传。政和时翰林医官寇宗奭还撰《本草衍义》20 卷，辨正药物 400 余种。南宋时，则出现彩绘本的本草著述。元代世祖时期，曾命撒里蛮、许国桢集诸路医学教授增修本草，撰成《至元增修本草》。后医官尚从善又撰综合性本草著作《本草元命苞》九卷。此书是在《大观本草》的基础上，选其实用者 468 种，详加论述，编纂成章。此外，杭州著名医学家沈好问撰《本草类证》，赵州医学家王好古撰《汤药本草》，朱震亨撰《本草衍义补遗》，这些著述都极大地推动了宋元时期本草学的发展。

本草学的发展也促进了植物学的进步，涌现出一批以记述运河区域药材、花卉及动、植物的专谱类著作。如欧阳修的《洛阳牡丹记》凡一卷三篇，分记花品，花名及花市、游宴、赏花等。扬州如皋（今属南通）学者王观的《扬州芍药谱》、徐州彭城（今江苏徐州）学者刘蒙的《刘氏菊谱》、苏州吴县（今苏州）学者范成大的《范村菊谱》、江都（今扬州）学者史正志的《史氏菊谱、越州山阴（今浙江绍兴）学者史铸的《百菊集谱》《菊史补遗》。

牡丹、芍药、菊花兰花是宋代花卉药材栽培最著名的品种。牡丹在隋代洛阳已有栽培，至宋而盛。芍药栽培在宋代也很盛行，扬州成为当时的栽培中心。芍药的专谱著作中，除王观的《扬州芍药谱》外，还有刘颁的《维扬芍药谱》和孔武仲的《芍药谱》。有关的菊花专谱也相继撰成，在宋代问世而保存至今的以刘蒙的《菊谱》为最早。兰花栽培从宋代起也相当兴盛，据赵时庚《金漳兰谱》等最早兰花专书的记载。在上述所举植物专谱中,最突出的是已经认识到植物栽培和特殊管理能引起植物的变异,充分体现了人类改造自然和控制植物生长的主观能动作用。

同时,由于运河的交流作用,运河区域的果树栽培出现南北互传。如南北方之间的果树引种即取得较大成就。从南方引入运河北端地区的有荔枝、橘、银杏等。北宋都城汴京皇宫内就有引种的荔枝。从宋代起,银杏已从南方大批移植到黄河中下游地区。北方的果树也引种南方。如中原地区的黄肉桃到元初已遍植大江以南地区。意大利旅行家马可·波罗特别赞赏杭州的梨与桃,说"尤其是梨子,大得出奇","在产桃的季节里,还有大量的桃子上市,有黄、白两种,味道可口"。《橘录》是我国历史上同时也是世界上第一部柑橘专著,书中比较系统地介绍了浙江地区柑橘种植及其栽培管理。所记柑、橘、橙有27个品种,详述其各个品种的特性、特征,并对柑橘的栽种、培植、防病、浇灌、采摘、收藏以及入药等加以详细论述。园艺学的专书有浙江天台学者陈景沂的《全芳备祖》前后集共58卷。

图 7-5 芍药花

图 7-6 马可·波罗骑马塑像

第五节 明代运河区域的科学技术

明代的运河区域自然条件优越,农工商业发达,城乡经济繁荣,特别是畅通的水陆交通使得运河地区和其他地区包括国外的经济文化交流大大加强,从而促进了运河区域科技文化的发展。因此明代的运河区域人才荟萃,不少在国内和国际上闻名的科技人才都诞生并活跃在这一地区。

一、农学

明代运河区域是农业发达地区,徐光启致力于农业科技的研究,并在天启七年(1627)完成了一部农业科学的巨著——《农政全书》。

二、医学

明代运河区域经济的繁荣,也促进了医学的发展。这一时期涌现了不少杰出的医学家,对传统中医药学的发展做出了突出的贡献。

1. 药物学

明代出现了一部著名的药物学和植物学的著作《救荒本草》。这是一部向人们介绍灾荒年可采集的食用植物的一部著作,作者是明代开国皇帝朱元璋的第五个儿子朱橚。他选取 414 种可以食用而且无毒害的植物,然后根据植物的名称、产地、形态、性味和加工烹调方法加以分类,并让画工绘成食用之枝、干、叶、果等图以方便辨认和采集,最后编辑成书。这本书不但有很高的救济贫病灾民的经济价值,还有很大的学术价值。

2. 传染病学

明代江苏吴县人吴有性(1592—1672),对瘟病的病因、传染途径和治疗方法进行了深入的考察研究,在崇祯十五年(1642)写成了一部有关急性传染病的专著《瘟疫论》。这是我国有关传染病研究与治疗的一部杰出的著作,成为传染病学说的一个里程碑。吴有性创立戾气病因的学说,具有重大的临床意义,它为瘟病治疗开创了新的途径。直到 17 世纪下半叶,荷兰医学家列文虎克(1632—1723)发现细菌以前,戾气说对传染病是最先进的解释。

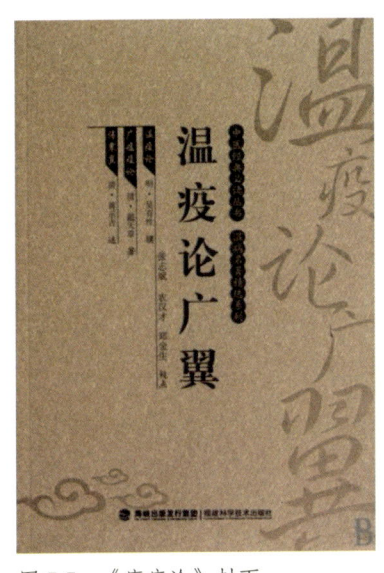

图 7-7 《瘟疫论》封面

3. 内科学

内科学在明代的运河区域也是学派林立,名家辈出。代表性的医学家有薛己、张景岳等。江苏吴县人薛己(1488—1558)的著作《内科摘要》在我国医学史上首次提出了内科的名称,并被医学界所沿用至今。浙江绍兴人张景岳(1562—1639)在代表作《景岳全书》中,主张多"滋阴养阳""温补脾肾"的同时主张要慎用寒凉和攻伐方药。他的理论在医学界产生了很大影响。

4. 外科学

外科学在运河区域也有很大的发展,出现了不少有名的外科医师。薛己在外科方面造诣也很高，主张外科疾病疮疡诊断治疗一定要注重本末虚实等辨证论治原则。他校注了宋代陈自明的《外科精要》。并根据自己的临床经验著有《外科心法》七卷、《外科发挥》八卷、《外科枢要》四卷、《疠疡机要》三卷。他的著作多附治验病例，后人将他的著作加以汇集，称为《薛氏医案》，共78卷。明代后期的常州人王肯堂（1549—1613），致力于医学研究。他广泛搜集历代医学文献进行整理编订，编成包括有杂病、类方、伤寒、外科、儿科、妇科等内容的《古今医统正脉全书》。他所记述的肿瘤摘除术、甲状腺切除术、肛门闭锁症之成型术、耳外伤脱落之缝合再植术等，以及这些手术的消毒和病人的护理，都显示了高超的理论和丰富的医疗经验。这是明代一部优秀的外科医书。

明代在外科医学方面成就最大的是南通人陈实功，外科医术很高明，他创造性继承和发扬了截趾术，成功地做过断喉吻合术。他创造了以细铜筋丝线圈套来摘除鼻息肉的治疗方法。万历四十五年（1617）写成《外科正宗》四卷。全书记载外科各种疾病一百多种，内容非常丰富，人们对这部书的评价很高，称其"列证最详，论治最精"。书中，对下颌骨脱臼整复法、咽喉和食管内铁针取出术，对于各种肿瘤病，皮肤病等治疗记述得相当详尽。

5. 针灸学

明代运河区域也涌现出一些著名的针灸学家。浙江吴兴人凌云名闻天下。史载，明孝宗命太医院医官拿出针灸铜人，给铜人穿上衣服，然后出题命凌云以针刺之，凌云按题取穴针刺无不中，可见其医术之高超。明代运河区域另一著名的针灸学家是高武，除了铸造针灸铜人外，还著述了《针灸聚英》一书，对针灸学的发展做出了很大贡献。

三、天文历法

明朝成立钦天监，将《授时历》改名为《大统历》。意大利传教士利玛窦到北京后，曾向明朝的皇帝建议改革历法。崇祯二年（1629）5月1日，发生日食，但钦天监推算日食发生的时间出现了很大的偏差。而徐光启用西法预测日食却相当准确。崇祯帝要求对原来的历法进行重新修订，历法的修订由徐光启负责。他们还聘请了龙化民、汤若望等传教士参加这项工作。崇祯六年（1633）徐光启病逝。之后由李天经负责继续进行修历工作，历时10年，终于在中国传统《大统历》的基础上，结合西方历法的优点制订出新的历法《崇祯历书》。

四、数学

明代运河区域的经济比较发达，商业交往频繁，因而与商业有关的数学随之发展起来。其中钱塘（今杭州）人吴敬编著的《九章算法比类大全》成就最为突出。全书共 10 卷。在第一卷之前有《乘除开方起例》一卷，叙述了大数、小数、度量衡的单位、乘除算法、整数四则运算和分数四则运算等问题，并列出 194 个应用问题的解法。卷一至卷九，分为方田、粟米、衰分、少广、商功、均输、方程和勾股九类，各卷内容都是对应用题的解法。全书共列应用题 1329 个，分"古问"和"比类"两种。第十卷专论开方，包括开平方、开立方、开高次幂、开带从平方和开带从立方等。

由于运河沿线的商业发达，所以吴敬在《九章算法比类大全》中有关商业方面的算题比比皆是。包括合伙经营、商品交换、计算利息、就物抽分（以货物作价抵补运费或加工费）。这些都是运河区域商业经济在数学中的反映。《九章算法比类大全》中还有一种"写算"乘法，这是以前我国数学书中从未见过的算法。这种"格子算"，当时在欧洲、印度、阿拉伯、中亚等广大地区非常流行，正是由于运河便利的交通条件使这种算法传到了运河区域的杭州地区。

五、音律学

明代戏曲盛行，戏曲艺术的发展迫切要求音乐家在音律学方面有新的突破。朱载堉的"新法密律"即十二平均律，就是音律学方面的一种创造。他在律学（音律学）研究中的成就，表现在著有《律学四物谱》《律学新说》《律吕精义》《乐学新说》《律历融通》等，其著作大部分编入《乐律全书》。他还创建了十二平均律，即将音阶调谐为相等音程的数学方法。十二平均律是用数理的方法进行调音，它以一个完全八度为基础，用开方的方法将八度分成十二个半音，使任意两个相邻的音程都相等，其音程值都是 2 的 12 次方根。它的优点是可以旋宫转调。这一发现在音乐物理学的发展史上具有划时代的意义，被认为是中国两千年声学试验与研究的最高成就。朱载堉的发明约比欧洲的音乐理论家梅尔生（1588—1648）的同样发明早半个世纪。

六、印刷技术

明代中后期的运河区域是印刷技术进步表现最突出的地区，铜活字开始流行。无锡富人华燧曾用活字印了许多种书。《宋诸臣奏议》印于弘治三年（1490），这是目前已知我国最早的一部铜活字印本。当时在运河区域已出现了套印技术。套印是将同

图 7-8 多次着色的饾版印刷

一版面分成几块同样大小的版,各着一色,依次加印在同一张纸上。万历末年以后的浙江吴兴,书商常用套印印刷书籍和图画,反映了印刷技术的进步。

第六节 清代运河区域科技

清代运河区域科学技术的发展具有明显的阶段性特点。清代前期,伴随着西方传教士东来,西方科技日益传播,运河区域的科技发展呈现出了新气象。同时,传统科技在一些领域仍在不断发展,并取得了不少新成果。康熙年间,出现了第一次传教士来华高潮。为顺利传教,传教士们以西方近代科技作为突破口,声称"以此为饵,中国颇多落入教会网中者"。传教士的科技活动受到了清代最高统治者的关注,清代前期的皇帝们对西方科技均有不同程度的偏爱和重视。顺治皇帝任命汤若望为钦天监监正,监员也由汤若望来推荐。热衷自然科学的康熙皇帝对西方科技兴趣浓厚,传教士是他的常客。即使对传教士颇有不满的雍正帝,也任用传教士在钦天监任职。

一、天文历法

清初，通晓天文历法的传教士主要在京师和苏杭一带活动。当时的国家天文台钦天监是传教士传播西方科技的重要活动场所，康熙、乾隆朝均有出色的传教士在钦天监任职。康熙朝，南怀仁任钦天监监副时，受命改制观象台仪器，对黄道经纬仪、赤道经纬仪、纪限仪、象限仪、地平纬仪五种仪器进行了革新，撰成了《灵台仪象志》并绘图说明它们的制法、用法和使用这些仪器测得的各种记录。康熙五十年（1711），康熙帝要求礼部并钦天监招考天算人才，加强天文实测，准备重新修订《西洋新法历书》。康熙五十三年（1714）完成《历象考成》42卷。乾隆朝的德国人戴进贤在钦天监任职时，主持纂修了《历象考成后编》，在天文仪器和天文观测方面较《灵台仪象志》又前进了一步。法国人蒋友仁曾著《坤舆全图说》，介绍哥白尼的日心说，论述地球运动的原理，并向乾隆皇帝进呈了新制的浑天仪。

在西方天文历法的影响下，清代运河区域几位知名的天文学家为天文历法的发展做出了贡献。吴江（今苏州）人王锡阐（1628—1682），苦心钻研天文星历之学，著成《晓庵新法》六卷，《五星行度解》则是他对西法深入研究、造诣极高的代表作。此外，《历说》《历策》《日月左右旋问答》《推步交朔》《测日小记》《大统历法启蒙》等也都是他勤勉研究的非凡结晶。明安图（1692—1763），长期生活在北京，在天文学上颇有造诣。他在康熙帝发起编撰的《律历渊源》中，负责其中《历象考成》的考测，实际考察和检验计算书中的理论和数据。乾隆年间编写《历象考成后编》时，他担任过副总裁和汇编，编写《仪象考成》时，他又负责推算工作，对清朝官修天文历法书籍多有贡献。

二、数学

清代是中国数学发展史上由古典数学向近代数学转型的时期。西方数学的传入，对中国知识分子产生了较大影响，清代在运河区域出现了一批国人著述的以吸收西学成果为主的数学著作，并产生了几位了解西方数学知识并有创造性的数学家。

数学仪器的引进与改制也是清代数学研究的一项重要成果。康熙皇帝十分重视引进外国先进的数学仪器，他曾下令通过传教士引进帕斯卡计算器和纳皮尔算筹，并令人加以仿制改进。故宫所藏的计算器可进行多达12位的计算，有的还适用加减乘除、平方、开方运算。

清代前期运河区域出现了几位杰出的数学家，明安图不仅在天文学上造诣颇深，在数学上同样十分出色。他对三角函数和反三角函数的幂级指数展开式问题进行过卓有成效的研究。《割圆密率捷法》是他深刻的数学理论的代表作。常州人董祐诚（1791—1823），对无穷级数继续深入研究，在其主要著作《割圆连比例图解》中采用了不同方法得到了关于弧、弦、矢三者关系的四个公式，简化了明安图的结果。其著作还有《椭圆求周术》《斜弧三边求角术》等，这些著作在他去世后被集成《方立遗书》，刊刻出版。李锐的数学成就也较突出，著有《李氏算学遗书》等，首次提出方程的重根问题。他和汪莱关于高次方程实根个数判定问题的研究，突破了宋元数学的原有范围，开辟了方程理论研究的新方向。运河区域的这些数学成就代表着当时中国数学界的最新成果。

清代运河区域在对传统数学的挖掘与研究上，主要包括古算书的收集和古算的整理与研究。对古算书的收集首推《四库全书》。《四库全书》从《永乐大典》中辑录出《周髀算经》《九章算术》《孙子算经》等古算书 13 部，还收录了《表图说》《圆容较义》《几何原本》及《同文算指》这 4 部明代算书。对古算书的挖掘收集作出贡献的是阮元和罗士琳。阮元购得元代宋世杰的《四元玉鉴》后，又亲手撰抄一遍交付刊印，使《四元玉鉴》重又流传。甘泉（今扬州）人罗士琳（1783—1853），著有《四元玉鉴细草》《春秋朔闰异同考》《校正割圆密率捷法》等，并于《畴人传》编成之后，编撰《畴人传续编》六卷，较为翔实地记述了当时学者的生平和成就。他对古算书的收集十分用心，此时宋世杰的《算学启蒙》已在国内失传，他竟费尽周折得到了朝鲜重刊本，使此书复传于国内。

三、物理学

清代，西方物理学知识在运河区域的传播主要体现在光学和力学方面。光学方面，汤若望的《远镜说》介绍了望远镜的用法、制法和原理，对于光在水中的折射、光透过凸透镜放大物象等都有解释。南怀仁编撰的《新制灵台仪象志》第四卷涉及到了光学知识，主要是关于光的折射与色散；第二卷中也介绍了一些力学知识，包括材料的强度、物体的重心与稳定以及简单机械如杠杆、滑轮的应用与作用等。

西方物理学在运河区域的影响主要体现在光学仪器的研制发明上，代表人物为发明家孙云球与黄履。吴江（今苏州）人孙云球（1630—1662），创制发明了许多光学仪器。他利用水晶为原料，用手工磨制，采用"随目对镜法"，制成了远视镜、近视镜；又在凸透镜和凹透镜的基础上制造出了望远镜（千里镜）；他还利用凸透镜、凹透镜和反射镜，制造出多种镜子，如寸目镜、显微镜、万花镜、多面镜、放光镜、夜明镜等 70 余种。浙江钱塘（今杭州）人黄履自幼勤奋好学，对中西科学技术都极感兴趣，精通天文、数学、物理。黄履精于制造光学仪器，曾创制千里镜（望远镜）、寒暑表。

还将千里镜与取景器相结合，曲透镜、反射平面镜、附纸之玻璃装于木盒内，摄取外面景物于附纸玻璃上，孕育了天文照相机的特点，这在当时是极其独特新颖的发明。

四、医药学

清代前期运河区域传统医学的显著发展主要包括本草学、古代医典研究、温病学、诊断学和专科医术等方面，每个领域都涌现出了一批著名的医学家和医学著作。

随着人们对药物学认识的加深，本草学研究获得了空前的发展。运河区域的学者对前代本草典籍进行研究和补充，杭州人赵学敏专补《本草纲目》之不足，张璐、张自聪、徐大椿、邹澍则侧重从《神农本草经》着手。清代前期对古代医学典籍的研究主要集中在《内经》《伤寒记》和《金匮要略》三部医典上。运河区域在这方面取得突出成绩的学者是张璐和徐大椿。苏州人张璐，博览古今医书，其《伤寒缵论》为补前人对张仲景医法衍释之未备而作，《伤寒绪论》为明外感诸症而作，都是精研医典的独到心得。吴江人徐大椿，以《内经》经义解释《难经》，著成《难经经释》，对人体经络、脏腑等功能多有独到见解。其《伤寒类方》提出了自己的伤寒论。这些成果既保存了我国传统医典的精华，又体现了清代医学发展的新水平和新方法。

运河区域传统的望、闻、问、脉四门诊断学也有发展，叶桂、薛雪、徐大椿等人，在伤寒、温病的辨舌望诊研究方面，多有建树；张璐对诊脉颇有研究，曾撰《诊宗三昧》，收录32种脉名，论述了色脉、脉象与经络关系等问题。

运河区域突出的专科医术主要是外科和儿科。外科方面做出突出成就者有祁坤和王维德。山阴（今绍兴）人祁坤（生卒年不详），专攻外科，著有4卷《外科大成》，被尊为外科宗师。吴县人王维德（1669—1749）尤精疡医，集40年行医经验，著成5卷《外科全生集》，所创"阳和汤""犀黄丸"等方，为后世所重。儿科成就体现在牛痘接种法的普及和发展上。种痘法是人工免疫法的先驱，它的普及与发展提高了运河沿岸人民的免疫能力。此外，运河区域的妇科、五官科以及针灸等也有发展。

五、农业科技

清代前期运河区域的农业生产工具基本上继承前代，少有发明。农业技术的发展革新主要体现在耕作栽培、新作物的引进、园艺栽培、畜牧饲养以及种茶和植桑养蚕等方面。复种制度方面，自乾隆中期以后，山东已普遍实行三年四熟或二年三熟制，如双季稻和稻麦两熟等；江浙一带一般为一年两熟，有的地方甚至出现了一年三熟的复种技术。随着复种制的实行，年种植和收获次数有了增加，加之间作、套种等蔬菜生产技术运用于大田生产，"一岁数收"的多熟种植技术逐渐提高，作物产量相应增加。

清代中期运河区域的耕作技术已达到相当完善的地步。北方旱地土壤耕作无论夏耕或秋耕都形成了一套完整的耕作法。江、浙一带水田耕作技术的进展主要表现在两方面，一是垦倒极深，"倒"为再次耕翻，即复耕；二是冻土晒垡。这些耕作栽培技术，提高了农作物的产量，促进了运河区域的农业生产。

清代前期运河区域海外作物的引进、园艺栽培和畜牧饲养都有新的发展。明代落户在福建、广东的番薯，清初已开始在浙江推广起来。烟草的种植遍及整个运河区域，浙江的塘栖、山东的济宁还发展成了著名的烟草产地。花生在运河沿岸也有种植。园艺栽培更趋完善，蔬菜种类增多，栽培技术也大大提高，果树的嫁接和整修技术已见系统、全面的总结。畜牧饲养初见规模，畜产品种类呈现出地方特色，北京有著名的北京鸭，江苏高邮有双黄蛋的高邮麻鸭，人工孵化技术也有创新，孵化方法已有炕孵、缸孵和桶孵三种。

图 7-9　桑田

图 7-10　养蚕

传统种茶、植桑养蚕技术也有明显进步。江、浙一带的茶树种植已出现苗圃育苗移植法和扦插、压条法，提高了茶树的存活率。浙江嘉兴等地是清代蚕桑业的盛地，所产桑蚕质量极好。山东东昌府（今聊城）、临清州、兖州等地也普遍植桑养蚕，并注意发展利用柞蚕放养技术，为柞蚕放养技术在全国传播作出了贡献。

甲午战争后，在戊戌变法和清末新政的推动下，西方农业科技大规模传入，农业技术兼采西法成为不可阻遏的潮流，中国农业科技由此大为改观。

运河区域对西方农业科技的引进主要通过三个渠道：翻译西方近代农学书籍、兴办近代农学教育、创建农业科技机构。翻译西方近代农学书籍方面，晚清政府对翻译农书持鼓励态度，光绪二十二年（1896）在设立官书局时，宗旨内就有译介近代农业科技书籍的内容。上海是当时翻译农学科技书籍最为兴盛之地，大批译书从这里迅即传到了运河区域各省市，使人们广泛接触到了不同于传统农学的新科技。

对中国近代型农业肇始、发展起基础作用的是兴办农业教育，中国农业教育最早发展起来的是实业学堂。光绪二十三年（1897），在中国蚕丝生产区浙江杭州，由杭州知府林迪臣发起创办蚕学馆，办学任务就是培养蚕桑科技人员，改进蚕种，编译国外蚕桑书籍，讲授近代自然科技知识。光绪二十四年（1898），光绪皇帝下诏各省州县皆立农务学堂。光绪二十六年（1900），光绪帝下诏出茶叶的省设立茶务学堂，出生丝的省设蚕业学堂，江苏在光绪二十七年（1901）开办了蚕桑学馆。

京师大学堂专设有农科大学。宣统二年（1910），天津设立了第一个水产讲习所，中国近代水产教育自此产生。根据光绪二十六年（1900）前后清政府颁行的教育制度，普通教育类大学堂中，设有农科大学，实业学堂类的农业实业教育分初等农学堂、中等农学堂、高等农学堂。至宣统元年，运河区域已有不少农业学校。

在农业科技机构设置方面，主要是农事试验场的创办。在政府鼓励下，运河区域直隶、山东等地都建起了农事试验场，进行农业科技活动。清政府还非常重视农种改良，曾于光绪三十年（1904）由农工商部负责，从美国购进陆地棉种，在山东、江苏、浙江等地推广种植。

图 7-11　北京大学的前身就是京师大学堂

六、手工业技术

清代运河沿岸农业经济的繁荣和农业技术的提高为手工业的发展奠定了基础，促使这一区域的纺织、制造、印刷等手工业技术较前代有了明显进步。

纺织技术在丝织和棉织方面都有提高。苏州的多彩丝绸织花品种增加，主要有妆花纱、妆花缎、妆花绢等，具体织法各有不同。闻名的丝织品还有吴江产的吴绫。棉

图 7-12　大型织机

纺织方面，无锡所产棉布结实耐用，山东的棉纺织品也很有名气。随着纺织业的发展，纺车、弹花弓等纺织工具也有创新，江苏出现了名牌纺车谢家车和弹棉效率极高的弹花弓。

印刷技术以传统的雕版印刷技术为主。武英殿修书处、扬州诗局以及一些学者和藏书家都刊刻了大量既有价值又精雅悦目的书籍。雕印技术、套版技术也有所进步，如康熙时内府刻本五色套印的《芥子园画传》等，都精美异常，显示了高超的雕版套色印刷水平。活字印刷术也有较大发展。当时在官私坊肆间以木活字最为通用。乾隆三十八年（1773），仿照元代王祯创造的木活字刻造，于次年刻成枣木活字25万多个，先后排印《武英殿聚珍版丛书》共138种，2300多卷。这是我国历史上用木活字印刷规模最大的一次，反映了木活字印刷技术的进步。乾隆五十六年（1791）由程伟元主持排印《红楼梦》"程甲本"和"程乙本"，也都是木活字印本，是研究《红楼梦》的宝贵资料。最

图 7-13　木活字印刷

著名的铜活字版本，当属雍正四年（1726）至六年（1728），清内府用铜活字排印的《古今图书集成》。全书一万卷，另目录40卷，分装525函，共5020册，以大小两号铜字印刷，效果极好，是我国历史上用铜活字排印的最大的一部类书。道光十二年（1832），苏州李瑶曾用胶泥活字排印了其所校补的《金石例四种》和温睿临《南疆绎史勘本》，常州、无锡等地也有人从事过泥活字印刷。印刷技术的提高推动了印刷业的发展。

七、工业、制造业技术

清前中期，运河区域制造技术的进步主要体现在钟表和火器的制造上。康熙年间北京等地出现了以12时辰报时的时钟，这种时钟以坠力为动力，用子、丑、寅、卯等12个天干作12个时辰来计时。当时苏州的钟表制造业较盛，制造出了不少名优钟表。乾隆五年（1740），清廷在北京设立造办处，42个作坊中就有专门制钟的"造钟处"，所产时钟专供皇家御用。火器制造技术较明代有了较大创新。康熙年间曾在宫内造办处景山和铁匠营设立炮厂，还专门建立了装备鸟枪、火炮的火枪营。北京的火炮不仅数量大，而且种类多，乾隆二十一年（1756）颁行的《钦定工部则例造火器式》就载有各种火炮共85种。另外，还出现了一些新型火炮，如奇炮、子母炮等，火炮性能更加先进。

鸦片战争以后的晚清70年，随着外国资本与技术的大规模输入，运河区域的传统手工业技术渐趋衰落，新式现代工业科技逐步兴起。在洋务运动和清末新政两次革新运动中，各种近代工业技术逐渐应用到了军工机器制造、民用轻工业品制造、电力、交通和通信等领域。

运用机器生产的近代化工厂开始在晚清运河区域的重要城市出现。同治二年（1863），马格里主持的上海洋炮局迁往苏州，改为苏州洋炮局，炮局实行机器生产，已拥有仿制长炮、短炮、炮弹、枪弹、铜火帽和枪丸等技术。同治六年（1867）崇厚在天津创建了天津机器局，历经扩建，逐渐建成铸铁厂、熟铁厂、锯木厂、机器房等机构，掌握了生产黑火药、栗色火药、无烟火药和仿制硝化棉的技术，是北方最大的军火工厂。光绪九年（1883），刘秉璋在杭州创建了浙江机器局，能够生产子弹、火药和水雷等。出于国防的需要，这些机器局多与军工生产紧密相连，主要生产军工机器和枪炮弹药，生产技术多引自国外，与西方同类生产技术相比，引进的军工技术已带有很大的滞后性。但这些工业已普遍采用大机器生产，开始实现由手工生产向机器生产的重大变革，它们制造的武器装备，改变了我国武器装备陈旧落后的局面，在国弱民贫的情况下，对巩固国防和发展近代工业，还是有一定作用的。还在天津开办了北洋水师学堂，在南京开办了江南水师学堂等一批军事学校。

晚清运河区域的印刷技术仍以雕版印刷和活字印刷为主，雕版印刷除刻印书籍外，在证券、年画及织物等领域也获得广泛应用，如光绪年间，北京琉璃厂的松古斋、清秘阁等十几家店铺都从事诗笺画纸的刻印与销售，达到了当时雕版印刷技艺的高峰。苏州的桃花坞、天津的杨柳青等都是当时有名的木版年画作坊。活字印刷仍以木活字为主，北京的《京报》《万国公报》、无锡的《白话报》等报纸，都是以木活字排印出版的。铜活字、锡活字和铅活字也有发展。石印、铅印技术传入中国后，自同治十二年（1873）始，北京、苏州、杭州等地，相继创办了刊行报纸和书籍的机器印刷企业，如北京的"撷华书局"等。这些印刷工业，多采用石印技术，影印了大量古版书籍，对保存古籍和文化交流起了重要作用。在近代工业技术的支持下，城市公用事业开始起步，北京、天津、镇江、扬州、苏州等地都筹设了水电等公用事业。

电力技术是晚清运河区域的新兴科技。至宣统三年（1911），运河区域的北京、通州、镇江、苏州、嘉兴、杭州等城市均已建有发电厂，其中以京师华商电灯公司和杭州电气公司发电尤多。从光绪八年（1882）到宣统三年（1910），英、法、德等国商人，在天津、北京等城市相继兴建了电灯厂。同时，中国官方和民族资本家在杭州、苏州、镇江也相继开办了电灯厂。光绪十四年（1888），李鸿章向丹麦购买了发电设备，建成西苑电灯公所，供宫内照明用电，北京第一盏电灯安装在西苑慈禧寝宫仪銮殿。此

图 7-14　江南水师学堂遗迹

图 7-15　雕版印刷中的刻字

后北京一些官衙和贵族私宅也相继安装了电灯。

运河区域交通通信技术的进步体现在铺设铁路、发展邮政、架设电报电话线上。铁路主要集中在京津两市，19世纪末到20世纪初，以北京为起点向外辐射，建有京沈（北京—沈阳）、京汉（北京—汉口）、京张（北京—张家口）等干线，以天津为起点的有津浦（天津—南京）、津沽（天津—大沽）等干线，天津到北塘、胥各庄、开平、山海关之间也都筑有铁路。这些铁路既促进了京津地带的经济发展。此外，以上海为起点向外辐射的铁路线为江南运河一带的经济发展带来了便利条件。电报通信方面，光绪五年（1879），中国自行架设了天津至大沽的电报线。之后，又架设了天津至上海的电报线，并相应在天津设置电报总局和电报学堂，在临清、济宁、镇江、苏州等处设立了电报分局。电话通信方面，光绪十三年（1887），天津租界开设了"电铃公司"，架设电话线至塘沽、北塘，次年延伸至北京。外商经营的长途电话在京津间出现。盛宣怀于光绪二十五年奏准由电报局兼办电话，当年在天津设置了少量专供官用的电话。到清末，运河沿线的苏州、北京、天津等地已先后开设了官办、地方官办和商办的市内电话。光绪三十年（1904），京津线架成通话，这是我国自建的第一条长途电话线路。无线电通信也有发展，北洋大臣在天津开办了无线电通信训练班。交通通信设施加快了运河区域信息的传播速度，提高了工作效率，促进了经济的发展和繁荣。

第七节　民国时期运河区域科学技术的发展

民国时期运河区域是自然科学比较先进之地。在这个时期，运河沿线先后出了大批的自然科学和工程技术专家，全国为数不多的科研机构和团体多数设立在这里，人们开始运用近代科学研究治运问题，部分运河整治工程采用了近代技术和材料。

一、运河区域出生的科技专家

民国时期运河区域，尤其是经济比较发达、生活比较富裕的南方运河沿线出生的大批青少年，抱着"科学救国"的宏愿，或者涉洋留学欧美日本，或者投考本国高等学校，努力学习先进的自然科学和工程技术。其中许多人在自己从事的专业范围取得了卓越的成就，成为中国现代科技事业的开拓者或奠基人，部分杰出人物在国际上的相关学科领域亦占有一席之地。

1. 地理学家

淮安泗阳（今宿迁）人张相文（1867—1933）撰写出版了中国第一部地理教科书——《本国中等地理教科书》。宣统元年（1909）在天津发起成立中国第一个自然地理学术团体——中国地学会。他对全国许多地区进行实地考察，撰写发表了《河套与治河之关系》《长城考》《导淮不宜全淮入河》等地理学论著，是近代中国自然地理学的开拓者。

图7-16　竺可桢像

浙江上虞人竺可桢（1890—1974），在东南大学（前身为南京高等师范学校）创办中国第一个地理系，培养了中国第一批地理学和气象学人才。在南京筹建了中国第一个自办的气象研究所，并任所长。民国二十五年（1936）开始任浙江大学校长。竺可桢在气象学领域进行广泛深入的研究，发表了大批论著，取得了多方面的杰出成就。竺可桢是中国现代地理学和气象学的奠基人。

江苏高邮人孙云铸（1895—1979），民国十八年（1929）在北平发起成立中国古生物学会，任首届会长。长期深入研究中国古生代地层和三叶虫、笔石、菊石、珊瑚、棘皮动物等古生物化石，先后发表论著几十种。民国十三年（1924）撰写出版了中国第一部古生物学专著《中国北部寒武纪动物化石》，受到国内外学者的重视。他培养了大批古生物学和地层学人才，成为中国古生物学和地层学的奠基人之一。

2. 物理学家、化学家

在物理学方面，祖籍江苏无锡，生于江苏泗阳的胡刚复（1892—1966），在美国参与发起成立中国最早的综合科学团体——中国科学社。民国七年（1918）获哈佛大学哲学博士学位，其博士学位论文对早期X光线光谱学和物质波概念的建立做出了重要贡献。回国后先后在几所大学兼任物理系主任或理学院长。民国十七年（1928）参与创建中央研究院物理研究所并任研究员。民国二十一年（1932）参与创建中国物理学会并任永久会员。他还是中国现代度量衡制度的制定者，中国大批物理学名词最早的定名者。

镇江人茅以升（1896—1989），应浙江省建设厅的聘请，担任钱塘江桥工程处处长，主持修建钱塘江铁路公路两用大桥工程，用了两年半时间，即完成了建桥任务。该桥实现了火车汽车同时通车，是中国人靠自己的技术力量建成的第一座现代化大型桥梁。

宜兴人周培源（1902—1993），民国三十五年（1946）出席国际科学协会理事会议，被选为国际应用力学协会理事，在理论物理和流体力学方面取得了重要研究成果。在引力论方面，他在某些情况引进不同的条件下，求得了静止场不同类型的严格解。在宇宙论方面，他证实在均匀性的条件下，引力论方程本身即可给出宇宙的各相同性和"弗里德曼"宇宙的度规张量。在流体力学湍流理论方面，他用求剪应用力和三元速度关联函数满足动力学方程的方法，来建立普通湍流理论。

杭州人钱学森，是世界著名航空科学大师冯·卡门的学生和同事，参加了对德国V2火箭技术的考察。他在空气动力学领域进行深入研究，发表了大批论著。他提出了跨声速流的相似律，并与冯·卡门一起最早提出了高超声速流的概念，对于飞机在早期克服声障、热障问题提供了理论依据，为空气动力学的发展提供了重要理论基础。中华人民共和国成立后，他回到祖国，对我国航天事业和核武器技术具有开创之功。

在化学方面，生于扬州的黄鸣龙（1898—1979），任中央研究院化学研究所研究员、西南联合大学化学教授。主要从事中药有效成分的化学结构、甾族的化学合成等问题研究，取得了重要成就。他研究确定了延胡索若干成分的化学结构，其中延胡索乙素具有较强的镇静和止痛作用，被临床广泛应用。他对有机化合物合成的改良还原法被国际上广泛应用，并被写入各国有机化学教科书中，称之为"黄鸣龙还原法"。

3. 数学家

祖籍无锡，生于泗阳的胡明复（1891—1929）（胡刚复之兄），是中国第一位获得博士学位的数学家，他参与了中国教学名词的审定工作，并对中外数学交流做了重要工作。浙江绍兴人陈建功（1893—1971），因独立证明了杨氏卷积函数而获得博士学位，成为第一位获得日本理学博士的中国人，发表专著《三角级数论》《直交函数级数的和》《实函数论》《三角函数论》，他在函数论，特别是三角级函数研究上取得了卓越的成就，创立了独具特色的函数论学派。

金坛人华罗庚（1910—1985），撰写发表了《堆垒素数论》等多部著作和大批论文，解决了许多数学难题，受到国际数学界的高度评价，成为世界著名数学家。他的主要成就是在数论方面，将当时欧洲同行在"华林问题""他利问题""奇数的哥德巴赫猜想问题"上的研究包罗殆尽，得出了著名的"华氏定理"，被国际数学界称为"华罗庚度量"。

4. 生物学家、农学家

图 7-17　谈家桢雕像

宁波人谈家桢，长期从事生物学和遗传学的教学和研究，取得了有国际影响的成果。他曾在美国专业刊物上发表论文，提出了具有独创性的"色斑嵌镶显性理论"。他发表的有关果蝇种内和种间进化机理问题的论文，在染色体内部结构演变等方面做出了具有独创性的贡献。

苏州人邹秉文（1893—1985）在联合国粮农组织任职期间，积极争取美国农科学校和农业工程机构接受中国学者前去工作和进修，培养了大批农学人才。在国民政府棉业统制委员会任上，主持成立了中央和陕西、河南、河北、湖北、山西、山东等省的棉产改进所。30年代初，他积极支持民族企业家范旭东创办南京硫酸铵厂，生产中国的化肥。他还为推行中国农业机械化做了不少工作。

5. 医学家、药学家、人类学家

无锡人丁福保（1874—1952），先后翻译西医书籍68种，自撰医书20种，并出版了《丁氏医学丛书》，内容涉及解剖、组织、病理、诊断、细菌、药物、内外科、神经、卫生等各个学科，无论对基础理论、临床应用，还是预防养生，均有论述。1913年，发起成立了中国第一个医学学术团体——中国医学研究会。

苏州人汪逢春（1884—1949），治愈疑难大症甚多，与萧龙友、孔伯华、施今墨并称"北京四大名医"。汪逢春行医重在辨证论治，师古而不泥古，博采众家之长，不存门户之见。他治内伤病时,着重调理脾胃,治外感时,着重内表宣达,尤以善治瘟病著称。其医案由弟子辑成《泊庐医案》出版。

河北通县(今北京通州)人杨崇瑞(1891—1983),是中国最早把妇女卫生事业传到农村的医务人员。在20世纪30年代即预见到中国人口问题的严重性,提出了"限制人口数量,提高人口素质"的真知灼见,在她主编的刊物上倡办"节育指导所",推广科学节育方法,是中国现代妇幼卫生事业的开拓者之一。

北京人孟目的(1897—1983),在香港创办协和制药厂,从事医药研究和生产,主持中国重大药学科研项目——编纂《中华药典》,提出了"药典"这个名称,初步统一了中国药品的名称。

金坛人吴定良(1894—1969),对人体骨骼的研究提出了一系列方法,在北京大学创办了人类学系并任系主任。吴定良是中国体质人类学的创始人和奠基人。他研究出的面骨扁平度测量方法,为世界各国人类学家所使用。

二、运河区域的科技机构和团体

民国时期,随着政府和民间对科技日渐重视,全国科技人才的日渐增多,科技机构和团体陆续成立,大部分科技机构和团体设在运河沿线。

1. 北京的科技机构和团体

北京是设立科技机构和团体最多的城市之一。在这里设立的科技机构有工商部地质调查所、静生生物调查所、北平研究院、中国营造学社、农商部农业试验场等。

工商部地质调查所,是民国时期全国设立最早、存在时间最长的科研机构。静生生物调查所是民国时期重要的民办生物学研究机构。国立北平研究院,是民国时期中国最大的两个综合科学研究机构之一(另一个是中央研究院)。民国时期在北京设立过的科技团体,有中国地学会、中华药学会、中国工程师学会、中国地质学会、中华化学工业会、中国生理学会、中国矿冶工程学会、中国古生物学会、中国物理学会等。北京大学成立的北京大学地质研究会是中国第一地质学团体。

2. 天津等城市的科技机构和团体

天津是自然科学研究机构和团体较多的城市。民国时期在这里设立的主要自然科学研究机构有黄海化学工业研究社、中国第一水工试验所、南开大学化学研究所、北洋工学院工程材料研究所和矿冶工程研究所等。

运河沿线的其他城市也设立了一些地方性的自然科学技术研究机构和团体。其中大多数与农业有关。

民国元年（1912）江淮水利测量局在淮安设立了水文站。次年农业学校设立了测候所，观测农业气象。民国五年（1916）江苏省第一农事试验场成立。后改为江苏省立杂谷试验场，时有土地700亩，培养和推广旱谷优良品种，以及约克夏良种猪和莱克杭良种鸡。

民国元年（1912）3月浙江省农事试验场在杭州成立，内设蚕桑科。同年4月，又设立了测量局。

民国七年（1918）山东省棉业试验场建立于临清，后改为山东省第一棉业试验场，又改为山东省立棉作改良场临清分场。

民国八年（1919）扬州设立农场，民国二十四年（1935）改为农业推广所。到了20世纪20年代，又设立了气象站，开始有气象观测记录。至30年代设立了蚕种场，蚕桑新技术在当地得到推广。

图7-18 东吴大学校门

苏州于20世纪20年代建立农业学校、女子蚕业学校进行农业、蚕桑新技术的研究、示范与推广。至30年代，江苏省建设厅在吴县设立了稻作试验分场，中央大学在白洋湾建立了试验农场；东吴大学生物系成立了淡水生物研究所。

在绍兴，成立了绍兴、萧山两县水利联合研究会，研究绍兴地区水利建设问题。民国十八年（1929）设立降水量观测站和水位观测站。设立县科学馆，普及科学知识，建立农业推广所。

第八章
中国大运河相关科技书籍

运河流域是古代中国先进的政治、经济地带，自然也是古代中国先进的科研文化中心。中国古代科学技术有了大运河的滋养，变得如虎添翼。代表中国古代文明的四大发明，主要就是在运河沿线的城市完成，运河沿线的农学、天文学、地理学、医学、数学等都很发达，古代许多科技书籍也是在运河沿线产生的。

第一节 农业科技著作

作为古代农业的发达大国，我国古代农学更是取得了杰出的成就，水源充足、得天独厚的大运河区域更是典范。除了先进的农业生产工具、农耕和灌溉方法、水利工程外，还留下了杰出的农学著作。

一、汉魏时期农业著作

1.《氾胜之书》

氾胜之是西汉成帝时人，曾任议郎、御史、轻车使者等职，他是农业生产方面的专家。《氾胜之书》记载了西汉运河流域，特别是关中地区的农业生产技术和经验，总结出农业生产的几个基本环节，即趋时、和土、备粪、保泽、早锄、早获等，并分别作了具体阐述。书中分别详细记述了农作物的栽培技术，涉及禾、黍、麦、稻、大豆、小豆、麻、桑、瓜、瓠等十多种。书中还着重介绍了一种在小块土地上通过精耕细作而获得农田丰产的成套生产技术，名之为区种法（或称区田法），反映了西汉运河流域农业生产技术已达到了较高水平。

2.《四民月令》

《四民月令》为东汉时运河地区人崔寔所作。他仿《礼记月令》体例，逐月记述士、农、工、商的生活和生产活动，以记载禾、麦、黍、麻豆等的种植，蚕桑、蔬果、林木、家畜的经营为主，兼及祭祀、社交、教育、交易、饮食、医药等方面的活动，以至各种主要器物的制作和保管，反映东汉时洛阳等运河地区的经济、文化生活。

3.《齐民要术》

《齐民要术》是北魏时贾思勰所著的一部综合性农书，也是世界农学史上最早的专著之一，是我国现存最早、最完整的农书。此书共10卷，92篇，举凡整地施肥、精耕细作、保墒防旱、良种选育、作物栽培、果树种植、家畜饲养、食品加工、野生植物利用等，无不详细说明。它系统总结了中国北方的农业科学技术，对古代农学的发展产生了重大影响。

 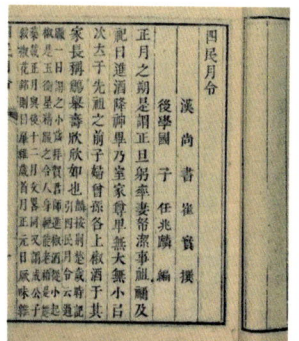 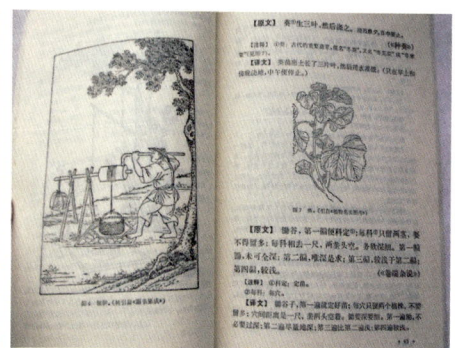

图 8-1 《氾胜之书》　　图 8-2 《四民月令》　　图 8-3 贾思勰所著的《齐民要术》

二、宋元时期的农业著作

宋元时期运河区域农业经济的发展，极大地促进了农业科学技术的进步，产生了一批总结和研究农业生产经验的农学著作，据不完全统计，总数超过 130 种，约占我国古代所有农书的四分之一。其中以反映运河区域的农业科学技术的农学专著相继问世，突出了运河区域农业科技发明及其运用在全国的领先地位。代表作为陈旉的《农书》和元代的《农桑辑要》《农桑衣食撮要》以及王祯的《农书》等。

1. 陈旉及其《农书》

陈旉生当两宋之际，自称"西山隐君全真子"。这个西山就在真州（今江苏仪征）境内。他博学多才，平生读书却不求仕途，只"种药治圃以自给"，是一个没有脱离农业生产劳动的知识分子。他一边劳动自养，一边著书立说。约在宋高宗绍兴中期，凝集陈旉一生心血的《农书》面世。陈旉的《农书》立足于江南地区农业生产的实际，以论述种稻、养蚕为主，共分上、中、下三卷，22 篇，1.2 万余字。其中上卷记述江南地区的水田农业生产及其技术，中卷主要谈役畜水牛的牧养、役用及其疾病防治，下卷则论南方地区的蚕桑生产。书中突出地展示了陈旉重农的经济思想，因而在农业经营上，他强调生产的合理布局，全面安排，力主以提高单位面积产量为目的。在农业生产上，陈旉主张发挥人的主观能动性，走农业集约化经营之道，勤耕细作，深耕易耨，反对"广种薄收"的粗放式经营。在具体措施上，他提出通过施肥、改良土壤，使地力常新。为此他在书中设立专篇《粪田之宜》，来探讨农田施肥的粪肥种类及其施用方法等问题。

陈旉尤其强调既要发挥人的主观能动作用，更要遵循自然规律，兼顾天、地、人诸种因素。他对农业生产工具也很重视，他还立《医治之宜篇》，记述牛的常患疾病，特别是对某些传染性疾病，强调要及时隔离和适时养治等。在《农书》中，陈旉以下卷的篇幅专论蚕桑，介绍种桑、养蚕的技术，所列篇目有《种桑之法篇》《收蚕种之法篇》《育蚕之法篇》《采桑之法篇》《簇箔藏其之法篇》等。陈旉的《农书》以其谨严的科学态度，创造性地总结了宋代南方运河区域的农业生产经验，全书既简明扼要，又通俗易懂，是我国古代农书中卓有成就的著述。

2. 王祯及其《农书》

王祯，字伯善，元代东平（今属山东）人，为古代山东三大著名农学家之一。元成宗元贞元年（1295）任宣州旌德（今属安徽）县尹，在任六年。此前可能还做过江南诸道行御史台或行大司农司等衙门的属官。经过近十年的努力，终于完成对我国南北方地区农业生产全面研究并集古代农业生产经验之大成的农业科学著作《农书》，于元延祐元年（1314）刻印发行。在《农书》出版后不久，这位卓越的农学家便去世了。

《农书》一般也称《王祯农书》，规模宏大，内容广博，全书36卷，13万余字，由三部分组成，即《农桑通诀》6卷，《农器图谱》20卷，《百谷谱》10卷，并有插图306幅。既有总论，又有分论，图文并茂，体例完整。

王祯《农书》一方面注重总结，"搜辑旧闻"，广泛涉猎古代农书及各种典籍中关于农业的记载，揭示农业发展的历史轨迹。另一方面又把眼光紧紧盯在现实和未来，研究农业的现状，设计农业发展的未来，把他的聪明才智贡献在农业发展事业上，使之成为中国古代最卓越的农学家之一，《农书》也在中国农学史上具有重要的地位。

3.《农桑辑要》与《农桑衣食撮要》

《农桑辑要》是由元政府主管农政的中央机构司农司主持编纂的一部官方农书，也是现存最早的官撰农书。为了推广当时先进的耕作技术，使农户掌握节气，适时安排生产，不误农时，司农司着手组织人员编撰新的农书，遂有王祯的同乡人孟祺与畅师文、苗好谦等人，将搜集

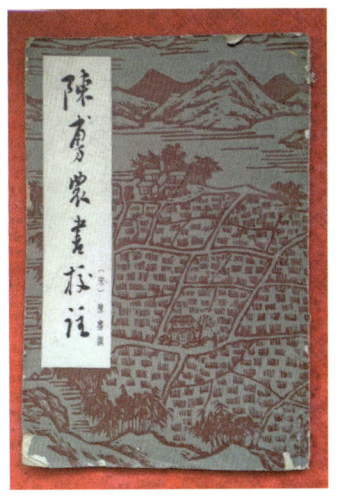

图 8-4 《陈旉农书》

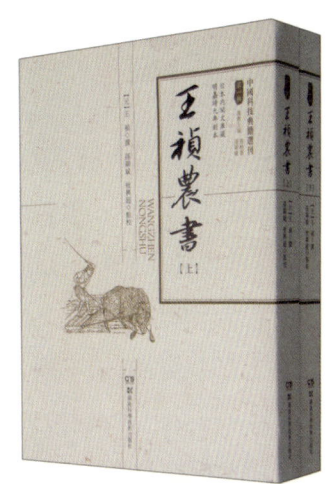

图 8-5 王祯《农书》

图 8-6 《农桑辑要》

到的大量农书和实际调查材料,披阅参考,删其繁重,择其切要,编成《农桑辑要》一书,于蒙古至元十一年(1274)正式刊行。仁宗延祐年间(1314—1320)又刊行于江浙行省,英宗、明宗、文宗时期,也都申令颁行。仅元至顺三年(1332)即刊行1万部,可见此书流传之广。

《农桑辑要》全书共七卷,6万余字,内分10个要目,包括典训、耕垦、播种、栽桑、养蚕、瓜菜、果实、竹木、药草、孳畜。本书分别论述了各种作物的栽培及家畜、家禽、鱼、蚕、蜂等的饲养,纲目清晰,颇具系统性,且取材严谨,实用价值较高。《四库全书总目提要》评价说:"详而不芜,简而有要,于农家之中最为善本。"

《农桑辑要》对于朝鲜农业有过重大影响。在朝鲜李氏王朝与元朝的接触中,即非常热心于引进中国的农业生产技术,因而《农桑辑要》以及陈剪《农书》、王祯《农书》传入朝鲜。其中以《农桑辑要》在李朝时期"刊版颁行,教民力本"所发挥的作用最大。

除王祯《农书》和《农桑辑要》外,元代另一部著名农书为《农桑衣食撮要》,此三部书号称"元代三大农书"。《农桑衣食撮要》的作者为鲁明善,维吾尔族人。延祐元年(1314)出任安丰路(今安徽寿县)肃政廉访司官员,此书即是他在安丰路任内所撰。按元制,肃政廉访司兼劝农事,这使鲁明善能利用便利的工作条件,对江淮地区的农业生产状况进行较深入的调查和了解。在至顺元年(1330)完成《农桑衣食撮要》一书。

与当时其他农书不同,《农桑衣食撮要》在体例上直接继承古农书《四民月令》的体裁,按月记述农事的安排与活动。由于鲁明善对农村生活很熟悉,书中对于农户居家收藏蔬菜、制作酱菜、饲养畜禽等也进行了详细的介绍,尤其记载了许多先进技术。他还搜集了许多民间关于生产、生活的谚语,如"移树无时,莫叫树知。多留宿土记取南枝""十耕萝卜九耕麻"等,以通俗的言语作为经验介绍给农户,为推广先进的农业技术做出了贡献。

三、明清时期农业著作

在农业占主导地位的封建社会,农学是最具实际意义的一门学问。明清时期运河区域不少知识分子受明清之际经世致用思想的影响,都曾致力于农学研究。农业生产的发展和农业技术的提高,也为农学研究提供了充分的材料。明清时期的农书有徐光启的《农政全书》、乾隆官修的《授时通考》和张履祥的《补农书》等著名的大型农书,还有著名的花谱《广群芳谱》。

1.《农政全书》

《农政全书》由明代徐光启著。基本上囊括了古代农业生产和人民生活的各个方面，其中又贯穿着徐光启治国治民的"农政"思想。全书共60卷，分农本、田制、农事、水利、农器、树艺、蚕桑、种植、牧养及荒政等部分。书中比较详尽地叙述了有关农业生产的制度、措施、工具、作物特性、技术知识等，收录了不少有关农业生产技术方面的谚语，总结保存了我国古代劳动人民的许多农业生产经验和技术。书中搜集了许多人对于兴修水利的畅想和规划，有的至今还有参考价值。这部书是对我国17世纪前农业生产知识的总结记录。

2.《授时通考》

《授时通考》是乾隆时期官修的一部大型综合性农书。该书的编写工作开始于乾隆二年（1737），完成于乾隆七年（1742）。《授时通考》基本上汇集了前人的有关论述，内容丰富，体例严整，选取内容多"取其切于实用"，配有附图。《授时通考》全书共78卷，分为八类，一为"天时"，分记农家四季活计；二为"土宜"，讲高下燥湿各种土地的利用；三为"谷种"，记载各种作物的性质；四为"耕作"，记述从垦耕到收藏各个生产环节的工具和操作方法；五为"劝课"，是历朝重农政令；六为"蓄聚"，即"备荒之制"；七为"农余"，含蔬菜、树木的种植及畜牧方法等；八为"桑蚕"，谈养蚕缫丝等事。《授时通考》因是皇帝敕撰的官书，各省大都有复刻，流传很广，在传播和发展农业生产技术方面起了重要作用。

3.《补农书》

《补农书》由浙江桐乡人张履祥所著。张履祥青年时代曾想投身仕途，但未得志。明亡后，张履祥放弃仕官之念，归居乡里，"以授徒为业，躬自力农桑"。他耕、读兼治，

图8-7 《农政全书》

图8-8 《授时通考》

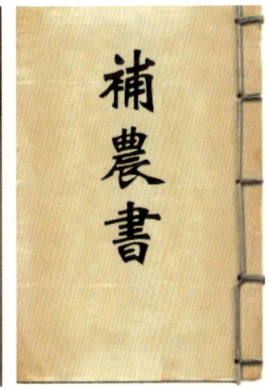

图8-9 《补农书》

不以空言著书，依其讲学务农的经验，抄辑和补充了崇祯末年连川人沈某所作的《沈氏农书》，于顺治十五年（1658）完成《补农书》。《沈氏农书》有"通月事宜""运田地法""蚕务六畜""家常日用"四部分，其中以论水稻生产最为详尽。《补农书》除稻麦桑蚕外，又增补了农业经营和家庭副业等《沈氏农书》的"未尽事宜"，成为被时人所推重的大型农书。

4.《广群芳谱》

《广群芳谱》是当时著名的花谱。康熙四十七年（1708），康熙帝下令组织一班词臣将明王象晋的《二如亭群芳谱》改编成为100卷的《广群芳谱》。该书内容庞杂，对各种花卉生长、培育进行了广泛探讨。

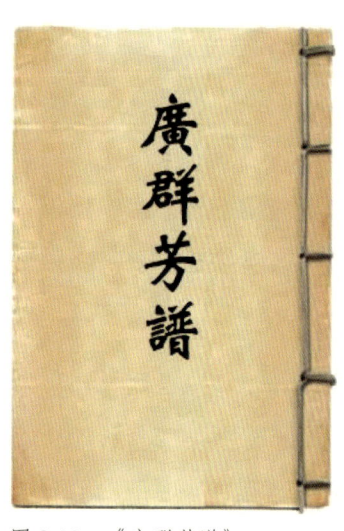

图8-10 《广群芳谱》

第二节 建筑学著作

1. 喻皓与《木经》

喻皓（亦作预浩、预皓、喻浩），宋浙江杭州一带人，曾经做过都料匠，人称喻都料。喻皓是一位杰出的木结构建筑专家，擅长建塔。

塔是一种宗教象征性建筑，建造历史悠久，其形制有方形、五角形、六角形、八角形、十二角形等，既有木建筑结构，亦有许多石建筑结构。喻皓在继承前人建造经验的基础上，勤于实践，勤于思索，在塔的设计建造尤其是木结构高塔方面有许多创造性的发展。据载，吴越建造杭州梵天寺木塔，患其摇动，有工匠向他请教，他教以逐层铺板钉实之法，塔身遂稳。宋太宗端拱年间（988—989），营建开封开宝寺木塔，喻皓受命主持这项工程。为建好宝塔，他先做了一个模型，又对模型的尺寸、结构等进行了反复认真的研究和修改，最后才施工。塔建成后，为八角13层，高360尺（约合110.6m），为京师之最。但该塔于庆历四年（1044）毁于雷火。

当时开封城内还有著名的相国寺，寺内建有排云阁、广愿塔、普满塔、资圣阁等。其门楼造得尤其精巧。据说喻皓每次经过相国寺，都要仔细研究其门楼结构及建筑技术。正由于喻皓善于学习和总结，他后来编著《木经》三卷，成为我国历史上第一部论述木结构建筑学的专著。《木经》对房屋建筑物的各部分的规格及各构件之间的比例关系做了详细具体的规定。《木经》的问世不仅促进了当时建筑技术的交流与提高,对后来建筑学的发展也影响很大。约百年以后,由李诚编著的建筑宝典《营造法式》,许多内容即直接参照了《木经》。

2. 李诚与《营造法式》

李诚,字明仲,郑州管城(今河南郑州)人,主持营建了许多大型土木建筑工程,如京都皇城的朱雀门、景龙门、九成殿、开封府廨、太庙以及慈钦太后佛寺等,还领导建造过如龙德宫等皇家园林。绍圣四年(1097),奉敕重修《营造法式》,他利用自己长期积累的建筑设计与施工实践中的经验,又潜心研究古人经验,收集当代、前代能工巧匠的成功实践,最后集思广益,总揽今古,于元符三年(1100)成书,甚为精博。

《营造法式》全书34卷,357篇,3555条目,内容分释名、各作制度、功限、料例、图样几大部分。《营造法式》最突出的成就是总结了前代经验,如木构架建筑的一整套"材、分"模数制,体现了当时在力学方面的卓越成就。书中所总结规定的梁的矩形断面都具有3:2的高度比等,也完全符合现代力学原理。《营造法式》是我国古代建筑学的杰作。

3. 计成与《园冶》

计成,字无否,号否道人。生于万历十年(1582),原籍松陵(今江苏省苏州市吴江区同里镇),是明代出色造园师。

崇祯七年(1634),计成写成中国最早和最系统的造园著作——《园冶》,被誉为世界造园学最早的名著。该书不但影响我国,而且东渡传播到日本及西欧,成为造

图8-11 《木经》

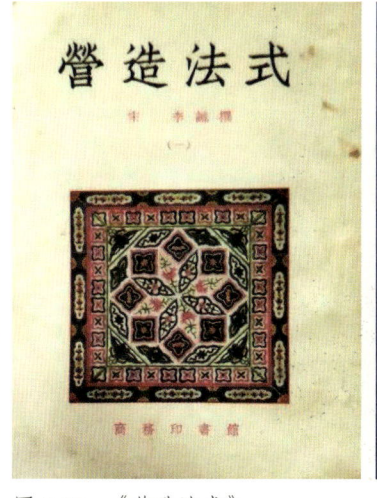

图8-12 《营造法式》

图8-13 《园冶》

园学的经典著作。《园冶》是中国第一本园林艺术理论专著,全书共三卷,分为兴造论、园说、相地、立基、屋宇、装拆、门窗、墙垣、铺地、掇山、选石和借景共12篇章。"虽由人作,宛自天开"这是计成在《园冶》中对造园艺术的精妙总结,道出了造园的真谛。《园冶》并不仅从理论视角来写,因该书是计成造园经验的总结,也具有很强的实用性。

第三节 手工业科技著作

1. 沈括与《梦溪笔谈》

沈括(1031—1095),字存中,号梦溪丈人,杭州钱塘县(今浙江杭州)人,是北宋时的官员兼科学家。沈括出身于仕宦之家,幼年随父亲宦游全国各地。宋神宗时参与熙宁变法,受王安石器重,历任太子中允、检正中书刑房、提举司天监、史馆检讨、三司使等职。曾驻守边境,抵御西夏,后因永乐城之战受牵连被贬。晚年移居润州(今江苏镇江),隐居梦溪园,潜心创作《梦溪笔谈》。沈括一生致力于科学研究,在众多学科领域都有很深的造诣和卓越的成就,被誉为"中国整部科学史中最卓越的人物"。《梦溪笔谈》内容丰富,集前代科学成就之大成,在世界科技史上有着重要的地位,被称为"中国科学史上的里程碑"。书中包含天文历法、地理建筑、政治经济、法律军事、宗教风俗、文学艺术等自然和人文科学方面的思想见闻。

沈括是一位杰出的科学家,他在数学、物理、化学、天文历法、地理学、水利、医学、经济学等方面都作出了杰出的贡献。在数学研究方面,他开创了中国垛积术研究的先河,他发明的会圆术促进了中国平面几何的发展。在物理学方面,他记录了人工磁化的方法,并用人工磁化针来做试验,对指南针进行深入研究,发现了南北极存在磁偏角,比哥伦布横渡大西洋时发现磁偏角现象早了400多年。他还对透光铜镜的原理作出了正确推论,推动了后世对"透光镜"的研究,还第一次记录了"红光验尸"的内容,是中国关于滤光应用的最早记载,至

图 8-14 镇江梦溪园沈括雕像

今还有现实意义。他通过对声学现象的观察,注意到音调的高低由振动频率决定,并记录下了声音的共鸣现象。他还用纸人来放大琴弦上的共振,形象说明了应弦共振现象,这比诺布尔和皮戈特的琴弦上纸游码试验早了 500 年。在化学方面,他在《梦溪笔谈》中记载了湿法炼铜法,利用化学置换反应的方式提炼金属。他还在世界上第一次提出了"石油"这一科学的命名。据沈括记载,鄜州、延州境内产石油,当地人常采集到瓦罐里,用于照明。这种油形似纯漆,燃起来像烧麻秆,并冒着很浓的烟,能把帐篷都熏黑。沈括将其命名为石油,并以石油炭黑制墨,光泽、亮度方面都很理想,于是就大量制造,并命名为"延川石液"。

2. 宋应星与《天工开物》

《天工开物》被称为"中国 17 世纪工艺百科全书",作者是明朝科学家宋应星。作者在书中强调人类要和自然相协调、人力要与自然力相配合,是中国科技史料中保留最为丰富的一部。《天工开物》更多地着眼于手工业,反映了中国明代末年出现资本主义萌芽时期的生产状况。全书分为上中下三卷 18 篇,并附有 123 幅插图,描绘了 130 多项生产技术和工具的名称、形状、工序。书名取自《尚书·皋陶谟》"天工人其代之"及《易·系辞》"开物成务",宋应星认为"盖人巧造成异物也"。

《天工开物》详细叙述了各种农作物和手工业原料的种类、产地、生产技术和工艺装备,以及一些生产组织经验。上卷记载了谷物豆麻的栽培和加工方法,蚕丝棉苎的纺织和染色技术,以及制盐、制糖工艺。中卷内容包括砖瓦、陶瓷的制作,车船的建造,金属的铸锻,煤炭、石灰、硫黄、白矾的开采和烧制,以及榨油、造纸方法等。下卷记述金属矿物的开采和冶炼,兵器的制造,颜料、酒曲的生产,以及珠玉的采集加工等。《天工开物》中分散体现了中国古代物理知识的应用水平,如在提水工具(筒车、水滩、风车)、船舵、灌钢、泥型铸釜、失蜡铸造、排除煤矿瓦斯方法、盐井中的吸卤器(唧筒)、熔融、提取法等中都有许多力学、热学等物理知识。在《五金》篇中,明确指出,锌是一种新金属,并且首次记载了它的冶炼方法。

图 8-15 明代科学家宋应星著的《天工开物》

第四节　天文历法著作

1. 郭守敬与《授时历》

元代科学家郭守敬既是元代大运河开凿的主持者,又是天文学家,他先后创制和改进了简仪、高表、仰仪等10多种天文仪器,还编订了中国当时最优秀的历法《授时历》,创立了招差法和弧矢割圆术。他在实际观测的基础上,汲取了前人的经验,加上自己的创见,编订了中国当时最先进的历法《授时历》,废除了上元积年的日法,创立了招差法和弧矢割圆术,精确而圆满地解决了古历中定朔、闰月安排和二十四节气安排以及预推日、月食日期、时刻和见食情的四个主要问题。《授时历》通行360多年,是当时世界上最先进的一种历法。1981年,为纪念郭守敬诞辰750周年,国际天文学会以他的名字为月球上的一座环形山命名。

2. 徐光启与《崇祯历书》

《崇祯历书》介绍了中国当时不知道的天文现象和科学成果,使用了球面和平面三角学的准确公式,简化了计算,扩充了解题的范围。还引进分圆周为360度和从赤道起算的90度纬度制度等度量制度。《崇祯历书》还引进了地球、经纬度的概念,大大提高了推算日食、月食的精确度。《崇祯历书》使中国历法发生了体系的变

图 8-16　郭守敬雕塑

图 8-17　徐光启与利玛窦

化，欧洲天文学成了中国官方历法的理论基础。该书还介绍了伽利略看到的太阳黑子在日面上的运行现象，翻译了开普勒《论火星的运动》一书中部分内容。使我国学者开始了解了一些欧洲的天文学知识。这是中国传统天文学向近代天文学过渡的一个重要标志。

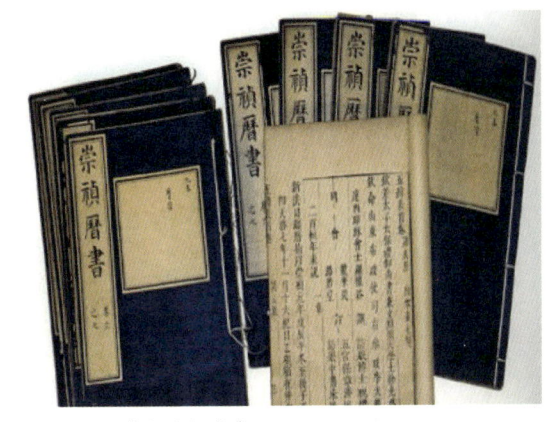

图 8-18 《崇祯历书》

3. 阮元与《畴人传》

扬州人阮元（1764—1849），是乾隆五十四年（1789）的进士，一生仕途顺利，曾任高级学职和封疆大吏。阮元对天文学的最大贡献是他编辑的《畴人传》。这是我国第一部开创性的科学史著作。阮元本着严肃的科学态度，在继承前代成果与"择取西说之长"的基础上不断创新，记录和评价了历代天文学家和数学家的生平事迹和科学成就。《畴人传》成书于嘉庆四年（1799），全书 46 卷，269 篇，时间跨度上起三皇五帝，下到嘉庆初年，所涉人物有中国科学家 243 人，欧洲天文学家、数学家及传教士 37 人。《畴人传》介绍了传主的简况，如姓名、籍贯、科举出身、主要官职等，以及传主在天文学、数学领域的观点、见解和活动。特别是对于有著作的传主，无论其著作是否传世，一概列出名目及相关信息。他还为传主写论，评说其思想、活动，分析其学术渊源。《畴人传》从另一途径开展了中国古代科学文献的整理工作，为科技史的研究提供了可贵的资料汇编。阮元的学生元和（今苏州）人李锐（1768—1817）参加了《畴人传》的撰写工作。他根据明史历志细加研究，著成《回回历元考》，论证太阳年之宫分元与太阳年之月分元。李锐还撰有《日法朔余强弱考》《乾象术注》《占天术注》等天文著作，对《三统历》《四分历》等也有研究。

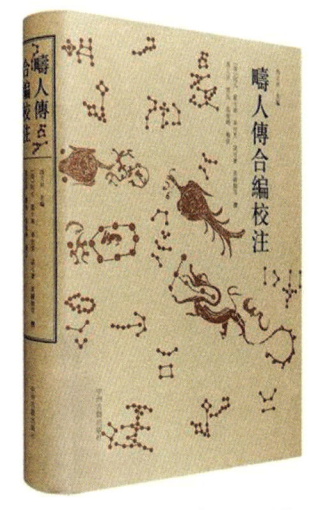 

图 8-19 阮元的《畴人传》　　图 8-20 阮元雕塑

第五节　数学著作

1.《数理精蕴》

是运河区域在西方数学影响下产生的最突出的数学成就。康熙五十一年（1712），康熙帝命梅瑴成等编撰《律历渊源》，至雍正元年（1723）编成印行，其中数学部分即为《数理精蕴》。它是在梅文鼎数学著作和法国传教士白晋和张诚等的讲稿等基础上汇编而成的，比较全面地叙述了几何学、三角学、代数以及算术等方面的成就，是一部将当时中国传统数学和引进的西方数学知识相融合的百科全书，基本上反映了当时中国的数学水平。成为当时国人学习研究西方数学知识的重要书籍，对清代数学的发展和应用产生了较大的影响。

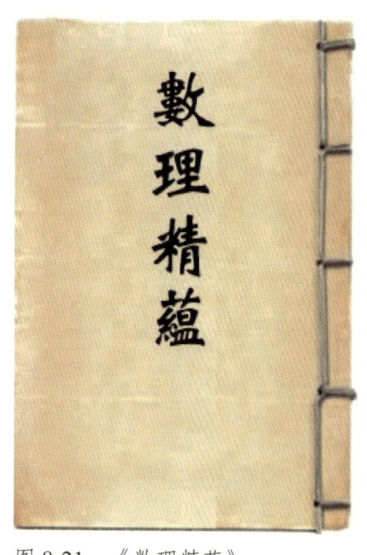

图 8-21　《数理精蕴》

2.《加减乘除释》

清代扬州人焦循撰《加减乘除释》八卷，使用甲、乙、丙、丁等文字代表不同的具体数字，分析了《九章算术》《孙子算经》《张丘建算经》《缉古算经》中各种算法的规律，第一次正式明确地提出了基本运算律。他还撰有《天元一释》《释弧》《开方通释》《乘方通释》等数学著作。

第六节　物理学著作

《墨子》作为我国最早的物理学著作，记载了丰富的光学知识，指出光是沿直线传播的，影是由于物体遮住了光而出现的，影不会随着物体的运动而移动，人们所看到的影的移动，其实只是前影不断消失、后影不断产生的过程，从而对于"光沿直线前进"原理和物体成影作了正确的说明。《墨子》还对小孔成像做出了科学的解释：人体反射的光线经过小孔之后，足部遮住了下面的光线，所以成影于上，头部遮住了上部的光线，所以成影于下。另外，《墨子》还对于平面镜、凹面镜、凸面镜成像作出了说明。

第七节　医学著作

1. 《黄帝内经》

最终成书于西汉的《黄帝内经》，是我国现存最早的一部重要的医学著作。它包括《素问》和《灵枢》两部分，《素问》采用阴阳五行思想阐述了许多生理、病理现象及治疗原则，《灵枢》则记述针灸之法。

2. 张仲景与《伤寒杂病论》

《伤寒杂病论》由东汉末年张仲景所著，是一部论述外感病与内科杂病为主要内容的医学典籍。《伤寒杂病论》系统地分析了伤寒的原因、症状、发展阶段和处理方法，创造性地确立了对伤寒病的"六经分类"的辨证施治原则，奠定了理、法、方、药的理论基础。该书成书约在 200—210 年。原书失散后，经晋朝太医令王叔和等人收集整理校勘，分编为《伤寒论》和《金匮要略》两部。《伤寒论》共 10 卷，专门论述伤寒类急性传染病。

图 8-22　《伤寒杂病论》

3. 孙思邈与《千金方》

《千金方》由人称"药王"的孙思邈所著，是一本综合性临床医著，书中所载医论、医方较系统地总结了唐代以前的医学成就，是一部科学价值较高的著作。孙思邈认为生命的价值贵于千金，而一个处方能救人于危殆，价值更当胜于此，因而用《千金要方》作为书名，简称《千金方》。全书 30 卷。第一卷为总论，内容包括医德、本草、制药等。之后则以临床各科辨证施治为主，计妇科两卷，儿科一卷，五官科一卷，内科 15 卷（其中 10 卷按脏腑分述），外科三卷；另有解毒急救两卷，食治养生两卷，脉学一卷及针灸两卷。共计 233 门，方论 5300 首。《千金要方》集唐代以前诊治经验之大成，对后世医家影响极大。书中首篇所列的《大医精诚》《大医习业》，是中医学伦理学的基础；其妇、儿科专卷的论述，奠定了宋代妇、儿科独立的基础；其治内科病提倡以"五脏六

图 8-23　《千金方》

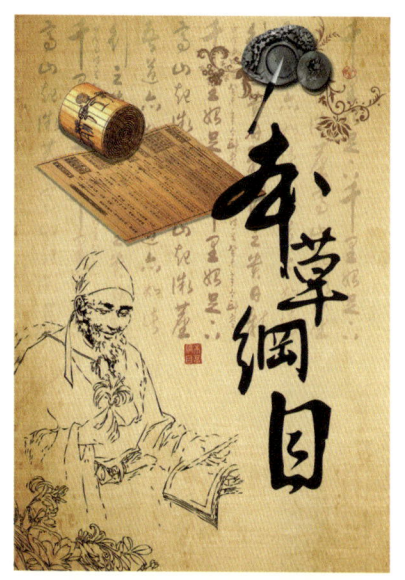

图8-24 李时珍的《本草纲目》

图8-25 《山海经》

腑为纲，寒热虚实为目"，并开创了脏腑分类方剂的先河。

4. 李时珍与《本草纲目》

《本草纲目》作者为明代李时珍，撰于嘉靖三十一年（1552）至万历六年（1578）。全书首列总目、凡例、附图。该书首先介绍历代本草的中药理论和所载药物，又首次载入民间和外用药374种，并附方11096则。该书采用当时最先进的药物分类法，除列"一十六部为纲，六十类为目"外，还包括每药之中"标名为纲，列事为目"，即每一药物下列释名、集解等项，如"标龙为纲，而齿、角、骨、脑、胎、涎皆列为目"；又有以一物为纲，而不同部位为目。特别是在分类方面，从无机到有机，从低等到高等，该书基本符合进化论观点。《本草纲目》全面阐述所载药物知识，对各种药物设立若干专项，分别介绍药物名称、历史、形态、鉴别、采集、加工，以及药性、功效、主治、组方应用等。《本草纲目》还引述自《本经》迄元明时期各家学说，内容丰富而有系统。本书虽为中药学专书，但涉及范围广泛，对植物学、动物学、矿物学、物理学、化学、农学等内容亦有很多记载。

第八节 地理学专著

1.《山海经》

《山海经》包含着关于上古地理、历史、神话、天文、动物、植物、医学、宗教以及人类学、民族学、海洋学和科技史等方面的诸多内容，是一部上古社会生活的百科全书。《山海经·海内东经》篇末附有秦朝的水系著作，全文不到500字，记述了26条水道的发源地、走向和归宿。《山海经》一直被视为具有实用价值的地理书。汉代刘歆在其《上〈山海经〉表》中他指出："《山海经》内别五方之山，外分八方之海，纪其珍宝奇物，异方之所生，水土草木禽兽昆虫麟凤之所止，祯祥之所隐，及四海之外，绝域之国，殊类之人。禹别九州，任土作贡；而益等类物善恶，著《山海经》"；后世的《隋书·经籍志》以及不少史书，也把它列入地理类。

2.《水经注》

《水经注》为北魏晚期的地理学家郦道元所著，是古代中国地理名著，共40卷。《水经注》因注《水经》而得名，《水经》一书有一万余字，《唐六典·注》说其"引天下之水，百三十七"。《水经注》看似为《水经》之注，实则以《水经》为纲，详细记载了1000多条大小河流及有关的历史遗迹、人物掌故、神话传说等，是中国古代最全面、最系统的综合性地理著作。该书还记录了不少碑刻墨迹和渔歌民谣，文笔绚烂，语言清丽，具有较高的文学价值。由于书中所引用的大量文献中多有散失，所以《水经注》所保存的资料对研究中国古代的历史、地理有很多的参考价值。运河区域的学者对《水经注》的研究较多，这些研究成果为考察中国传统水文地理提供了宝贵的资料。

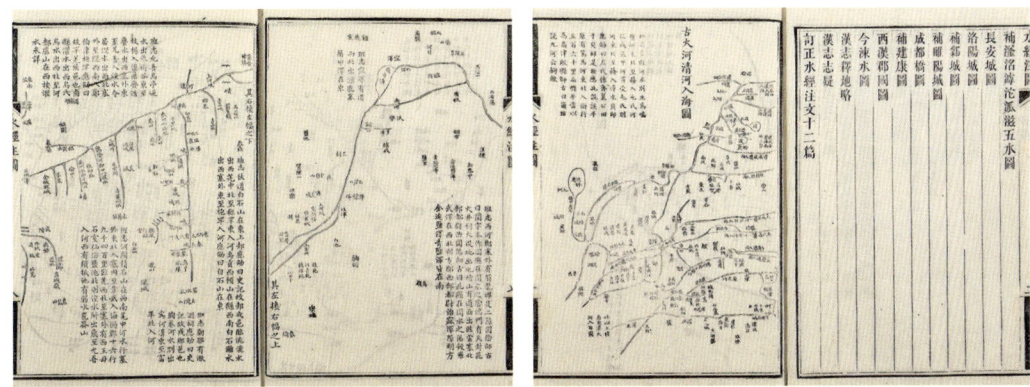

图8-26 《水经注》

3.《大清一统志》

清代运河区域地理志的编撰颇具规模。《大清一统志》是清代官修的按照行政区划记载全国各地情况的一部地理志。该书于康熙二十四年（1685）开始编撰，于乾隆八年（1743）完成。《大清一统志》全书342卷，每省皆冠以图表，是一部全国性的总志。运河区域各省、府、州、县也都有地方志，省一级的称"通志"，府一级的称"府志"，县一级的称"县志"。这些地方志中所载地震、矿产、河流、科技人物等内容，为后人研究地学史提供了宝贵的资料。

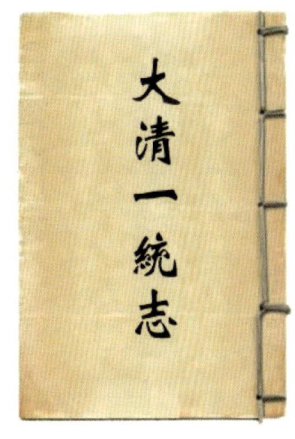

图8-27 《大清一统志》

地理志的发展促成了方志学的产生。浙江会稽（今绍兴）人章学诚，总结修撰方志的经验教训，创建了方志学，对方志的定义、沿革、体例、内容及编撰方法进行了开拓性研究。

4.《读史方舆纪要》

《读史方舆纪要》是一部历史地理沿革名著。作者顾祖禹（1631—1692）是江苏无锡人。该书共130卷，计280万字，内容包括历代州域形势9卷，南北直隶13省的历史沿革和地理形势114卷，川渎异同6卷，分野1卷，此外还附有用开方法绘制的一些地图。此书史地并重、史地互相推勘折中，准确性较强，为历史地理和战争军事史的研究提供了大量资料。

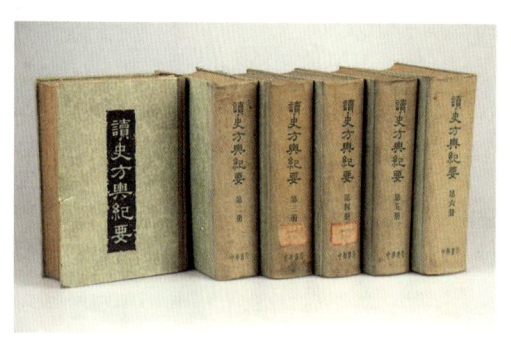

图 8-28　《读史方舆纪要》

第九节　游　记

1.《徐霞客游记》

江苏江阴人徐霞客（1586—1641），从21岁游太湖开始，到逝世前一年的54岁为止，30余年中，以惊人的毅力，跋山涉水，历尽艰险，足迹遍及华东、华中、华南和西南各省，对祖国的地理、地质进行深入细致的考察。在生命的最后一刻，他还在研究各种标本。《徐霞客游记》就是他用毕生的精力对祖国河山进行考察的科学记录。《徐霞客游记》的贡献，首先是记录、揭示了我国西南广大石灰岩地区溶蚀地貌的特征。徐霞客是世界上第一个对这种地貌进行大规模考察的人。他指出漏陷地形（溶洞等）是由于流水的侵蚀或溶陷崩塌而形成的。在水文方面，徐霞客纠正了古书中所说"岷山导江"的错误，正确指出金沙江是长江的上源。徐霞客还考察了由于高度和纬度不同而形成的气候

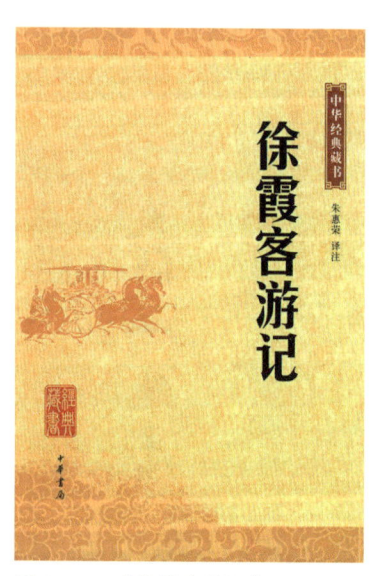

图 8-29　《徐霞客游记》

差异、动植物的生态与分布状况。例如对黄山气候的冷暖、坡向与植物生长关系进行了调查;游嵩山、五台山、九嶷山以及西南各省时,他还对当地各种植物的形态特征,作了详细的描写。

另外,《徐霞客游记》中还有大量关于农业手工业、矿产、交通运输的记载。对苗、瑶、彝、纳西、壮、白等少数民族的经济、历史、地理和风俗习惯的记载,为后人留下了研究民族和历史地理的宝贵资料。

2. 王嘉谟和《北山游记》

顺天(今北京)人王嘉谟所著《蓟丘集》是他积年于北京地区搜奇访胜的一部诗词、散文集。其中《北山游记》对于当时北京西北山区的山川大势、水道流源、动植物种类及其分布、岩石土壤的面貌、泉流瀑布的出露等自然地理要素及其间统一、和谐的相互关系进行系统的记载。特别是对野生动植物同海拔高度的关系,王嘉谟进行了客观如实的描述。又对人文地理方面的古迹名胜的踪迹、村落、道路、桥梁等作了忠实的记载。这是一篇内容翔实的地理文献,也是现存系统介绍北京西北山区地理景观最早的著作,反映了中国当时近代地理的萌芽,称得上是现存地理著作中开创性的一篇。

第九章 中国大运河与对外科技交流

第九章　中国大运河与对外科技交流

　　大运河是一条文化交流的河流，是联系古代中国与世界的桥梁，是古代东方主要国际交通路线之一。大运河的开通与整修，不仅直接刺激与活跃了中国区域间的物流与人际交往，也影响到古代中国与世界的外交往来，对其路径也产生了深远影响。大运河是古代东方世界主要国际交通路线的组成部分。隋唐宋时期大运河的一端通过明州（宁波）港以通海外诸国，另一端则从洛阳西出以衔接横贯亚洲内陆的"丝绸之路"，大运河使中国与世界更为紧密地联系起来，成为中外科技交流的重要通道。丝织工艺、陶瓷制造术、建筑术、造纸印刷术、指南针以及各种文化书籍向海外传播，东南亚的优质木材、宝石、香料、象牙以及中亚的皮革、矿物颜料等进入中国并经由运河传遍全国。中国工匠甚至参与了中东灌溉工程的设计与建造。国外的僧侣、官员、商人、旅行家、使团等频繁由运河南来北往，并经由海上、陆上交通，形成了古代中国与亚洲、欧洲等广泛的政治、经济、文化、科技交流。作为古代中国的交通大动脉，大运河已深深烙印进世界科技史，成为世界文明进程的重要组成部分。代表中国古代文明的四大发明，主要就是在大运河沿线的城市完成，后通过陆海丝绸之路传向国外。明末清初，西学东渐，运河区域的科学技术，相继也受到了欧洲发达国家的影响。

图 9-1　博斯坦古城遗址

第一节　大运河与丝绸之路

1. 丝绸之路的形成

现有的研究资料表明，丝绸之路最早是由汉武帝派张骞出使西域后开启的。汉建元三年（前138），汉武帝为联合西域的大月氏共同抗击匈奴，派张骞带领100多人的使团出使西域以东、天山南北的广大地区。汉元狩四年（前119），张骞率领300人组成的使团，第二次受命出使西域，游历了乌孙、大宛、康居、月氏、大夏等国。汉元鼎二年（前115），张骞回朝，乌孙派使者几十人随同张骞一起到了长安。从此，一条连通中国与亚欧大陆的丝绸之路逐渐建立起来，给中外文明交流打开了便利之门。

东汉永平十六年（73），东汉王朝派班超从洛阳出使西域，班超前后经营西域达30年，不仅保护了西域诸国的经济社会发展，恢复了断绝半个世纪的丝绸之路，而且开通了丝绸之路的南线和北线，把丝绸之路的东方起点从长安延伸到洛阳（因为东汉的国都在洛阳）。

张骞和班超出使西域，开辟了横跨中国与西域、中亚、西亚和欧洲的长达8000km的陆上丝绸之路。从此，一队队骆驼商队在这漫长的商贸大道上行进，将中国的养蚕、缫丝、冶铁、造纸、凿井、灌溉等先进技术输向中亚、西亚和欧洲，同时将对方的葡萄、核桃、石榴、蚕豆、黄瓜、芝麻、无花果等食品及狮子、犀牛、良马等动物带到中国。中国的音乐、舞蹈、绘画、雕刻，由于吸收了外来文化科技的长处，变得更加丰富多彩、美轮美奂。

隋唐统一全国后，继续重视丝绸之路的经贸交往。隋炀帝杨广曾派黄门侍郎裴矩到张掖招徕西域商人。隋大业五年（609），隋炀帝还在张掖亲自召集西域27国君主使臣，召开"万国博览会"。唐朝新修了玉门关，开放沿途各关隘，打通天山北路的丝绸之路分线，将西线丝路打通至中亚，使丝绸之路的东段再度开放，新的丝路支线被不断开辟。不仅是阿拉

图9-2　位于汉中的张骞纪念馆

伯的商人，印度人也开始成为丝路东段上重要的一分子。中国大量的先进技术通过各种方式被传播到其他国家，并接纳相当数量的遣唐使及留学生来学习中国科技文化，使中国的长安、洛阳、扬州等城市成为当时世界上最繁华的经济文化中心和科技中心。

9世纪末到11世纪，中国西北和北方地区出现民族政权割据的局面，中国的政治、经济、文

图 9-3　高邮盂城驿中的马可·波罗像

化中心逐渐向东南沿海转移，再加上阿拉伯世界的兴起，东西方海上往来频繁起来，中原王朝此时倚重的重心变成了海上丝绸之路。元代朝廷重建陆上丝绸之路。马可·波罗就是为数不多的声称走完了丝绸之路全程的旅行家。

丝绸之路的起点一般被认为是西安，但随着大运河的出现，洛阳逐渐成为中国的政治中心和经济中心，丝绸之路的起点移到了洛阳。同时由于大运河的连接，洛阳成为这个陆上丝绸之路的起点，也成为通往海上丝绸之路的出发地。海上丝绸之路是陆上丝绸之路的延伸。中国东南沿海有夏、冬两季季风的助航，增加了由海路通往东南亚、南亚和欧洲的便利，为海上丝绸之路的开辟创造了条件。

秦统一中国后，着手发展岭南经济，在海上向西探寻，其船队到达东南亚诸国，最远到达印度，为汉代海上丝绸之路的兴起奠定了基础。西汉开辟的海上丝路到了东汉有了进一步发展，东汉中期沟通罗马的海上丝路已发展成两条：一条从永昌到掸国（今缅甸）出海，另一条仍沿用西汉的路线从徐闻、合浦出海。三国时期，雄踞江东的孙吴政权，依靠繁荣的丝绸业和先进的造船技术以及对季风变化、海流规律的成功把握，进一步巩固和开拓了海上丝绸之路。

到了两晋南北朝时期，造船水平和航海技术又有了新的提升，海上丝绸之路的航线和范围进一步扩大，开辟了横渡南中国海与东印度群岛的直接海上航线。这条海上航线，后来成为我国与东南亚、南亚、西亚以至东部非洲等地进行交流的重要海上通道。这一时期，海上丝绸之路已趋于完善，向南连接东南亚、南亚，向东连接日本、朝鲜等国。这样，加上陆上丝绸之路，形成了以中国为中心的一个放射状的交通线路，将中国与丝绸之路沿线上的其他各国、各地区紧密连接起来，为各方的政治、经济、文化、

科技等的交流提供了前提条件。到了唐宋，随着中国国内南北统一大运河的开凿成功，国内区域间经济文化交流空前繁荣，这也促进了海上丝绸之路繁荣。

隋唐时期，随着南北大运河的开通，南北之间与关中地区成为一体，大运河成了

图 9-4 鉴真坐像

图 9-5 鉴真东渡的出发地运河畔的宝塔湾

陆海丝绸之路联结的纽带。同时，海上丝绸之路新辟了登州、扬州至朝鲜、日本，广州至西亚、欧洲的海上通道。于是，对外经济、文化、科技的交流日益频繁，大量的外国商人从陆海丝绸之路尤其是中唐之后主要通过海上丝绸之路来到中国经商定居。江南运河沿岸多胡商，由广州北上扬州的胡商也随处可见。中国的先进技术沿运河经陆海丝绸之路传到国外的同时，国外的先进技术也通过大运河传入国内。

开始于汉代的海上丝绸之路，经唐、宋、元日趋发达，在明代达到高峰，东南亚数十个国家来华进贡与贸易，中国与美洲及东南亚的科技文化交流也日益发达。

2. 大运河对丝绸之路的影响

一般认为，海上丝绸之路形成于汉武帝时期。汉代的海上丝绸之路有两条航线：一是从中国出发，向西航行的南海航线，它是海上丝绸之路的主线；二是从中国东部沿海向东到达朝鲜半岛和日本列岛的东海航线，它是海上丝绸之路的辅线。

海上丝绸之路形成后，它与大运河的关系也逐渐清晰，它们的连接点就是洛阳、扬州、明州等几个运河城市。魏晋南北朝时期，南方运河区域的对外贸易有所发展。

南方造船技术先进，航海事业发达，北到辽东，南到南海，都有南朝的商船往来。东吴与高句丽、扶南（柬埔寨）、林邑（越南中部）、交趾（越南河内一带）和南洋群岛的百数十国建立起友好往来关系，沟通了南方运河区域的对外贸易交流。国外的香料、细葛、明珠、大贝、琉璃、翡翠、玳瑁、犀角、象牙等，不断从海上运至建业。

到了东汉定都洛阳后，早期运河与丝绸之路的关系进一步明显。洛阳所需的粮食和物资，在长江下游是通过汴渠运来的，在关东（函谷关以东）主要通过齐鲁地区的济、泗、菏等水系运输而至。这条济水、泗水和菏水水道，在西汉时便是漕粮等重要物资运输的重要线路，船舶经这条水道，溯黄河，进入渭水，然后抵达长安。到了隋唐时期南北大运河形成后，大运河与陆上丝绸之路的联系便清晰起来。

随着民族经济文化的交往，对外经济科技文化的交流日益活跃起来。在隋唐以前相当长的时间内，我国主要是通过横贯亚洲内陆的丝绸之路，同亚、非、欧各国联系；通过海上丝绸之路与朝鲜、日本、南海诸国、南亚次大陆以及红海、波斯湾沿岸交往。隋炀帝在贯通大运河的同时，也通使海洋。隋大业四年（608），赤土国派使节向隋进贡文物。同年，常骏奉命出使赤土国，并前往罗刹国，促进了隋与南洋诸国的文化交流，《隋书》记载，南荒朝贡者共有10余国。隋大业三年（607），向往中华文化的日本派使臣小野妹子来隋朝访问。这年四月，隋炀帝派裴世清为使，取道百济、新罗出使日本。这次中日文化交流也为唐代的中日文化大规模交流奠定了基础。唐代由大运河串联起的陆海丝绸之路更是成为大唐帝国屹立于世界各国之林的生命线。

唐朝时期，中亚、西亚、北非各国，与唐朝的经济、科技、文化交流也相当频繁。这些国家与唐朝的交往，主要是通过西北地区延伸到国外的丝绸之路。这些国家虽与运河无直接关系，但西域的丝织品等有许多都从江淮地区通过运河辗转运达，与

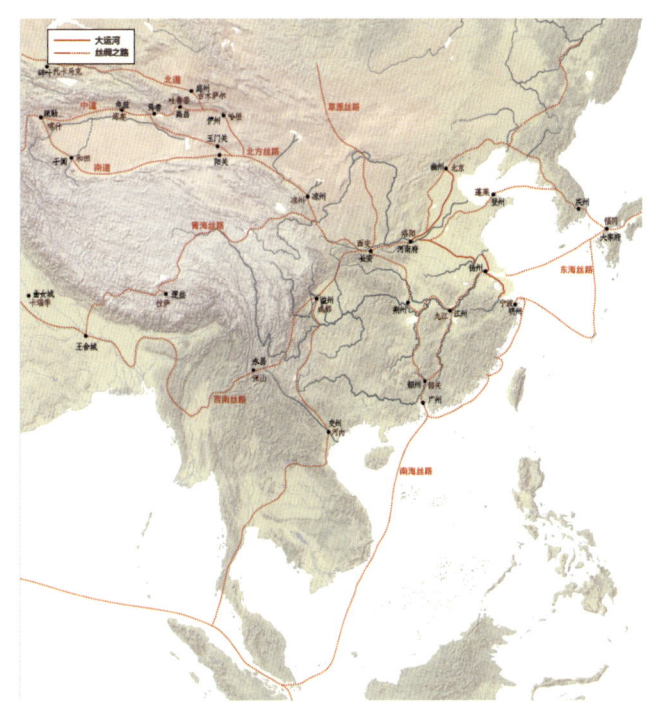

图 9-6　大运河连接陆海丝绸之路示意图

运河仍有间接的联系。唐中期后，不仅中央政权所需的粮食、丝绸等物资要通过大运河仰仗江南，而且此时与丝绸之路各国的贸易交往也需要通过大运河从江南运来，再辗转运到北方边疆的丝绸、茶叶等物品。

隋唐中原王朝实行开明的民族政策，大力发展水路、陆路交通体系，与周边少数民族政权进行互市贸易，进一步促进了民族经济、文化科技交流。在与边疆诸族的互市贸易中，双方仍然物物交易，唐代用以互市贸易、赏赐和赠送的物品，最主要的是丝织品和茶叶。而这些物品，有相当部分来自江淮地区，是通过大运河直接或间接地运往边疆各地的。此外，从吐鲁番出土唐代庸调布的情况看，有"宣州溧阳县""婺州兰溪县""湖州安吉县"等地的织物，有"常州布"等。这些物品有不少经过运河运至关中，然后经丝绸之路进入西北、西南地区，有的则从运河径自运往北方边疆。这说明在运河贯通之后，与边疆各族的经济、科技、文化联系日益密切。

随着民族经济文化的交融，许多边地的物品也纷纷流入内地。与此同时，胡商贩客们也纷纷通过运河将异域之物运往内地。如《唐大和尚东征传》载，唐天宝二年（743），鉴真和尚准备东渡时，所携带的香药就有麝香、沉香、甲香、甘松香、龙脑、香胆、唐香、安息香、栈香、零陵香等，这些香药不少来自丝绸之路上的各个国家。

唐后期以至于宋元，封建统治者对大运河的依赖日益加强，中外经济文化的交流也更加频繁。在古老的亚洲大陆两端，阿拉伯人立足于两河流域的古驿路和地中海，将陆海丝绸之路在西方的两个终点连接起来，并进而延伸到了北非、西亚及欧洲。在亚洲的东部，中华民族则依靠运河来沟通中国的自然水系，并使横贯亚洲大陆和海洋的古代交通路线在东方的终点闭合而延伸。当海上丝绸之路逐渐成为政治、经济、文化交流的主渠道时，大运河在中外交流史上的地位和作用就更加突出。因此，从这个角度来说，隋唐大运河的开凿和贯通，对整个人类社会的发展、科技文化交流，乃至现代文明世界的形成，都有不可磨灭的贡献。

到了宋代，随着经济、政治中心的南移，海外贸易更加发达，大运河与海上丝绸之路的联系更加紧密，中外经济、文化科技交流空前繁盛。中国与东亚、南亚和北非、欧洲的多个国家都进行着经济、文化往来。在安徽淮北市柳孜运河遗址发掘的宋代沉船中发现的瓷器及扬州段运河中发掘的沉船中的瓷器，都与"南海一号"沉船中的瓷器十分相似，说明大运河确实是为海上丝绸之路输送物资的补给线，是"海上丝绸之路"在陆地上的延伸段。

元代通过大运河和海上丝绸之路与东南亚、南亚、东非、欧洲等诸多国家保持着经贸文化往来。元代著名旅行家汪大渊搭乘商舶出海，往来于中国、非洲之间，到过数十个国家，回国后著有《岛夷志略》一书，记其所见所闻。其中记载了位于非洲东海岸附近的层拔罗国，即今之桑给巴尔。元代与欧洲诸国的联系也空前紧密，《马可·波罗游记》就是一个见证。

第二节　中国科技沿大运河的外传

一、四大发明是如何通过大运河传播到国外的

中国古代的四大发明就是通过大运河和海上丝绸之路传入西方的，对欧洲及世界文明的发展起到了重要的作用。造纸术首先被传入朝鲜、日本。8世纪通过海上丝绸之路传入阿拉伯，又经阿拉伯传入西方，最后传遍全世界。印刷术起源于先秦时期的印章。它开始于隋代运河区域的雕版印刷，至宋代的毕昇发明活字印刷。活字印刷沿大运河和海上丝绸之路向东传到朝鲜、日本，向西传入欧洲。德国人古腾堡以阿拉伯商人带回的中国书籍作为学习印刷的蓝本，发展出了欧洲自己的活字印刷术。15世纪中期，德国人用活字印刷术印了第一部《圣经》，这比中国人运用活字印刷术晚了400多年。火药是由中国古代炼丹家发明的，从战国至汉初，运河区域一些方士、道士炼"仙丹"，在炼制过程中逐渐发明了火药的配方。13世纪火药是由商人经印度传入阿拉伯国家的。宋代，蒙古人在对宋廷战争中学会了使用火药武器。随着蒙古对阿拉伯地区的统治，火药传入阿拉伯。13世纪末，欧洲人在同阿拉伯人作战时学会制作火药武器。火药武器传入欧洲，引起了军事上的革命，加速了欧洲封建制度的崩溃。欧洲

图 9-7　中国的活字印刷对欧洲影响很大

人还用火药于采矿、筑路等工程,促进了社会的进步。一般认为,中国最早的指南工具应该是战国时期运河区域出现的司南。这是我国历史上最早运用磁铁磁性指定方向的工具。旱罗盘即现代指南针的雏形,也是中国人首先使用的。宋元时期,许多阿拉伯商人、水手经常搭乘中国海船,并进入中国大运河沿线,指南针由此传入阿拉伯,又经阿拉伯传入欧洲,后来为欧洲的航海家开辟新航路和发现新大陆提供了条件。

二、中国大运河科技对日本等国的影响

1. 鉴真东渡

在扬州大明寺讲律传戒的鉴真和尚,对律宗有很深的研究,他应日本圣武天皇的约请东渡日本,经过六次东渡,历尽艰险,双目失明,终于在唐天宝十三年(754)到达日本。此时,佛教在中国已完成本土化进程。鉴真不仅把律宗传到日本,而且把佛寺建筑、雕塑、绘画等科技文化艺术传到日本。他留居日本10年,不懈地传播唐代多方面的文化科技成就。他带去了大量书籍文物。同去的人中,有懂艺术的,有懂医学的,将一些科技知识传到日本。

鉴真带了很多佛经和医书到日本。他主持重要的佛教仪式,系统讲授佛经,成为日本佛学界的一代宗师。他指导日本医生鉴定药物,传播唐朝的建筑技术和雕塑艺术,设计和主持修建了唐招提寺。经过两年,唐招提寺建成了。这座以唐代结构佛殿为蓝本建造的寺庙是世界的一颗明珠,对日本建筑科技产生了重要的影响,保存至今。鉴真死后,其弟子为他制作的坐像至今仍被供奉在寺中,被奉为"国宝"。至今,在鉴真东渡的出发地——扬州大运河畔的宝塔湾仍竖立着鉴真东渡纪念碑。扬州大明寺还建有建

图9-8 宝塔湾运河畔的石碑记载了鉴真东渡的历史

筑大师梁师成设计的鉴真纪念馆。

2. 日本遣唐使与留学生

中国与日本一衣带水，早在秦汉时期，即已经有了交往。隋代，日本曾三次派遣使者来华学习先进文化。到了唐代，日本全方位学习、移植中国文化。一方面，日本派遣遣唐使，来中国学习先进文化科技。另一方面，唐朝的使者、高僧频频东渡，也有效传播了中国的先进文化科技。当时日本来唐的路线已增加到三条：一条是北路，经朝鲜半岛西渡黄海，至登州上岸，再由青、济、汴州达于洛阳、长安。二是中路，由日本直接跨海西行，至长江口岸及苏北沿海一带登陆，入扬州、楚州，通过邗沟和通济渠继续行船，经汴州、洛阳西达长安。三是南路，从日本横越东海，南下明州（今宁波）及浙江沿海登陆，溯钱塘江或浙东运河经越州（今绍兴）至杭州，由此经江南运河至扬州，再循邗沟、通济渠西去洛阳、长安。其中后两条线路都与大运河密切相关。从唐贞观四年（630）至唐乾宁元年（894），日本前后派遣了19次遣唐使，其中16次成行。前7次皆由北路入唐，后9次则走中路或南路，8世纪以后皆走南路。

日本遣唐使团组织完备，多时一次达五百五十多人。除官员，还有医师、阴阳师、

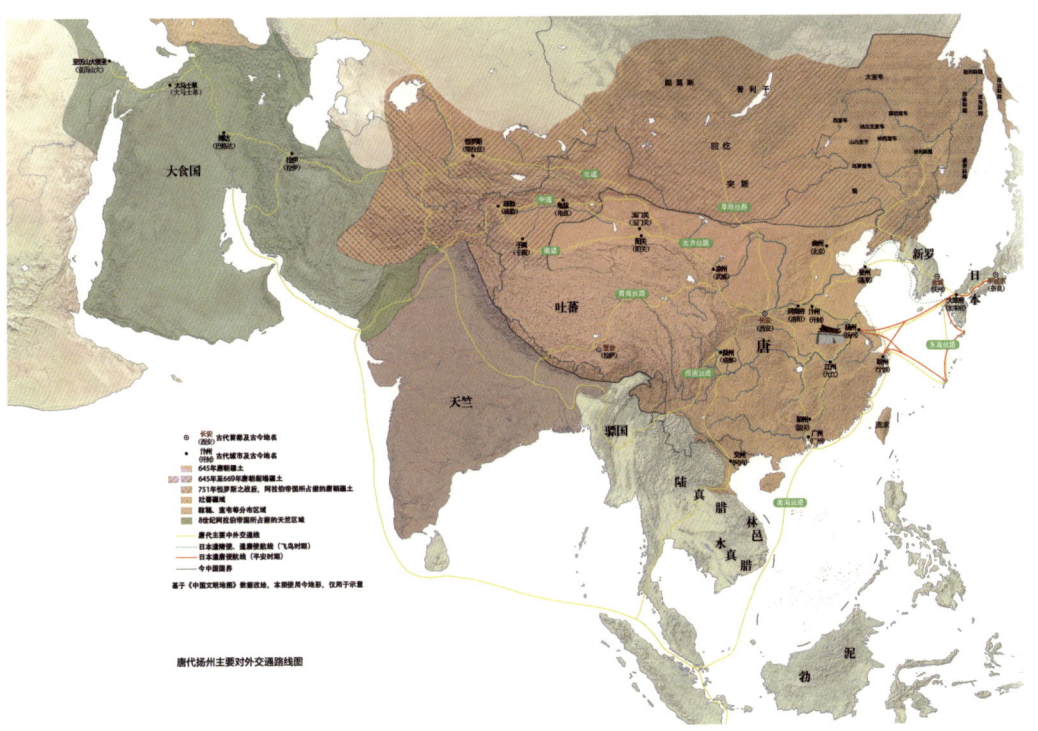

图 9-9 唐代从日本来中国的中线和南线

画师、史生、音乐长、玉生、锻炼生、铸生、细工生等,还有不少留学生和学问生。他们给唐朝带来珍珠绢、琥珀等贵重礼品,唐朝政府则回赠一些高级丝织品、瓷器、乐器、文化典籍等。在中国学习的留学生,被分配到长安国子监学习各种专业知识,回国后将大批科技知识传到日本。

3. 郑和下西洋与科技传播

随着大运河作用的发挥,明朝国力日益强盛,周边国家纷纷与明帝国建立朝贡关系。明成祖即位后开始设置驿馆,鼓励海外各国前来朝贡。明清时期,最有名的海外交往事件就是郑和七下西洋,航线从西太平洋穿越印度洋,直达西亚和非洲东岸,途经30多个国家和地区。他的航行比哥伦布发现美洲大陆早了87年,比达·伽马早了92年,比麦哲伦早了114年。在世界航海史上,可以说是郑和开辟了贯通太平洋西部与印度洋等大洋的直达航线。

郑和下西洋促进了大运河区域与世界各地的科技交往。到中国朝贡的国家数量激增,到永乐末年达到30多个。这些朝贡的外国使节,无论是从广州还是从福建、浙江沿海登陆,都要沿大运河到北京。因此运河又被赋予了中外文化、科技交流的新使命。朝贡使节不仅把本国的特产进贡给明朝皇帝。往来于运河之上的外国贡使和商人,也通过运河把明朝先进的科技知识带回自己的国家。

图9-10 日本人阿倍仲麻吕在唐朝为官

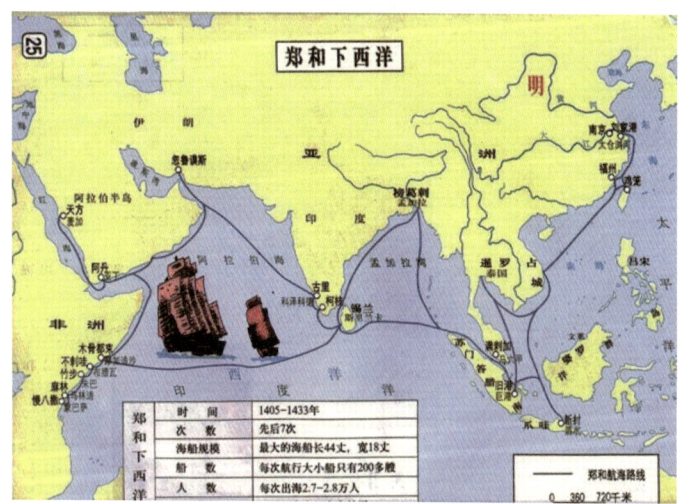

图9-11 郑和下西洋路线图

郑和下西洋，在政治上使明王朝在东南亚全面建立起华夷政治体系，扩大了我国的影响力；在经济上开拓了海外贸易，促进了明朝内部的生产发展。同时，郑和下西洋也将中国先进的科技、文化传播到东南亚、南亚甚至欧洲国家，为大航海时代的全球航行开了先河。

图 9-12　在新加坡展出的郑和宝船

第三节　国外技术沿大运河的回传

在大运河逐渐成长的过程中，伴随着陆海丝绸之路的发展，异域文化科技知识也被源源不断传入中国，并通过运河的便利交通得以快速传播。

魏晋南北朝时期，伴随丝绸之路的兴盛和佛教文化的东传，来自中亚、南亚等国家的科学技术和文化艺术传入中国，对大运河区域的文化产生了广泛而深远的影响。佛教寺院遍布洛阳、建康、邺城等主要城市。其中，北魏时洛阳的永宁寺和梁朝的同泰寺最具代表性。寺院内都建有浮图塔，佛殿僧房均仿天竺的建筑样式形制，佛像雕

图 9-13　洛阳的龙门石窟

塑更富有异国色彩。中国的石窟雕塑也是受佛教影响而出现的一种艺术形式，大运河区域最著名就是洛阳的龙门石窟，从龙门石窟的佛造像可看出当时的工匠充分吸收了异域的雕塑技术。

一、隋唐时期国外科技在运河区域的发展

隋唐以后，随着统一的南北大运河的成功开凿，国内交通和海外贸易的进一步发展和完善，中华民族以博大胸怀吸纳外国的优秀文化和科技知识。

隋唐时期，中国的语言文学及科技已深受佛教的影响。唐代沙门守温依拟梵文字母体系，择定了汉语的30个字母，后到宋代修订为36个。数万个新词汇和成语在翻译大量的佛学经典中形成，丰富和创新了中国汉语的词库。佛教界所用的是带有白话文性质的新文体，汉语文章的结构受佛经本身的结构影响而有所创新。因此有人甚至认为，唐代的义疏之学是从佛典的疏钞中学来的。在文章体裁上，始于隋唐、兴于宋元明的传奇小说，显然与佛教传播中的"俗讲"与"变文"有渊源关系。此外，佛教还影响了中国的建筑、雕塑、印刷、绘画等。这个时期，天竺的数学、天文学、外科手术、整骨科、眼科和来自阿拉伯的新药材等科学技术被传入中国，产生了重大影响。唐代《开元占经》就保留有天竺数学的数码、圆弧的画法、弧的正弦等知识。僧一行编制《大衍历》时，曾参考过天竺的《九执历》。印度的制糖新工艺也被传入中国，中国加工制出了白糖和冰糖。隋炀帝所制的"九部乐"、唐太宗所制的"十部乐"，都有外国音乐的艺术因素，安国乐和康国乐就是这类中西结合的音乐成果。

二、宋元时期运河区域国外科技的交流

宋代文化艺术、科技高速发展，是继隋唐之后中华文明发展的又一高峰，宋代统治者积极吸纳外国文化为己所用。来自阿拉伯的科技对宋朝科技发展产生了深远影响。阿拉伯科学技术在中世纪逐渐走向成熟，达到了很高的水平。伴随着在中国运河流域的传播，伊斯兰教及相关的民族技艺，以及阿拉伯天文学、数学及医学开始被大量传入我国，并对宋代科学技术的发展产生了积极的影响。当时的阿拉伯地区在天文历算方面已经取得了许多重大成就，提出了地球绕太阳运转的学说，论证了地球是圆形和有自转的等知识。

高丽等外国的音乐对宋代中国的音乐产生了积极影响。高丽音乐在北宋至道年间（995—997）被传入中国。除了高丽音乐外，许多外国的音乐被传到中国的运河区域，被中国人称为"蕃曲"。到北宋后期，汴京几乎处处吟唱蕃曲。高丽、日本的绘画这

个时期也被传入中国运河区域。宋人称日本的民族绘画为"大和绘"或"倭绘"。《宋史·三佛齐传》载:"汴河沿岸的大相国寺市场上,就有卖日本国扇的商人。扇上的绘画'意思深远,笔势精妙,中国之善画者或不能也'"。大和绘屏风被宋僧奝然带入中国,为宋廷所收藏。高丽的绘画也达到了相当高的水平,如著名画家李宁得到宋徽宗的推崇,并要求宋画家向他学习。

元代,许多阿拉伯天文学家纷纷来华,带来了先进的天文学知识。如波斯天文学家札马鲁丁编定的《万年历》,即为元代首次正式颁布波斯所用的历书。他还制造了浑天仪、方位仪、斜纬仪、平纬仪、天球仪、地球仪、昼夜时刻之器等7种天文仪器。1268年,大都设置回纥天文台,由回纥人主持天文观测并绘制回历。在数学方面,阿拉伯数学亦传入中国,如弧三角法、阿拉伯数字等。在医学方面,久负盛名的回纥医学传播到运河区域。太医院旗下的广惠司,由叙利亚人、景教教徒爱薛创建,保存有《忒毕医经十三部》(忒毕,阿拉伯语医学),专门掌握制造御用的回纥药物及和剂,引起当时朝廷的重视。

图9-14 波斯天文学家札马鲁丁

图9-15 波斯天文学家编定的《万年历》

三、明代运河区域国外科技的交流

到了明代嘉靖年间,天主教被继续从海路传入中国,万历时沿运河传至苏州、扬州、丹阳、绍兴等运河城市。先后至运河地区传教的有意大利传教士利玛窦、龙华民和罗明坚,葡萄牙的传教士罗如望,西班牙的传教士庞迪我,还有邓玉函等。传教士们不仅介绍西方神学知识,还把西方的天文、历法、舆地、数理等自然科学传授给中国的士大夫,为中国开启一扇看西方看世界的窗户。

1. 利玛窦与大运河

图 9-16　利玛窦像

利玛窦是意大利耶稣会派来中国的传教士，是最早来到中国的西方传教士，是耶稣教会在中国的奠基人。明万历十年（1582），利玛窦抵达澳门，1600 年，利玛窦自南京乘船进京。这位学识渊博的传教士，沿着大运河，一闸一闸地过关航行北上。利玛窦带着进贡的礼品（其中有《坤舆万国全图》）走进了紫禁城。万历皇帝看到利玛窦所献礼品欣喜异常，对利玛窦格外亲切，将沿运河而来的利玛窦留在宫中居住，还让太监跟利玛窦学习演奏西琴。从此，利玛窦和西方传教士们获得了在中国传教的合法地位，他们同时也把西方自然科学成就带到中国。利玛窦和中国科学家徐光启合译了西方自然科学著作《几何原理》，使中国人首次认识到西方科技的进步。

图 9-17　《坤舆万国全图》

2. 汤若望与大运河

汤若望（1592—1666），字道未，德国科隆人，天主教耶稣会传教士。1620 年到澳门，在中国生活 47 年，历经明、清两朝，是继利玛窦之后最重要的来华耶稣会士之一。

汤若望在华期间关于宗教方面的著述，包括由他撰写、经他译编、或经他参与校订过的，主要有《进呈书像》《主教缘起》《主制群徵》《真福训诠》《崇一堂日记随笔》以及《圣母堂记》等。

1634年，汤若望协助徐光启完成了卷帙浩繁的《崇祯历书》，共计46种137卷。《崇祯历书》的编撰完成，标志着中国天文学从此汇入世界天文学发展的潮流。汤若望受崇祯皇帝之命，成功造出大炮，并完成了《火攻挈要》一书。他还翻译了德国矿冶学家阿格里科拉的《矿冶全书》，定名为《坤舆格致》。全书共分12卷，涉及矿业和相关冶金工序的每个阶段。

图9-18 《崇祯历书》

四、清代国外科技对运河区域的影响

清代前期，伴随着西方传教士东来，西方科技日益传播，运河区域的科技发展呈现出了新气象。西方科技在运河区域的传播是以西方传教士为载体的。当时许多传教士都掌握有一定的科学知识，如比利时人南怀仁（1623—1688）等。他们通过传教活动以浅显易懂的方式将西方科学知识介绍给与之接触的中国人。受传教士自身条件和中国传统科技体系所限，当时西学传播涉及的领域主要是天文历法、数学、地理、物理。西方科技的传播对中国传统学科造成了冲击，并在相关领域产生了渗透性影响，取得了一定成就。

1. 天文历法

西方天文学东传带来的强力冲击和影响首先体现在历法的修订上。清初，汤若望将103卷《西洋新法历书》呈献给顺治皇帝，成为当时钦天监官生学习新法的基本著作和推算民用历法的理论依据。清廷遂以此书为基础，取天聪戊辰［清太极天聪二年（1628）］为历元编制，将新历定名为《时宪历》，颁行天下，使这部较中国旧历法更为精确的历书取得了官方的认可。汤若望也因此得任钦天监监正，成为中国历史上第一个来自西方的监正，开创了清廷任用耶稣会传教士掌管钦天监的将近200年之久的传统。

清乾隆二年（1737），清廷组织了以两个传教士戴进贤、徐懋德为主，由明安图等协办的"增修表解图说"班子，校修《历象考成》，并于乾隆七年（1742）编成10卷《历象考成后编》。后编比前编有较大的进步，如抛弃了过时的小轮体系，应用了开普勒第一定律（椭圆运动定律）和第二定律（面积定律），增补了关于视差、蒙气差的理论，介绍了牛顿计算地球和太阳、月亮距离的方法等。清乾隆二十五年（1760），法国传教士蒋友仁向皇帝进献的《坤舆全图》显示哥白尼日心说这一当时最新的天文学成果，此书还介绍了开普勒行星运动三定律，并指出地球不是正圆球体，以及太阳黑子、太阳自转、彗星绕日自转等内容。

北京钦天监里集中了当时中国最先进的天文仪器设备，其中不乏中西合璧的结晶。汤若望任职钦天监期间，组织中外科学家对陷于明末战火中的许多天文仪器，如浑天星球仪、地平日晷仪器、天文望远镜等，进行了修补重建，使之重新投入使用。南怀仁为天文仪器的改进做了许多创建性工作。他著有《灵台仪象志》一书，介绍了明天文仪器的制作、安装和使用。戴进贤于清乾隆九年（1744）奏请修订《灵台仪象志》，并依此主持编成了《仪象考成》，根据观测结果和中西星图，纠正了原来星图中的许多错误。此外，他还指导完成了玑衡抚辰仪的制作。

2. 地图实测

中国对近代地理学的认识始于世界地图的传入。清初，随着南怀仁的《坤舆全图》《坤舆图说》和蒋友仁的《坤舆图说稿》《坤舆全图绘意》等的流传，有关经纬度制图法、五大洲的知识、地球说和五带的划分等地理学知识也被传入我国。凡此，开阔了中国人的视野，改变了中国人认识世界的视角，并为清代康乾时期大规模的舆地测绘计算打下了坚实的基础。

清代前期西方地理学传入中国后的成就与影响主要表现在中国地图的测绘方面。全国地图的正式测绘始于清康熙四十七年（1708），经过十年艰苦不懈的努力，到康熙五十七年（1718），一份包括长城以南15省、东北、哈密地区和西藏地区的具有相当水平的全国地图——《皇舆全览图》终于绘制成功。由于运河沿岸是整个国家经济、文化发展的重点区域，测绘者对运河区域的直隶、山东、江苏、浙江等省尤为重视，进行了长期考察，仅对山东地区的考察就长达一年之久，为《皇舆全览图》的制定提供了翔实的资料。《皇舆全览图》在测量方法上，兼顾了西方天文大地测量和三角测量两种方法，无论是精密程度还是准确性，都是空前的。这次测绘中，康熙皇帝为了统一测量长度单位，规定尺度以200里合地球经线1°，每里1800尺，每尺的长度就等于经线的百分之一。这是世界上较早以地球的形体来定尺度的方法。在测绘过程中，中外科学家经过亲自实践，以事实证明了地球球体说，澄清了前人对地球的某些不正确的认识。

《皇舆全览图》是中国第一部有文献记载可证的实测地图。它是后来的《雍正十排图》《乾隆十三排图》及晚清地图产生的基础。中华民国初年的《中华民国新地图》也利用了该图及相关数据。

除上述学科外，清代西方科技在医药、生物、音乐、美术、建筑等领域

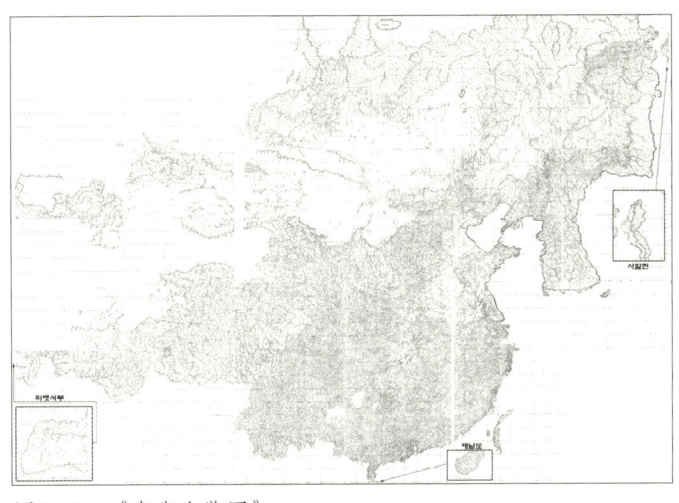

图9-19　《皇舆全览图》

也产生了一定的影响。人们开始接触到西方人体解剖生理学和一些西医治疗方法，西洋音乐（含乐器）和西洋画在宫廷颇受欢迎，使人们领略到了异域艺术的风采；西洋式建筑开始出现于北京、扬州、杭州等地，如北京圆明园内的"西洋楼"，扬州的澄碧堂、水竹居，杭州的天主堂等，都是中西合璧的结晶。以上说明西方科技在中国广泛应用，体现了运河区域作为接触西学的前沿阵地展现出的斐然的文化、科技成就。

3. 洋务运动期间国外先进科技的传入

经过两次鸦片战争的失败，以及太平天国运动的打击，清廷内外交困，开始认识到西方坚船利炮的威力。曾国藩、李鸿章等曾借助欧美外国人镇压太平军，见识过西方的军事力量和科技水平。为了解除内忧外患，实现富国强兵，以维护清朝统治，经过权衡和思考，他们开始学习西方文化及先进技术，这一部分人被称为洋务派。洋务运动是19世纪60年代到90年代晚清洋务派所进行的一场引进西方军事装备、机器生产和科学技术以挽救清朝统治的自救运动。

洋务运动前期，洋务派主要是以"自强"为旗号，采用西方先进生产技术，创办了一批近代军事工业。在运河沿线，江南机器制造总局、金陵制造局、天津机器局等一批大型近代化军事工业相继问世。短短几年中，清帝国就已经具备铸铁、炼钢以及机器生产各种军工产品的能力。洋务运动后期，洋务派为解决军事工业资金、燃料、运输等方面的困难，打出"求富"的旗号，兴办了一批民用工业，为中国民族资本主义在运河区域的发展奠定了基础。

随着外国轻工业技术的引进，大运河区域的面粉加工、火柴制造、印刷、城市公

用设施等民用轻工业技术也得到了发展,出现了一批民用轻工企业。清光绪四年(1878),朱其昂在天津首创"贻来牟机器磨坊",用机器磨面,所产面"面色纯白,与用牛磨者迥不相同"。清光绪二十七年(1901),荣宗敬、荣德生兄弟在无锡创建了保兴面粉厂。这些面粉厂用机器磨面、碾米、榨油,大大提高了粮油加工水平。清光绪十二年(1886),天津建成天津自来火公司,推动了火柴业的发展。运河区域成为中国民族工业发展最早、最快的地区。至今无锡运河边的工业遗址仍在,被建成的运河公园供游客参观。

图 9-20　民族工业发源地——运河城市无锡

第十章 中国大运河与世界水利水运遗产的对比分析

第十章 中国大运河与世界水利水运遗产的对比分析

中国大运河是世界上延续使用时间最久、空间跨度最大的运河,被《国际运河古迹名录》列入作为世界上"具有重大科技价值的运河",是世界运河工程史上的里程碑。中国大运河所在区域的自然地理状况异常复杂,开凿和工程建设中产生了众多因地制宜、因势利导的具有代表性的工程实践,并联结为一个技术整体,以其多样性、复杂性和系统性,体现了具有东方文明特点的工程技术体系。《中国大运河申遗文本》介绍道:"它展现了农业文明时期人工运河发展的悠久历史阶段和巨大的影响力,代表了工业革命前土木工程的杰出成就。"那么,中国大运河与世界上其他水利及水运遗产在科技上有什么异同呢?

第一节 选取的对比分析对象介绍

世界上有 600 多条运河,有人按长度将中国的京杭大运河与伊利运河、阿尔贝特运河、苏伊士运河、莫斯科运河、伏尔加河—顿河运河、基尔运河、约塔运河、巴拿马运河、曼彻斯特运河列为世界十大运河。以前人们也常将中国大运河与世界其他国家的运河比较,但因为无论是在功能上、长度上,还是开凿时间上差异都太大,很难得出有价值的比较结果。在研究中国大运河遗产价值时,中国大运河遗产研究团队选取的比较对象主要聚焦在列入世界遗产的水利和水运遗产。目前,已列入世界遗产名录(包括预备名录)的水利与水运遗产总共有 16 处,其中已列入世界遗产的有法国米迪运河、比利时中央运河、阿曼的阿夫拉贾灌溉体系、加拿大的里多运河、英国的旁特斯沃泰水道桥与运河、伊朗的舒希达历史水利系统、荷兰的阿姆斯特丹的 17 世纪运河环形区域和中国大运河这 8 条人工水道。在对中国大运河与世界其他运河遗产进行对比分析时,团队选取的比较对象主要是列入世界遗产名录和预备名单的运河遗产,以及在国际重要水利与水运遗产研究文献中提到的地区(如南亚地区)所具有的重要案例与大运河进行对比分析。按照这一原则,选取的比较对象主要包括法国米迪运河、比利时拉卢维耶尔和勒罗尔克斯中央运河、阿曼阿夫拉

图 10-1 法国米迪运河

贾灌溉体系、加拿大里多运河、英国旁特斯沃泰水道桥与运河、伊朗舒希达历史水利系统、荷兰阿姆斯特丹运河、波兰和白俄罗斯奥古斯都运河、哥伦比亚戴尔迪克运河、中国灵渠、美国伊利运河、苏格兰卡尔多尼亚运河、斯里兰卡加雅刚加运河、英国布里基沃特运河和法国布里亚尔运河，以及美国伊利运河等。

1. 法国米迪运河

法国米迪运河总长 360km，各类船只通过运河在地中海和大西洋间穿梭往来，整个航运水系涵盖船闸、沟渠、桥梁、隧道等 328 个大小不等的人工建筑，由此形成了世界现代史上最辉煌的土木工程奇迹。建造米迪运河的目的是连通大西洋和地中海，这样就可以绕开直布罗陀海峡、避开海盗和西班牙国王的船队，建立自己的贸易航线，并大大提高朗格多克省和吉耶纳省的优势。该运河有时被称作朗格多克运河或双海运河。该运河建于 1667—1694 年，这条运河的开通为工业革命开辟了道路。运河设计师皮埃尔 - 保罗·德里凯（Pierre-Paul Riquet）在设计上独具匠心，使运河与周边环境融为一体，实现了技术上的突破，堪称建筑佳作。

2. 比利时拉卢维耶尔和勒罗尔克斯中央运河

比利时拉卢维耶尔和勒罗尔克斯中央运河（简称比利时中央快运河）上的 4 座升船机及其周边设施，位于比利时西南部埃诺省拉卢维耶尔镇。1998 年，该运河作为文化遗产被列入《世界遗产名录》。世界遗产委员会描述：在古老的中央运河河段上，有 4 座液压升船机，是终极水平的工业杰作，加上运河本身及其附属设施，构成了一幅 19 世纪末的工业全景图，保存十分完好。19 世纪末 20 世纪初共有 8 座液压升船机，但是只有在中央运河上的这 4 座仍然保持着原始工作形态。拉卢维耶尔和勒罗尔克斯

图 10-2 法国米迪运河平面图

图 10-3 比利时拉卢维耶尔和勒罗尔克斯中央运河

中央运河上的4座升船机及其周边设施，位于比利时西南部埃诺省拉卢维耶尔镇。在连接默兹河与斯海尔德河流域的中央运河一段7km的河道中，水平面抬高了66.2m。为了克服此高差，位于胡顿-戈尼（Houdeng-Goegnies）的15.4m的升船机于1888年投入运行，而其他3座各提升16.93m的升船机于1917年投入运行。如高速公路般被高高架起的运河水道，将法国与德国联系在一起，使比利时成为欧洲大陆的水运要塞。100年前建造的中央运河是比利时的大动脉，大型货船曾在这里来来往往，把煤炭运到欧洲。

3. 阿曼阿夫拉贾灌溉体系

这处世界遗产包含5个阿夫拉贾（Aflaj）灌溉体系，同时也是3000个在阿曼仍然使用中的水利系统的典型代表。这种灌溉系统的由来可以追溯到公元500年左右，但是从考古学上的证据来看，这个应用在极端干燥地区的灌溉系统应该早在公元前2500年就已经存在。Aflaj是falai的复数形式，在传统阿拉伯语中的意思是"公平地划分珍贵的稀有资源"这种方法，以确保能永续性地维持这种灌溉系统的特征。在水资源方面则是利用重力，从地底或涌出的山泉中将水导出，用来供应家庭用水以及农业灌溉所需，这种灌溉系统通常能供应数千米的距离。至于村落及城镇间如何公平且

图10-4 阿曼阿夫拉贾灌溉系统

有效地管理及分配水资源的机制，至今依然建立在彼此间的信赖和公共利益上，并且透过大量的观测数据来引导。同时这里建造了为数众多的瞭望台来保护水资源系统，列入遗产的某些部分可反映出社区对阿夫拉贾体系的历史性依赖。其他被包含在该遗迹的建筑还有清真寺、房屋、日晷以及拍卖水的大楼。由于受到地下水水层持续下降的威胁，阿夫拉贾灌溉系统代表一种被保护得极好的土地使用形式。

4. 加拿大里多运河

加拿大里多运河是建于19世纪初的一条伟大的运河，包含里多河和卡坦拉基河（Cataraqui）长达202km的河段，北起渥太华，南接安大略湖金斯顿港。在英美两国争相控制这一区域之际，为战略军事目的开凿了这条运河。里多运河是首批专为蒸汽船设计的运河之一，防御工事群是它的另一个特色。1826年，在运河建造初期，英国

图 10-5　加拿大里多运河航道及平面图

人采用"静水"技术，避免了大量挖掘工作，并建立了一连串的水库和 47 座大型水闸，将水位抬高到适航深度。这是北美保存最完好的静水运河，表明当时北美已大规模使用这项欧洲技术，是唯一一条始建于 19 世纪初北美大规模兴建运河时代，流经途径至今保持不变，且绝大多数原始构造完好无损的运河。运河上建有 6 座"碉堡"和一座要塞，后来又在多个闸站增建防御性闸门和管理员值班室。在 1846—1848 年，为加固金斯顿港口的防御工事建造了 4 个圆形石堡。里多运河见证了为控制北美大陆发起的战争，具有重要的历史价值。

5. 英国旁特斯沃泰水道桥与运河

旁特斯沃泰水道桥与运河位于英国威尔士的东北部，总长 18km，是工业革命土木工程技艺的典范，完成于 19 世纪初。由于运河横跨各种不同地形，因此需要大胆采用不同建造技术，甚至不用闸门。水道桥为泰尔福德所设计，为土木工程与金属建筑划时代之创举，其使用生铁与锻铁强化弧形结构，质量轻但坚固。旁特斯沃泰水道桥与运河被誉为天才创意经典作品，显示出欧洲已经获得的综合专业知识，并启发了全球无数土木工程。

6. 伊朗舒希达历史水利系统

伊朗舒希达历史水利系统位于伊朗西部的胡齐斯坦省，是一个天才杰作，历史可追溯到大流士大帝所在的公元前 5 世纪。它是一个多功能、大规模的水利工程，建于

3世纪,可能是在公元前5世纪的一处老基地上重新建立的。舒希达历史水利系统在土木工程结构以及多样性用途(城市供水、磨坊、灌溉、内河运输、防御系统)方面出类拔萃,是早期依拉密特人与美索不达米亚人专有技术的结合。该系统包括克鲁恩河上的两条主引水渠,其中一条名为伽格的大运河目前仍在使用,通过一系列向磨坊供水的地道向舒希达市供水。该系统通过一个高耸的崖壁使水流奔涌而下后进入下游盆地,随后进入位于该市南部的平原,那里有着超过 4 万 hm^2 的果园和农场,被称为 Mianab(天堂之地)。舒希达古代水利系统设计精妙,不仅能满足当地居民的用水需要,还能灌溉农田,防旱防涝。运河的修建也疏通了全国几条重要的河流。该遗址见证了依拉密特人和美索不达米亚人的聪明才智。

7. 荷兰阿姆斯特丹运河

荷兰阿姆斯特丹运河区是16世纪末至17世纪的一项新"港口城市"规划的成果。这一运河网络位于历史市镇及中世纪市镇的西面和南面,它们围绕着老城区,沿着防御边界向内延伸,直至辛厄尔运河。运河网络的修建是一个长期过程,主要任务是通过运河来排干同心弧形沼泽地,并填平中间的空地来扩大城市空间。同时开挖了4条主要的同心的半环形运河,称为运河带(grachtengordel)。3条运河(绅士运河、皇帝运河和王子运河)的沿岸主要为住宅区,而外侧的第四条运河辛厄尔运河,即今天的拿骚/施塔德豪德运河,用于防御和水处理(今已转变为居住和商业发展)。这个规划还设计了辐射状运河,使这些主要运河相互连接,包括约丹(Jordaan)区一系列平行的运河(最初用于货物运输,例如啤酒),以及超过100座的桥梁。

8. 美国伊利运河

伊利运河曾是美国东海岸与西部内陆地区快捷的运输通道,其西起伊利湖畔的布法罗,东至哈德逊河岸的奥尔巴尼,绵延超过500km。经该运河南下哈德逊河后,即可畅达纽约港,如此纽约与五大湖的水运系统连为整体。伊利运河于1825年竣工,当时开凿的缘由就是阿巴拉契亚山脉的地理阻隔有碍美国东西部的整合。运河选定在纽约州,是因阿巴拉契亚山脉在纽约州部分的海拔相对较低,宽度相对狭窄。同时史前冰川的退却使该地遗留了面积可观的谷地和众多侵蚀性湖泊,这些都是运河开凿的地理优势。运河开凿的最大受益者当属纽约市,西部传统农业区域自此与以纽约为代表的商业重镇之间建立了便捷的运输渠道,美国东西部间的联结不再受天然鸿沟的阻隔。呈几何级运输至东部沿海的农产品亦促使纽约港口迅猛发展,而输往西部的工业制成品也大多经纽约转运,所以伊利运河的开凿客观上促使纽约逐渐发展为经济和金融中心。

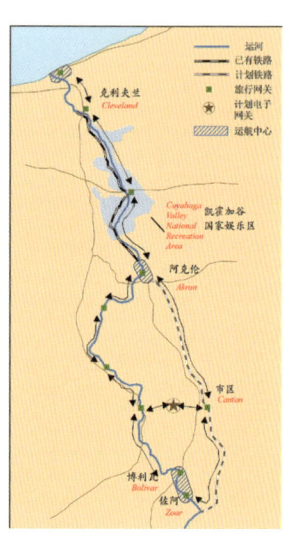

图 10-6　美国伊利运河及平面图

表 10-1　几条运河各方面要素与中国大运河对照表

遗产名称	用途与类型	国家	时期	规模长度	列入情况
布里亚尔运河	运输	法国	17 世纪早期	55km	
布里基沃特运河	运输	英国	18 世纪晚期	66km	
加雅刚加运河	供水灌溉	斯里兰卡	5 世纪	87km	
卡尔多尼亚运河	运输	苏格兰	19 世纪早期	100km	
伊利运河	运输	美国	19 世纪早期	584km	
灵渠	运输、军事	中国	前 3 世纪	36.5km	预备名录
戴尔迪克运河	运输	哥伦比亚	17 世纪中	118km（预备名单）	预备名录
奥古斯都运河	运输、河谷门户	波兰和白俄罗斯	19 世纪初	101.2km	预备名录
阿姆斯特丹运河	排水、港口、城市运河	荷兰	16 世纪末至 17 世纪初	12～15km	列入
舒希达历史水利系统	灌溉等用途	伊朗	始建于前 5 世纪	10km	列入
旁特斯沃泰水道桥及运河	工业运输、金属水道桥	英国	18 世纪末至 19 世纪初	18km	列入
里多运河	运输与军事	加拿大	19 世纪早期	202km	列入
阿夫拉贾灌溉体系	灌溉	阿曼	未知，长时间演变	30km	列入
中央运河	运输、4 座水力升降机	比利时	19 世纪末至 20 世纪初	21km	列入
米迪运河	运输	法国	17 世纪晚期	360km	列入
中国大运河	运输、联系政治中心与经济中心的通道	中国	始建于前 5 世纪，第一次贯通于 7 世纪	1011km	列入

第二节　中国大运河与世界水利及水运遗产的对比分析

中国大运河与世界其他的人工水道工程相比，具有不同的特质与意义，具备本身不可取代的特征和成就。为了充分说明中国大运河与其他人工水道的差异性，在具体对比的方法上，中国大运河遗产价值研究团队选取了动因与功能、工程技术体系与成就及历史影响力这三个不同的方面来进行对比。在动因与功能上，中国大运河是由国家统一组织建设、统一管理维护的运河工程，它有其独特的修建动因与功能——漕运，这使其成为人类运河工程史上的独特案例；在工程技术特征上，中国大运河是农业文明时代运河工程的杰出代表，其因地制宜、因势利导的规划思想与适应性、动态性的技术特征具有鲜明的中国文明的典型特征，在系统构成上具有综合性，在单体结构上具有典型性；在历史影响力方面，中国大运河历史上两次大沟通所形成的时空跨度，使其成为人类历史上开创时间较早、沿用时间最久，空间跨度最大的运河，并由此见证了运河工程在文明进程中深刻的影响力。

一、在动因与功能方面的对比

中国大运河肇始于区域级的物资、军事运输，如最早沟通长江与淮河的运河邗沟。在中国历史进入统一帝国时期后，它便成为在广大国土内调运物资、维系统治的重要手段。中国大运河一直以来由国家建设、国家管理，中国大运河所承载的功能——漕运，成为历代王朝共同沿用的制度。正是由于动因与功能的不同，使大运河具有了独有的价值特征，与东西方的运河遗产有显著不同，成为人类运河遗产的独特案例。

中国大运河作为漕运的物质载体，是维持一个农业帝国有序运行的不可替代的命脉，正是因为漕运，中国大运河得以持续开发。在没有成熟的科学理论支撑的条件下，中国古代的工程技术人员通过不断实践，使中国大运河工程成为世界工程史上的范例：位于淮安的清口枢纽遗址，见证了明清两代人民几百年与黄河抗争的历史；位于济宁的南旺枢纽遗址也体现出随着认识与实践的积累一百多年持续建设的过程。列入世界遗产名录的一处处中国大运河遗产，全面地体现出在大运河全线贯通之后的1400多年时间里，中国大运河的工程技术与管理制度持续演进的历史特征。

由于漕运的需要，中国大运河在与自然的共同作用下对沿岸地貌产生了重大改变，在广大的国土范围内形成了新的自然生态环境。海河流域由于大运河自南而北的截断，由过去多条河流直接入海，而成为多条河流汇聚为一条河流入海的扇形结构。大运河与黄河抗争促使淮河下游两大湖群——南四湖群、洪泽湖群的形成，淮河借运河入长江而入海，这些都与中国大运河工程对自然环境的长时期持续人工干预密切相关。

漕运制度的产生发展过程，使中国大运河从肇始到发展到衰落，见证了中国封建大一统帝国形成—鼎盛—衰亡的过程。大运河影响着帝国都城的选址与城市规划，也影响着运河沿线众多工商业城镇的兴起、繁荣与衰落。大运河极大地便利了南北不同经济文化区域的联系与交流，塑造了沿线城镇"逐水而居，枕水人家"的生活方式，衍生出丰富的经济、社会、文化价值。中国大运河不仅是古代社会的文明成果，也是当今社会的文明驱动者。

大运河价值研究团队认为，上述由于动因与功能不同而形成中国大运河独特的价值特征，与世界其他人工水道显然不同。法国米迪运河、比利时中央运河等工业革命后修建的欧美运河主要担负工业运输的任务，而阿曼阿夫拉贾灌溉体系、伊朗舒希达历史水利系统等中东、南亚等地的人类早期文明时期的人工水道主要承担输水、灌溉的功能。中国大运河具有不同的技术特征、管理系统与广泛影响，是人类运河工程史上的独特案例。因此，中国大运河是历史悠久的漕运文化传统的直接见证，是世界运河遗产中的独特案例。

二、在工程技术体系与成就方面的对比

世界遗产名录（预备目录）中以及重要文献中提及的水道类（包括完整的水道和水道体系）遗产主要包括水运交通运河和灌溉运河两类，它们虽然有不同的功能，但在水利技术上往往具有共通性。从地区上看，主要分布在欧美、中东、南亚；从开凿、使用和维护的年代上看，欧美的运河开凿、运行时间较晚，主要都在17世纪以后，它们代表的是工业革命后形成的工业技术体系成就；中东、南亚灌溉系统和中国的水道系统大约形成于公元前，并且经历了长时间的使用，在技术上不断更新发展，形成了适应当地自然水文环境的、相对独立的古代水利技术体系。

1. 工业文明时代的运河工程基本技术特点

（1）由于蒸汽动力船的普及以及运输船吨位的增加，要求运河水道更深、更宽，同时蒸汽船的速度提升也要求河道形态更直。

（2）工业时代又被称为钢铁时代，钢铁逐渐取代了传统自然材料成为运河修建中的重要建材，因此工业时代的运河中出现了钢铁水道桥、船闸等水工设施，相对于古代水工设施来说，它们构造更为复杂，体量也更大。

（3）近现代西方科学技术知识的发展为工业文明时代运河的水利工程技术奠定了

图 10-7 瑞典约塔运河

基础，这使人们有能力使用现代技术来进一步克服自然环境的限制，完成更具难度的水利工程。

（4）相互之间体现出较为清晰的技术传播过程。

2. 中东、南亚的农业文明时代的运河（灌溉）工程基本技术特点

（1）历史悠久，与以农业为基础的生存方式密切相关，持续使用时间很长，对本区域的文明进程有深刻的影响。

（2）农业文明时期的运河（灌溉）工程体现出更多的地方适应性，其用材也更加偏向于竹、木、土砖、石料等。

（3）由于古代文明间的交通并不发达，因此水利技术之间的交流和相互影响并不普遍，因而不同地区间技术的独特性更加明显。

（4）中东与南亚地区的水利工程，多以灌溉工程为主体功能。

3. 中国古代水利工程的普遍特点

（1）中国的水利工程（包括中国大运河）较之世界上其他地区的技术来说具有特殊性和原创性，这首先是中国特殊的气候与水文特点决定的。降雨量在地区、季节之间的分布极不平均，导致南方、北方地区河流特性的巨大差异，以及自然河流年流量的巨大反差，无论是天然河流的使用还是人工运道的开设，都需注重四季水源的调配问题。在夏季须有防洪工程，并有水库等工程积蓄多余水量；到了冬季，则要注重节水以确保河道流量。

（2）水利工程在国家事务中具有极为重要的地位，治水成就是历代帝王最被颂扬

图 10-8　绍兴古纤道

的功绩之一,这样的观念甚至可以上溯到远古时代(如大禹治水)。季风气候带来的洪涝灾害,以及以黄河为代表的中国北方高含沙量河流造成的淤积、溃堤灾害频发,使水利工程的防灾减灾功能变得十分重要,与国计民生息息相关。因此,有史以来,重要水利工程均为国家组织兴建并进行维护。

(3)水利工程技术特征往往与河流治理密切相关,为了应对每年都要产生的洪水风险,岁修成为一种重要传统;就地取材以进行低成本、常态化的维护,并与工程的应急性质相适宜也成为一种工程技术特色,如夯土、埽工的采用。同时在长期的与洪水斗争的实践中,也总结并验证了中国自古以来的传统哲学观念——因地制宜,因势利导。

4. 与工业文明时期的遗产运河相比,中国大运河代表了人类不同文明时期的工程技术成就

现有世界遗产名录中的运河大多数为工业革命时期的水利规划与工程技术典范(表10-2)。这些运河都修建于17—19世纪。由于能源动力和建筑材料的革命性突破,建造大型船闸、大坝成为可能。船闸和水库的运用,使运河水路路线更加缩短。这些运河无疑是工业革命时期留下的伟大工程。

表 10-2　工业革命时期的运河列举表

名称	所属国家	建造时期	目的与功能	技术特点	技术体系传承关系
米迪运河	法国	17世纪	航运	欧洲现代第一次建造复杂的土要工程运河	受到荷兰和意大利运河工程技术的影响和启发
布里亚尔运河	法国	17世纪	航运	欧洲第一条锋面运河	受到荷兰和意大利运河工程技术的影响和启发
布里基沃特运河、埃斯米尔运河、卡尔多尼亚运河	英国	18世纪	航运	采用铸铁渡槽等先进的土木工程技术	成功地借鉴了法国米迪运河,并受到荷兰运河的影响
中央运河	比利时	19世纪	航运	以升船机为代表的重要工业成就	受到法国和英国众多运河影响
伊利运河	美国	19世纪	航运	本土文化中可更新的低成本土木工程	洲际间技术转移的产物,受到欧洲运河技术的影响
里多运河	加拿大	19世纪	航运	第一批专为蒸汽轮船设计的运河	洲际间技术转移的产物,受到欧洲运河技术的影响

从表10-2可以看出，米迪运河，布里基沃特运河，伊利运河，里多运河，以及早先对这些运河具有一定启发意义的荷兰的运河工程技术，都是欧洲、美洲同一技术体系之下运河建造的不同特点的范例，代表了一个完整的技术转移的过程，反映了不同时期、不同技术发展阶段，因不同功能需求而传承并各自创造的特点。它们在世界水利工程史上代表了欧美工业革命技术时期的典范成就。

中国大运河与这些工业革命时期遗产运河的不同之处，在于代表了不同文明阶段的工程技术成就。发端并形成于农业技术体系之下的中国大运河使用有限的土、木、砖石甚至芦苇等材料，在没有石化动力只能依靠人力、畜力的时代，在没有现代测绘与泥沙动力学等科学技术的支撑下，依靠空前的想象力与长时期的实践积累，完成了在广大空间范围内的水利资源勘察与线路规划，实现了多项技术发明与大型枢纽工程建设。现存的中国大运河遗产充分见证了中国大运河作为人类农业文明时代杰出的运河工程，在建造与管理维护方面所取得的成就。

5. 复闸与越岭运河是中国大运河开创性的技术成就，在世界运河工程史上具有重要意义

复闸起源于公元10世纪时的中国。中国大运河淮扬运河段的真州闸是有资料记载的最早的复式船闸，江南运河段的长安闸是建于1068年的复闸实例，是世界上现存最早的复闸实例，并与撰写于1072年的文献相印证。欧洲类似复闸较为肯定的例子则是在约300年后出现。复闸的发明是中国大运河在世界运河工程史上的一大成就，代表着当时在水运工程与管理方面的最高水平。

会通河是公元13世纪前跨越地形高差最大的越岭运河。跨越大运河整体最高点，其两端与中部高差约30m。借助水源工程、梯级船闸工程，成功解决了越岭运河的水源调配与水道水深控制的问题。会通河的建成比欧洲最早的越岭运河早了100多年。其梯级船闸工程几乎领先于欧洲最早的类似工程300多年。在世界上最早的以满足航运需求为目的的水源工程中，南旺枢纽水源工程与米迪运河水源工程（1667—1771）相比也早了200多年。

6. 与农业文明时期重要人工水道工程（灌溉工程）相比，中国大运河体现出基于航运功能需求的鲜明特征与技术成就

（1）与亚洲西部和南部等地区古代人工水道对比。分布于亚洲西部和南部等地区的古代人工水道工程历史悠久，有些一直延续到现在还在使用。这些人工水道与中国大运河都共同体现了农业文明时代水利工程的技术特点、演进过程、悠久历史以及对

区域文明的影响力。但是,中国大运河由于主体功能(航运)的差异而呈现出鲜明的个性特征与技术成就。基于保障航运功能为目的,中国大运河具有一系列独特的工程实践,如单闸、复闸、梯级船闸、升船斜面、弯道工程等,以确保船只在不同高程水平面的通过。为了保持水源、保持航道水深,有吞吐水量的水柜、引河、堤坝、水库、泄水闸等工程。为了保障运道安全,有夯土险工、埽工护岸、土石堤防等工程。为了运河与自然河流顺利交汇,有运口工程等。在线路规划上则初始借助自然水系以求便利,后来逐步摆脱,实现完全的人工控制,以保障船只的安全(如淮扬运河)。以上工程技术特征与成就在大运河遗产中有全面的呈现,都是基于航运需求而设置,与亚洲西部和南部等历史悠久的古代输水、灌溉水利系统有较大的差异。李约瑟在《中国科学技术史》中写道:"但还有一部分中国的成就在南亚是不知道的,而且在中东几乎也不知道。这方面的主题是运渠:中国以令人惊讶的速度,修建了奇迹般的运渠。在此我们不需要夸大它的社会动机,它已经非常明显,远远胜过古代的和中古时期的其他文明。因为约有20个世纪,只有中国人知道人工通航水道能够为有条不紊地运输重的货物提供很大的机械效率,在这方面远远走在18世纪工业革命的前面,在此时期以前访问中国的外国观察家看到这些工程,都为之头昏目眩。"

(2)与中国的灵渠对比。中国大运河与灵渠是同一工程技术思想体系之下更具典型性的代表作。但由于各历史时期与各空间段落所面临的问题迥然不同,工程技术体系构成与技术特征有显著差异。

灵渠的开凿始于公元前214年,距今已2200多年,仍然发挥着功用。灵渠全长36.4km,是世界上第一条已知的等高线运河。中国大运河则是世界上第一条实现穿山越岭的运河。它们都是古代运河工程的代表作。中国大运河与灵渠相同之处主要包括:(1)都是早期沟通不同流域的运河实例。灵渠开凿于公元前214年,沟通了长江与珠江流域。大运河邗沟段开凿于公元前486年,沟通了长江与淮河流域。(2)两者在规划线路上都体现了高超的

图 10-9 灵渠

勘查、测量、规划水平，都依据弯道代闸原理采用了弯道设计，都具有以堰、坝雍水而引水的水源工程，都采用了一系列水闸工程对水量水深进行控制，也都具有洪水宣泄设施，同时两者均沿用至今。(3) 两者为同一工程技术体系的成果，各方面技术成就在时间上互有先后，可能在理念、经验上互有启发。由于两者的自然条件、主体功能等方面不同，中国大运河与灵渠在工程技术体系构成、技术特征等方面有显著不同，见表10-3。

表10-3 中国大运河与灵渠的差异

河流	中国大运河	灵渠
工程主体功能与技术体系构成	大运河由于北方水资源条件匮乏，在水源紧张的地区均采取严格法令与措施禁止使用运河水源进行灌溉，以保障航运所需水量。大运河以保障其航运功能为首要目的，在工程系统上目标更为明确，在体现以航运为主要特征的人工水道工程措施方面更有代表性。同时由于漕运功能的需要，大运河还在沿线设置有多处漕仓、漕运管理等设施，体现了独特的功能构成	灵渠由于位于中国南部，水资源条件良好，一直兼有灌溉功能，宋代以来灌溉功能渐成主体，因此在后期灌溉用的水工设施渐多。在几次大规模的整修改建中均增设灌溉用水涵洞和引水支渠等
工程措施规格、标准	大运河的规划、实施、管理维护一直由中央政府直接组织。如各河段的开挖、维护均由中央政府统一调度实施，关键工程如南旺枢纽、清口枢纽等均指派国家最高级别的水利管理官员亲自指挥，在河道、单体结构建设，船只建造等方面有统一的标准，在施工工艺、运行管理方面有严格的规范。如大运河的闸的形式有统一的标准规定为叠梁闸形式，有专门人员、机构进行管理	灵渠为地区级运河，一直由县级行政机构进行管理，采用民船进行运输，河道宽度、深度、规模有限。工程措施简朴易行。灵渠为陡门形式，形式上较为简单，管理更多采取自备工具、自助互助运行方式
工程系统的集成程度	中国大运河线路空间跨度广大，各区段面临的水资源、地貌条件不同，应对的问题不同，因而诞生了多种类型、深具个性特点的工程案例。这些不同的区段有机组合成整体，共同发挥作用，才能使大运河长年保持全线通航，因而在运河工程技术整体的系统性上，集成性体现得更为突出	灵渠主体工程由铧嘴、大天平、小天平、南渠、北渠、泄水天平、水涵、陡门、堰坝、秦堤、桥梁等部分组成，尽管兴建时间不同，但它们互相关联，成为灵渠不可缺少的组成部分
遗存性质	中国大运河沿线的考古遗址，真实、生动地反映了隋至宋大运河早期河道、驳岸、堤防等真实的形制、规模、材料、工艺	灵渠目前的水工设施主要为清代遗存，对早期的运河工程单体结构技术特征反映不多
历史影响	中国大运河是国家漕运的干线，是国家的经济命脉，在国家事务中具有重要地位，其持续的开发对沿线的经济、社会发展具有极为深远的影响，更加显著而深刻地体现了运河的经济、社会功能	灵渠的开凿始于公元前214年，是古代水利工程的杰作，至今仍然发挥着功用

从以上比较可以看出，中国大运河是工业革命之前古代农业文明时期水利工程技术的巅峰之作，代表了人类农业文明时代运河工程技术发展的最高水平，至今仍保存着在世界运河工程史上具有重要创造性和典范意义的技术实例。与工业文明时代的运

河相比,中国大运河体现了早期农业文明时代的典型技术特征,与农业文明时代的古代人工水道工程相比,中国大运河则由于航运主体功能的要求具有不同的技术特征与成就。因此,中国大运河是农业文明技术体系下运河工程所能达到的科技巅峰杰作,是人类运河工程史不可缺失的重要篇章。

三、在历史影响力方面的对比

大运河是跨区域、跨年代、构成复杂的巨型遗产。它的独特性在《国际运河古迹名录》中已明确指出,"中国的大运河(The Grand Canal)则是第一条实现'穿山越岭'的运河"。"大运河尽管已经过了其黄金时代,但它仍然在继续使用中,而且仍然是世界上最长的运河。"(《国际古迹遗址名录》)从运河规模与线路长度来看,中国大运河毋庸置疑是世界范围内空间跨度最大的运河。它跨越海河、黄河、淮河、长江、钱塘江五大流域,11个纬度的范围,包含众多的河道、湖泊、水工设施和相关遗产,甚至"工业革命以后的许多现代运河也无法在规模与长度上与大运河相比"(《国际运河古迹名录》)。就是世界上著名的巴拿马运河、瑞典约塔运河的长度与中国大运河也无法相比。

从始建年代与延续使用时间来看,中国大运河是人类历史上最为古老的人工水道

图 10-10　巴拿马运河

之一，它从隋代第一次大沟通的形成至今持续演进超过 1400 余年，其源起甚至可追溯至公元前 5 世纪的春秋时期；大运河也是世界上延续使用时间最长的运河之一。更为可贵的是，许多段落至今仍保持运河的实质性的水利与航运功能，部分段落仍然延续着千百年来在广大国土的南北之间调运物资的任务，这是对运河工程成就的最有力的证明。

中国大运河从历史时期、空间分布、关键位置、现存状态等方面充分证明了大运河的时空跨度与历史演变的进程。它是人类工业革命之前人工运河技术成就的集大成者，并在从肇始至今的 2000 余年里，催生城镇，繁荣经济，维护统一，是文明的摇篮，展现了深远的影响力。

第三节　对比分析结论

通过与世界上其他水利及水运遗产的对比分析，研究团队认为中国大运河是世界上开凿年代较早、沿用时间最久、里程最长的运河，中国大运河因其独有的技术特征、文化传统而与其他重要的人工水道，包括已列入《世界遗产名录》或《世界遗产预备名单》的水利水运遗产有着较大的差异，具备本身不可取代的特征和科技成就。中国大运河遗产依据严格的标准遴选，具有杰出的代表性，并全面、有力支撑了中国大运河潜在的科技价值。

基于价值研究和与同类运河比较分析的成果，中国大运河潜在的科技价值通过以下特征得以体现：隋唐宋、元明清两次大贯通时期漕粮运输系统的格局、线路、运行模式；自春秋至今清晰、完整的演进历程；传统运河工程的创造性和技术体系的典范性；对中国或区域文明持续的、意义重大的影响——包括历史上大运河的用途和功能，以及延续至今的贡献。

中国大运河具有线路和位置关键、技术特征突出和历史意义重大等特征。所有组成部分联合为系列遗产整体而呈现的杰出品质，代表了大运河随着区域文明形态发展、演变的时空特征，能够支撑、展现大运河遗产蕴含的突出普遍价值。我们可以认定：中国大运河是世界上创建时间较早的运河工程之一，也是延续使用时间最久、空间跨度最大的运河，并迄今仍在发挥重要的水利与航运功能。正如《中国大运河申遗文本》中所写的："大运河是人类历史上超大规模水利工程的杰作。"

图 10-11 中国大运河航运

图 10-12 中国演出团体在美国伊利运河

图 10-13 埃及苏伊士运河

图 10-14 希腊科林斯运河

图 10-15 俄罗斯莫斯科运河

图 10-16 中国演出团体在埃及苏伊士运河

后　记

2024年是大运河申遗成功十周年。如果从2004年第一次提出大运河申遗算起，大运河申遗从正式提出到申遗成功也花了整整十周年。中国人喜欢"做十"，十年时间做个总结是自然的。本人从事大运河申遗及大运河文化研究也有15个年头了，人们都说十年磨一剑，十年的大运河研究工作使大运河成了我的最爱，我对大运河的感情越来越深。全国各地只要有关于大运河的事找到我，我都义不容辞地答应。所以最近又分别与四家出版社签订了图书出版协议，打算在大运河申遗成功十周年之际出版五本图书向运河生日献礼。《中国大运河科技》就是其中的一本，这也是我写大运河的第二十二本图书了。好在虽然交稿迟，但中国建材工业出版社的编辑为了赶在大运河申遗成功十周年前出版，加快了编辑流程，仅三个月时间就审稿、排版完成。这里要感谢各位编辑的辛勤劳动，终于能够为大运河2510岁生日献上一份礼物。

大运河是中国古代劳动人民创造的一项伟大工程，是天才的创造，展现出我国古代劳动人民的伟大智慧和勇气，传承着中华民族的悠久文明和历史。大运河的科技成就也是它的重要成就之一。经过七年的大运河文化带建设和四年的大运河国家文化公园建设，大运河文化保护传承利用已成为运河沿线城市的热点，大运河图书的出版也如雨后春笋。但绝大多数图书都围绕对大运河文化的研究，研究大运河科技的图书并不多，作为"中国大运河"系列中的一本，这本书是首次从大运河科技方面来写大运河的，将填补这方面的空白。其实2015年我还在大运河遗产保护管理办公室工作时，就打算写一本有关大运河科技的图书，后来由于工作太忙，没有能够写成，这本书也算是对九年前缺憾的弥补。

在国家文物局、中国文化遗产研究院、中国文物学会等运河保护与管理机构的关心支持下，在扬州大学的帮助下，本书历经半年编写而成。参考书目近百种，安作璋、张廷皓、刘曙光、侯卫东、蔡蕃、赵云等诸位先生在此之前对运河所作的研究给予我正确的方向指引，在此表示感谢。本书的写作过程中得到了张谨女士、赵幺女士、黄晓帆先生在资料收集与分析方面的大力帮助，得到了黄杰、安桂杰、吴益群、孙明光、宋桂杰、梁宝富、文蓉、宋佑隆、姜跃岭、刘奇斌、崔金、周泽华、黄建军、陈相辉、董辉、刘江瑞、张卓君、季文静、萧加、张美强、黄纲、张秉政、陈向文、王春燕、王支援、刘静、夏在祥及大运河沿线城市的同行在图片、制表等方面的大力帮助，在此一并表示感谢。

大运河是一首歌，只有静心聆听，才能感受她优美的旋律；大运河是一杯酒，只有细细品味，才能悟出其中的真滋味，愿用这本书与您一道品味大运河。

作者于 2024 年 3 月